Andreas Hieronymus

UNIX - Systemarchitektur und Programmierung

Programmierhandbücher
für den anspruchsvollen Leser

UNIX für Systemverwalter
Eine professionelle Anleitung am Beispiel von SCO UNIX
von Andreas Nieden und Werner Geigle

Grafikprogrammierung mit C
Ein Microsoft Press/Vieweg-Buch von K. Jamsa

Die Microsoft Programmer's Workbench
Arbeiten mit dem Microsoft C/C++ PDS 7.0
von Thomas Kregeloh

Das Vieweg-Buch zu Borland++ 3.0
von Axel Kotulla

UNIX - Systemarchitektur und Programmierung
von Andreas Hieronymus

Objektorientiert mit Turbo C++
von Martin Aupperle

Das Vieweg-Buch zu C++ Version 3
von Falko Bause und Wolfgang Tölle

COBOL - Das Handbuch für den professionellen Programmierer
Auf der Basis des ANSI-Standards unter Berücksichtigung der IBM-Erweiterungen unter VS COBOL II
von E. H. Peter Roitzsch

UNIX- Das Betriebssystem und die Shells
Eine grundlegende Einführung
von Klaus Kannemann, M. SC.

C unter UNIX
Eine grundlegende Einführung für Programmierer
von Klaus Kannemann, M. SC.

Vieweg

Andreas Hieronymus

UNIX - Systemarchitektur und Programmierung

Eingetragene Warenzeichen: UNIX (AT&T Bell Laboratories), NFS (Sun Microsystems), VAX (Digital Equipment Corporation).

Das in diesem Buch enthaltene Programm-Material ist mit keiner Verpflichtung oder Garantie irgendeiner Art verbunden. Der Autor und der Verlag übernehmen infolgedessen keine Verantwortung und werden keine daraus folgende oder sonstige Haftung übernehmen, die auf irgendeine Art aus der Benutzung dieses Programm-Materials oder Teilen davon entsteht.

Der Verlag Vieweg ist ein Unternehmen der Verlagsgruppe Bertelsmann International.

Druck und buchbinderische Verarbeitung: Lengericher Handelsdruckerei, Lengerich
Gedruckt auf säurefreiem Papier

ISBN-13: 978-3-528-05283-6 e-ISBN-13: 978-3-322-83994-7
DOI: 10.1007/978-3-322-83994-7

Für meine Frau Beate

Vorwort

UNIX – sicherlich eines der Schlagwörter auf dem heutigen Computermarkt. UNIX hat sich zu einem der wichtigsten Betriebssysteme am Markt entwickelt. Implementationen sind auf allen Rechnerplattformen vom PC bis hin zu Großrechnern verfügbar.
Alle namhaften Hersteller von Computern haben einen Schwerpunkt in ihrem Produktspektrum bei Rechnern, auf denen UNIX-Systeme laufen.
Direkt verbunden mit dem kometenhaften Aufstieg von UNIX war die Verbreitung der Programmiersprache C. Ein Grund dafür war sicherlich, daß der Quellcode von UNIX zu 97% in C geschrieben war, was es Herstellern von Rechnern sehr einfach ermöglichte, UNIX auf ihre eigene Hardware zu portieren. Sie mußten nur die restlichen 3% Assemblercode auf die Gegebenheiten ihrer Hardware anpassen und konnten mit Hilfe eines C-Compilers UNIX Stück für Stück auf ihren Rechnern zum Laufen bringen.
Diese allgemeine Verfügbarkeit führte dazu, daß jeder Hersteller UNIX für seine Computer portierte, weiterentwickelte und um eigene Features erweiterte. Damit konnte man nicht mehr von dem UNIX sprechen, sondern es gab eine Vielzahl von UNIX-Varianten, die zum Teil so unterschiedlich waren, daß für jedes System eine längere Einarbeitungszeit notwendig war, obwohl es sich um ein UNIX-System handelte.
Heutzutage gibt es zwei UNIX-Varianten, die sich den größten Teil des UNIX-Marktes teilen. Dies sind 4.3 BSD UNIX, das an der Universität von Berkeley in Kalifornien entwickelt wurde, und UNIX System V Release 4, welches von der amerikanischen Telefongesellschaft AT&T lizenziert wird. Beide Systeme bilden den Schwerpunkt in diesem Buch.
Da die Variantenvielfalt von UNIX noch nicht groß genug war, gründeten einige Unternehmen, unter der Führung von DEC, IBM, HP, die *Open Software Foundation*, kurz OSF, um nicht weiter von AT&T abhängig zu sein. Die OSF hatte das Ziel, ein UNIX-System zu entwickeln, das allen vorhandenen Standards genügte, ein Windowsystem (X11) und eine graphische Benutzerschnittstelle (MOTIF) enthielt, verteiltes Rechnen (DCE) und Verwalten (DME) ermöglichte. In der Zwischenzeit sind fast alle namhaften UNIX-Anbieter Mitglied bei der OSF. Die beiden Ausnahmen sind AT&T (natürlich!) und Sun Microsystems. Dem Ganzen sah AT&T nicht tatenlos zu und gründete *UNIX International*, kurz UI, mit den gleichen Zielen wie die OSF.

Dieses Buch soll dem Leser eine Hilfe sein, sich in dieser Vielfalt der verschiedenen UNIX-Systeme zurechtzufinden, indem es den inneren Aufbau von UNIX darstellt. Mit diesem Wissen ist es dem Leser möglich, die Unterschiede zwischen den einzelnen UNIX-Varianten zu erkennen und zu beurteilen.

Das Buch wendet sich an alle, die UNIX-Systeme verwalten müssen, die Programme unter UNIX entwickeln, oder einfach Interesse an den inneren Abläufen eines UNIX-Systems haben. Daneben soll dieses Buch denjenigen Lesern eine Hilfe sein, die sich schnell einen Überblick über die Systeminterna von UNIX verschaffen wollen, ohne direkt den Quellcode eines Systems durchzuarbeiten.

Die Vorlage zu diesem Buch entstand aus Vorlesungen, die der Autor am Lehrstuhl für Informatik II der Universität Würzburg zur Systemprogrammierung von UNIX hielt. Trotzdem ist dies kein Lehrbuch im klassischen Sinn, dessen Aufbau direkt mit dem Aufbau einer Vorlesung korreliert.

Das Buch gliedert sich in vier Kapitel. Das erste Kapitel befaßt sich mit zwei zentralen Bereichen der Standardbibliothek eines UNIX-Systems: den Funktionen zur Ein/Ausgabe von Daten und der dynamischen Speicherverwaltung.

In den weiteren Kapiteln des Buchs werden die einzelnen Komponenten des Systemkerns von UNIX besprochen. Im zweiten Kapitel des Buchs wird nach einem kurzen Überblick des Systemkerns das UNIX-Filesystem dargestellt. Hier werden Begriffe wie Inode, Verzeichnis, Link und Montierpunkt eingeführt. Die Funktionen des Filesystems, der Aufbau und die Arbeitsweise des *buffer cache* und die Abarbeitung der Systemaufrufe des Filesystems bilden den Rahmen für dieses Kapitel. Den Abschluß dieses Kapitels bildet ein Abschnitt über die Pflege und Wartung von Filesystemen. An Hand des Programms `fsck` werden Inkonsistenzen eines Filesystems und Möglichkeiten zu deren Behebung gezeigt.

Das dritte Kapitel des Buchs beschreibt das Prozeßsystem von UNIX. Die Laufzeitstruktur des Systemkerns, die Prozeßmodi und die Systemaktivitäten bilden den Einstieg in das Prozeßsystem. Hier werden die Begriffe Prozeßkontext, Scheduling, Kontextwechsel eingeführt. Wichtige Datenstrukturen zur Verwaltung von Prozessen, wie die Proc-Struktur oder die User-Struktur und deren Aufgaben werden erläutert. Die Berechnung der Prozeßprioritäten und die Festlegung der Ablaufreihenfolge von Prozessen sind ein weiterer Schwerpunkt in diesem Ka-

pitel. Den Abschluß des Kapitels bildet die Erklärung der Signalverarbeitung im Kern des Systems.
Das letzte Kapitel des Buchs beschreibt das virtuelle Speichermanagement von UNIX-Systemen. Hier werden die Konzepte des Swapping und Paging durchleuchtet. Die Übersetzung virtueller Adressen, der Aufbau und die Aufgaben der Seitentabellen werden genau erläutert. Daneben wird der Lebenszyklus eines Prozesses, von der Erzeugung über das Ausführen eines Programms bis hin zur Terminierung, aus der Sicht des Speichermanagements besprochen.
Ein Problem bei der Erstellung dieses Buchs möchte der Autor dem Leser nicht vorenthalten. Der Einfluß der englischen Sprache ist wohl in keinem anderen Bereich der Wissenschaft so groß wie in der Informatik. Dies führt dazu, daß für viele Fachbegriffe die englischen Orginalbezeichnungen verwendet werden, auch weil es keine adäquaten Übersetzungen in der deutschen Sprache gibt. Der Autor hat zwar, da dies ein Buch in deutscher Sprache ist, versucht, in den Fällen, in denen es möglich war, die deutschen Begriffe zu verwenden (wie z.B. Systemaufruf statt Systemcall), jedoch läßt sich dies nicht konsequent durchführen. Aus diesem Grund möge der Leser bitte die noch vorhandenen englischen Bezeichnungen entschuldigen.
Dieses Buch wäre nicht vollständig ohne einige Worte des Dankes. Zuerst gilt der Dank meiner Frau, die mich in der Entstehungszeit dieses Buchs in Ruhe hat arbeiten lassen und auf viele gemeinsame Stunden verzichten mußte. Bei Herrn Prof. Dr. Jürgen Albert möchte ich mich bedanken für die Gelegenheiten, die Vorlesungen halten zu dürfen, die diesem Buch zugrunde liegen. Ein weiterer Dank gilt Herrn Prof. Dr. Jürgen Wolff von Gudenberg, der mich ermutigt hat, dieses Buch zu schreiben.
Herzlich bedanken möchte ich mich auch bei Frau Angela Eyring, die ein Skript zu meinen Vorlesungen angefertigt hat, und bei Herrn Notker Gerlich für das Erstellen von Beispielprogrammen. Mein besonderer Dank gilt auch Herrn Jochen Schoof, der das Manuskript Korrektur gelesen hat.
Allen Kollegen, die indirekt zum Gelingen dieser Arbeit beigetragen haben, ein herzliches Dankeschön.

Andreas Hieronymus, Juni 1993

Inhaltsverzeichnis

Abbildungsverzeichnis

Tabellenverzeichnis

Kapitel 1

Standardbibliothek

Ein zentraler Bestandteil jedes UNIX-Systems ist eine Sammlung von verschiedenen Bibliotheken mit einer Vielzahl von Routinen, die einem Programmierer beim Erstellen eines Programmes wertvolle Hilfe sein können. Die Zusammensetzung der Bibliotheken, die in einem System vorhanden sind, und deren Aufbau sind von Hersteller zu Hersteller sehr verschieden. Üblicherweise sind bei modernen UNIX-Systemen Bibliotheken für die Programmierung einer Windowschnittstelle (z.B. X-Windows, OpenWindows, etc.), den Zugriff auf Netzwerkfunktionen, eine Vielzahl mathematischer Funktionen und vieles andere vorhanden. Eine zentrale Rolle unter den Bibliotheken kommt der Standardbibliothek zu, deren Funktionen beim Programmieren immer verfügbar sind. Alle Funktionen aus der Standardbibliothek können in einem C-Programm verwendet werden, ohne daß besondere Optionen beim Übersetzen angegeben werden müssen. Die Datei, die die Standardbibliothek enthält, wird zu jedem Programm automatisch dazugebunden. Beim Linken eines C-Programms muß also keine Bibliothek zusätzlich angegeben werden, da der im System verwendete Linker die Bibliothek zu jedem C-Programm dazulädt. Im UNIX-Betriebssystem der Firma Sun Microsystems findet man den Code der Standardbibliothek in der Datei `/usr/lib/libc.a`
In diesem Kapitel werden zwei zentrale Teilbereiche dieser Standardbibliothek besprochen:

- Die Prozeduren für die Ein- und Ausgabe
- Die Funktionen zur dynamischen Speicherverwaltung

Neben den Funktionen aus diesen beiden Bereichen gibt es in dieser Bibliothek noch eine Vielzahl weiterer nützlicher Prozeduren, z.B. für String-Verarbeitung, Umwandlung verschiedener Zahldarstellungen,

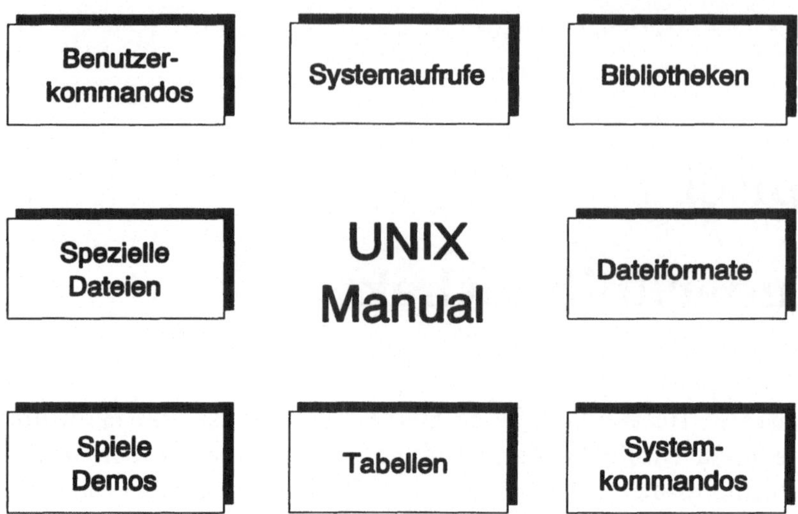

Abbildung 1.1: Aufbau des UNIX-Manuals

Zeitmessungen, Berechnungen des Datums und der Uhrzeit und vieles andere mehr.
Die Zusammensetzung der einzelnen Bibliotheken eines Systems und eine genaue Beschreibung der einzelnen Funktionen muß dem Manual des jeweiligen Betriebssystems entnommen werden. Dort findet man auch die Aufrufsyntax und die Bedeutung der Parameter aller Prozeduren erklärt.

1.1 Aufbau des UNIX-Manuals

Die zu einem UNIX-System vom Hersteller mitgelieferte Literatur ist meist sehr umfangreich, aber von Hersteller zu Hersteller quantitativ und qualitativ unterschiedlich.
Das Bild 1.1 zeigt den Aufbau des zentralen Teils der UNIX-Handbücher, dem sog. UNIX-Manual. Dieses ist bei den meisten Systemen vorhanden und weist einen gleichartigen Aufbau auf. Im Bild erkennt man die acht Sektionen, die normalerweise in jedem UNIX-Manual vorhanden sind.

Kommandos Im ersten Teil des Handbuchs findet der Leser die Kommandos beschrieben, die jeder Benutzer ausführen darf. Das sind z.B. Editoren, Compiler, Werkzeuge zur Softwareentwicklung, Kommandos zur Manipulation von Files, Debugger, etc.

Systemaufrufe Hier werden alle Systemaufrufe mit Syntax und Semantik erläutert. Die Systemaufrufe sind die Einstiegsstellen, über die ein Prozeß in den Systemkern eintreten kann. Mit Hilfe der Systemaufrufe kann ein Prozeß Dienste des Systems anfordern.

Bibliotheksroutinen Im umfangreichsten Teil des Manuals findet der Leser alle Informationen zu den im System vorhandenen Bibliotheken.

Spezialdateien Mit dem Begriff Spezialdateien (engl. *special files*) bezeichnet man die Files aus dem Verzeichnis `/dev` eines UNIX-Filesystems. Beschrieben sind hier z.B. die Schnittstellen zum Hauptspeicher des Systems (`mem`, `kmem`), zu Bandeinheiten, Festplatten, das Terminalinterface (`tty`).

Dateiformate Der fünfte Teil des Manuals beschreibt den Aufbau von ausführbaren (binären) Dateien, Bandarchiven, Accounting Files, etc.

Spiele Zu jedem UNIX-System werden üblicherweise auch ein paar einfache Spiele und Demoprogramme mitgeliefert, die in diesem Manualteil kurz erläutert werden.

Tabellen Hier findet man neben ASCII-Tabellen Erklärungen von verschiedenen nroff-Makropaketen.

Systemkommandos Die Kommandos aus diesem Teil des Manuals dienen der Systemverwaltung. Für die meisten dieser Kommandos sind zur Ausführung besondere Rechte notwendig, die nur der Systemverwalter (engl. *superuser*) hat.

1.2 Ein- und Ausgabe von Daten

In diesem Abschnitt werden die verschiedenen Prozeduren für die Eingabe und Ausgabe von Daten innerhalb von Programmen besprochen. Um die Funktionen aus der Standardbibliothek für Ein/Ausgabe von Daten in einem C-Programm verwenden zu können, muß die Zeile

```
#include <stdio.h>
```

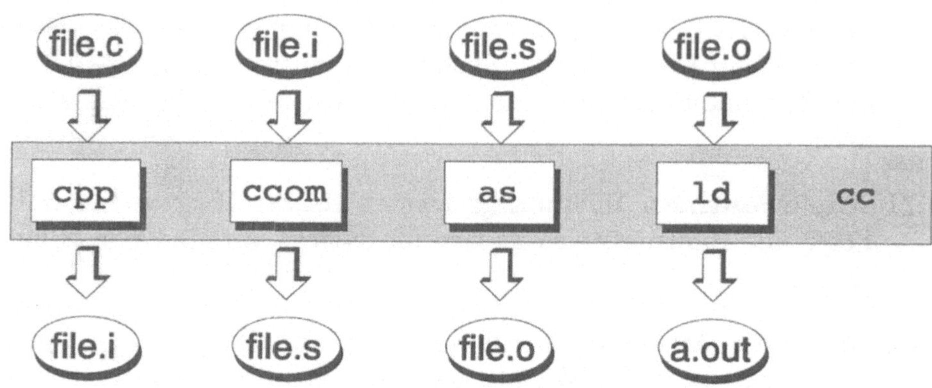

Abbildung 1.2: Arbeitsweise von `cc`

vor der ersten Verwendung von Makros oder Funktionen der Standardbibliothek stehen. Üblicherweise finden sich in einem C-Programm alle `#include`-Anweisungen gesammelt am Anfang des Quellfiles.
Der Objektcode aller Funktionen der Standardbibliothek ist in der Datei `libc.a` abgelegt. Diese Datei findet man entweder im Verzeichnis `/lib` oder `/usr/lib`. Beim Übersetzen und Linken eines C-Programms wird dieses File vom Linker automatisch zu jedem Programm dazugebunden, so daß dem Programmierer alle Routinen der Standardbibliothek jederzeit zur Verfügung stehen.
Das Übersetzen eines C-Programms geschieht unter UNIX durch den Aufruf des Programms `cc`. Dieses Programm übersetzt in einem mehrstufigen Prozeß das C-Quellfile in ein ausführbares Image. Das Programm `cc` ist nicht der eigentliche C-Compiler, sondern nur ein Programm, das den mehrstufigen Übersetzungsablauf kontrolliert. Das Bild 1.2 zeigt die Arbeitsweise von `cc` beim Übersetzen eines C-Programms.
Die Funktionen der Standardbibliothek für die Ein- und Ausgabe von Daten verwenden für den Transfer der Daten vom Programm zu den Zielgeräten oder umgekehrt ein Objekt, das als *Stream* bezeichnet wird. Ein Stream ist eine Verbindung zwischen einem Prozeß und einem externen Gerät, wie z.B. Tastatur, Bildschirm oder eine Datei auf der Festplatte.
Beim Lesen und Schreiben von Streams werden die Daten nicht direkt auf den externen Geräten bearbeitet, sondern über Zwischenpuffer. Bei der Pufferung von Streams unterscheidet man drei verschiedene Arten:

Eingabe	Ausgabe	von
`gets`	`puts`	Zeichenketten (Makro)
`fgets`	`fputs`	Zeichenketten (Funktion)
`scanf`	`printf`	Daten in Textform
`fscanf`	`fprintf`	Daten in Textform (Files)
`fread`	`fwrite`	beliebige Daten (Files)
`fgetc`	`fputc`	Buchstaben (Funktion)

Tabelle 1.1: Ein/Ausgabe-Funktionen der Standardbibliothek

unbuffered Die Information erscheint auf dem mit dem Stream verbundenen Gerät, sobald sie auf den Stream geschrieben wird. In diesem Modus ist das Programm direkt mit dem externen Gerät verbunden.

block buffered Eine bestimmte Anzahl von Bytes wird in einem Puffer auf dem Stream gesammelt und, sobald der Puffer gefüllt ist, als Block auf einmal weitergegeben.

line buffered Die Bytes werden in einem Puffer solange gesammelt, bis ein NEWLINE-Zeichen erkannt wird. Dann werden sie auf einmal vom Stream weitergeleitet, d.h. es existiert hier keine feste, sondern eine variable Blockgröße.

Ist ein Stream mit einer Datei auf einer Festplatte verbunden, geschieht das Schreiben und Lesen normalerweise *block buffered.* Dagegen sind Streams für die Verbindung zu Terminals (Bildschirm und Tastatur) in der Regel *line buffered.* Die Standardfehlerausgabe `stderr` von C-Programmen ist üblicherweise *unbuffered.* In C werden Streams durch den Datentyp `FILE`, der in `/usr/include/stdio.h` definiert ist, repräsentiert.
Alle Routinen aus der Standardbibliothek für die Ein- und Ausgabe von Daten bilden ihre Funktionen auf die beiden Makros `putc` und `getc` ab. Die Definition der beiden Makros findet man im Abschnitt 1.2.3.
Die Tabelle 1.1 zeigt die wichtigsten Funktionen der Standardbibliothek, die für die Ein- und Ausgabe von Daten unter UNIX verantwortlich sind.

Zu den Funktionen für die Ein- und Ausgabe von Daten gehören auch die beiden Routinen `sprintf` und `sscanf` ('s' für String). Die der Funktionsgruppe `printf/scanf` zugrunde liegenden Funktionen `_doprt` und `_doscan` sind so flexibel programmiert, daß sie mit Files, Terminals und Zeichenketten arbeiten können.

1.2.1 Definition von Streams

Streams sind die Objekte, über die jedes gepufferte I/O mit den Standardfunktionen abgewickelt wird. In C werden Streams durch den Datentyp `FILE` repräsentiert. Nachfolgend findet der Leser einen Ausschnitt aus dem File `/usr/include/stdio.h`, in dem der Datentyp `FILE` und die dem Datentyp zugrunde liegenden Datenstrukturen definiert werden:

```
struct  _iobuf {
     int     _cnt;      /* Rest Bytes im Puffer */
     char    *_ptr;     /* aktuelle Position im Puffer */
     char    *_base;    /* Pufferanfang */
     int     _bufsiz;   /* Puffergroesse */
     short   _flag;     /* Flags s.u. */
     char    _file;     /* Filedeskriptor fuer
                           Systemaufrufe*/
} _iob[3];

#define FILE    struct _iobuf

#define EOF     (-1)

#define stdin   (&_iob[0])
#define stdout  (&_iob[1])
#define stderr  (&_iob[2])

#define feof(p)      (((p)->_flag & _IOEOF)!=0)
#define ferror(p)    (((p)->_flag & _IOERR)!=0)
#define fileno(p)    ((p)->_file)
#define clearerr(p) ((p)->_flag &= ~(_IOERR|_IOEOF))
```

Wie aus diesem Ausschnitt zu erkennen ist, wird im File `stdio.h` die symbolische Konstante `EOF` definiert. Diese Konstante ist bei der Abfrage nach dem Fileende in einem Vergleich dem direkten Wert -1 vorzuziehen, da der Wert für das Fileende bei verschiedenen UNIX-Derivaten auch mit 0 versehen ist. Programme, die die symbolische Konstante `EOF` verwenden, sind auf der einen Seite leichter zu lesen und auf der anderen Seite bei der Portierung auf andere UNIX-Systeme von den verschiedenen Darstellungen für das Fileende unabhängig. Der Wert `EOF` stellt natürlich keine Marke für das Ende einer Datei auf der Festplatte dar, sondern wird nur von den Funktionen für die Ein/Ausgabe zum Anzeigen des Fileendes verwendet.
Im File `stdio.h` werden auch die Namen `stdin, stdout, stderr` definiert. Mit diesen Namen können die Streams für Standardeingabe, Standardausgabe, bzw. Standardfehlerausgabe in einem Programm direkt angesprochen werden, ohne daß diese Streams zuvor geöffnet werden müßten.
Die letzten vier Makros dienen dem leichteren Zugriff auf die einzelnen Komponenten des Datentyps `FILE`. Ihnen sollte immer der Vorzug gegeben werden vor dem direkten Durchgriff auf die einzelnen Komponenten der Datenstruktur `_iobuf`.

1.2.2 Aufbau der I/O-Routinen

Das Bild 1.3 zeigt die hierarchischen Abhängigkeiten der einzelnen I/O-Funktionen. Dazu noch einige Bemerkungen:

- Die beiden Makros `getc` und `putc` (Definition siehe 1.2.3) bilden das Kernstück der I/O-Hierarchie. Alle Funktionen, die im Bild über diesen Makros zu sehen sind, verwenden beide zur Ein- und Ausgabe einzelner Bytes. In den Makros wird mit Hilfe der Funktionen `_filbuf` und `_flsbuf` die Pufferung der Ein- und Ausgabestreams realisiert.

- Das Makro `putc` schreibt solange in den Puffer eines Streams, bis dieser voll ist. Wenn der Puffer gefüllt ist, wird die Funktion `_flsbuf` aufgerufen, die einen Zeiger auf den vollen Puffer und den aktuellen Buchstaben als Parameter übergeben bekommt. Die Funktion `_flsbuf` schreibt den Puffer auf das Gerät, das mit dem Stream verbunden ist.

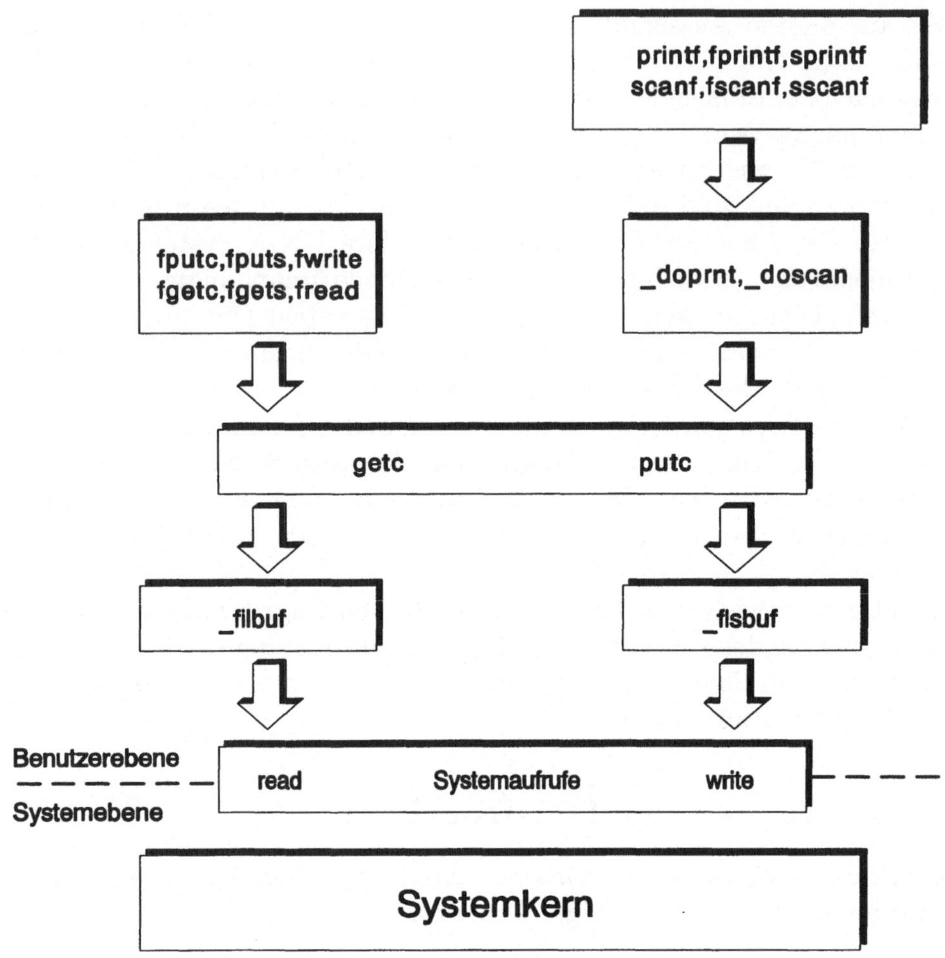

Abbildung 1.3: Hierarchie der I/O-Funktionen der Standardbibliothek

- Analog dazu liest das Makro `getc` ein Zeichen aus dem Puffer eines Streams, solange der Puffer noch nicht gelesene Zeichen enthält. Sind alle Zeichen aus einem Puffer durch das Makro gelesen, ruft es die Funktion `_filbuf` auf. Die Funktion bekommt als Parameter die Adresse des Puffers übergeben, in den der nächste Block aus dem Gerät, das mit dem Stream verbunden ist, eingelesen werden soll.

- `fputc` und `fgetc` verarbeiten, wie die beiden Makros `putc` und `getc`, einzelne Zeichen. Im Gegensatz zu den Makros sind dies Funktionen, die ihren Aufruf direkt auf die Makros abbilden.

- Die Funktionen `fputs` und `fgets` verarbeiten Zeichenketten. Mit ihnen kann in einem Programm ein String auf einmal ausgegeben oder eingelesen werden.
- Mit den Funktionen `fwrite` und `fread` können beliebige Blöcke aus dem Adreßraum eines Programms auf einem Stream geschrieben oder von einem Stream gelesen werden.
- `_doprnt` und `_doscan` sind generische Funktionen. Die beiden Funktionen behandeln die gemeinsamen Teile der Funktionsgruppe `printf`, `fprintf`, `sprintf`, `scanf`, `fscanf` und `sscanf`.

1.2.3 Die Makros putc — getc

Wie bereits mehrfach erwähnt, sind `putc` und `getc` Makros. Im Gegensatz zu Funktionen können beide nicht umdefiniert werden, d.h. beide können nicht durch eigene Routinen ersetzt werden. Definiert man in einem Programm, in dem das File `stdio.h` verwendet wird, Funktionen gleichen Namens, würde dies zu einem Fehler bei der Übersetzung des Programms führen. Sollte es notwendig sein, diese Makros zu verändern, so muß diese Änderung im File `/usr/include/stdio.h` direkt vorgenommen werden. Alternativ kann eine eigene Definition dieser Makros jeweils nach dem *include* des Files `stdio.h` erfolgen. Nachfolgend die Definitionen der beiden Makros `putc` und `getc`, wie sie in der Datei `/usr/include/stdio.h` zu finden sind:

```
#define getc(p)         (--(p)->_cnt>=0?\
        (int)(*(unsigned char *)(p)->_ptr++):_filbuf(p))

#define putc(x, p)      (--(p)->_cnt >= 0 ?\
        (int)(*(unsigned char *)(p)->_ptr++ = (x)) :\
        (((p)->_flag & _IOLBF) && -(p)->_cnt < (p)->_bufsiz ?\
                ((*(p)->_ptr = (x)) != '\n' ?\
                   (int)(*(unsigned char *)(p)->_ptr++) :\
                   _flsbuf(*(unsigned char *)(p)->_ptr, p)) :\
                _flsbuf((unsigned char)(x), p)))

#define putchar(x)      putc(x,stdout)
#define getchar()       getc(stdin)
```

Die Makros in vorstehender Definition verarbeiten Bytes (8 Bit)! Dies ist zu erwähnen, da bei manchen UNIX-Derivaten diese Makros nur 7-bit Information bearbeiten können.

Das an manchen Zeilenenden vorkommende Zeichen '\' ist nicht Teil des Makros, sondern es zeigt dem C-Preprozessor an, daß ein nachfolgendes `<linefeed>` die aktuelle `#define`-Anweisung nicht beendet. Dies ist nötig, da `#define`-Anweisungen normalerweise nicht über Zeilengrenzen hinweg definiert werden können.
Das Makro `getc` bekommt als Parameter eine Datenstruktur vom Typ `_iobuf` (siehe 1.2.1) übergeben. Im Makro `getc` bedeutet die Abfrage `_cnt >= 0`, daß der Puffer noch Bytes enthält, die durch `getc` zurückgegeben werden können. Wenn `_cnt < 0` ist, wird die Funktion `_filbuf` aufgerufen, und der erste Buchstabe (Byte) wird dabei aus dem Puffer direkt von `_filbuf` an den Rufer von `getc` zurückgegeben.
Im Makro `putc` wird mit der ersten Abfrage `_cnt >=0` festgestellt, ob im zugehörigen Puffer noch Platz ist für die Aufnahme eines Byte. Falls dies nicht der Fall ist, wird die Funktion `_flsbuf` aufgerufen, die den Pufferinhalt und das Byte, das mit `putc` geschrieben werden soll, auf das mit dem Stream verbundene Gerät schreibt.

Beispiel

In nachfolgender Funktion `fputs` aus der Standardbibliothek wird die Abbildung des eigentlichen I/O auf das Makro `putc` gezeigt.

```
#include        <stdio.h>
fputs(s, iop)
register char *s;
register FILE *iop;
{
        register r = 0;
        register c;
        int unbuffered;
        char localbuf[BUFSIZ];

        unbuffered = iop->_flag & _IONBF;
        if (unbuffered) {
                iop->_flag &= ~_IONBF;
                iop->_ptr = iop->_base = localbuf;
                iop->_bufsiz = BUFSIZ;
        }

        while (c = *s++)
                r = putc(c, iop);
```

```
        if (unbuffered) {
                fflush(iop);
                iop->_flag |= _IONBF;
                iop->_base = NULL;
                iop->_bufsiz = NULL;
                iop->_cnt = 0;
        }
        return(r);
}
```

Das Beispiel steht stellvertretend für die weiteren I/O-Funktionen der Standardbibliothek.

1.2.4 Weitere Funktionen für Streams

In diesem Abschnitt werden die übrigen Prozeduren kurz erläutert, die für das Arbeiten mit Streams notwendig sind.
Da diese Funktionen mit ihren Parametern stark systemabhängig sind, kann hier nur eine prinzipielle Beschreibung der Funktionen erfolgen. Eine genaue Beschreibung ist dem jeweiligen Systemhandbuch zu entnehmen.

`fopen(filen,type)` öffnet das File *filen* und richtet einen Stream zu diesem File ein.

`freopen(filen,type,stream)` ersetzt das File oder Gerät, das mit dem Stream `stream` verbunden ist, durch das File `filen`.

`fdopen(fildes,type)` verbindet einen Filedeskriptor, eines zuvor mit dem Systemaufruf `open` geöffneten Files, mit einem Stream.

`fclose(stream)` schreibt alle Puffer des Streams auf das File zurück und schließt den Stream.

`fflush(stream)` veranlaßt das System, alle Puffer des Streams auf das mit dem Stream verbundene Gerät zu schreiben.

`ungetc(c,stream)` schreibt den Buchstaben `c` zurück in den Puffer des Streams, so daß es beim nächsten Aufruf von `getc` gelesen wird.

`fseek(stream,offset,ptr)` setzt die Position des Schreib/Lesezeigers im Stream für die nächste Schreib/Leseoperation.

`ftell(stream)` liefert die aktuelle Position des Schreib/Lesezeigers relativ zum Filebeginn als Ergebnis.

`rewind(stream)` ist äquivalent zu `fseek(stream,0,0)`. Die Funktion setzt den Schreib/Lesezeiger des Streams auf den Streamanfang.

Mit den Funktionen

- `setbuf`
- `setbuffer`
- `setlinebuf`
- `setvbuf`

kann die Art der Pufferung eines Streams verändert werden. Alle diese Routinen erhalten als Parameter die Adresse des Anfangs eines Speicherbereichs übergeben, der als Puffer für den Stream dienen soll. Die Übergabe von 0 (= `NULL`) als Parameter für den Anfang des Speicherbereichs schaltet die Pufferung aus. Bis auf die Funktion `setlinebuf` müssen alle Routinen vor dem ersten Lesen oder Schreiben von Daten auf den Stream aufgerufen werden. Bei einem Aufruf der Funktion `freopen` und anschließender Änderung der Pufferungsart bleiben für das Weiterarbeiten die Zeiger des Streams erhalten, d.h. mit diesem Trick kann auch bei einem geöffneten und schon bearbeiteten Stream die Art der Pufferung verändert werden.

Abschließend ist für diesen Abschnitt noch zu erwähnen, daß unter UNIX nicht zwischen Binär- und Textfiles unterschieden wird! Aus diesem Grund muß beim Öffnen eines Files nicht angegeben werden, ob es sich um einen Binär- oder einen Textfile handelt. Die Option, die bei den Bibliotheksfunktionen von C-Compilern unter MSDOS für diesen Zweck vorhanden ist, kann auch bei den entsprechenden UNIX-Funktionen angegeben werden, bleibt dort allerdings ohne Wirkung.

1.3 Dynamische Speicherverwaltung

Neben den Funktionen für die Ein- und Ausgabe von Daten bilden die Routinen für die dynamische Speicherverwaltung einen zweiten Schwerpunkt in der Standardbibliothek. In einem UNIX-System sind das die Routinen der `malloc`-Familie. Der Umfang dieser Funktionsklasse ist bei den verschiedenen UNIX-Derivaten unterschiedlich groß. Als gemeinsame Grundfunktion weisen alle diese verschiedenen Systeme die Funktion `malloc` auf, deren zugrunde liegender Algorithmus in diesem Abschnitt besprochen werden soll.

Die Verwaltung des dynamischen Speichers unter UNIX unterscheidet sich erheblich von der unter anderen Betriebssystemen, wie z.B. MS-DOS.

Um unter UNIX Routinen zur Verwaltung des dynamischen Speichers eines Programms zu schreiben, muß man keine Kenntnis vom virtuellen Speichermanagement des Systemkerns oder der Hardware haben, da die Verwaltung des dynamischen Speichers eines Prozesses außerhalb des Systemkerns geschieht.

1.3.1 Aufbau einer ausführbaren Datei

Das Bild 1.4 zeigt den Aufbau eines ausführbaren Programms, wie es als Image auf der Platte vorliegt, und den Aufbau des Prozesses, der ein solches Programm ausführt.

Der Adreßraum, der einem Prozeß zur Verfügung steht, beläuft sich bei modernen Systemarchitekturen mit einer Adreßbreite von 32 Bit auf 4 GB. Am oberen Ende dieses Adreßraums stehen neben Informationen, die das System zur Verwaltung des Prozesses braucht, noch die Umgebungsvariablen (*environment variables*), die Kommandozeilenparameter und der Stack des Prozesses. Der Stack wächst dem unteren Ende des Adreßraums entgegen. Dort sind der Text (ausführbarer Programmcode) und die Datenbereiche (Segmente) untergebracht.

Bei den Datensegmenten wird unterschieden zwischen dem Bereich der initialisierten Daten, z.B. alle Zeichenketten in einem C-Programm, und den nichtinitialisierten Daten, z.B. alle globalen Variablen eines C-Programms. Der Bereich der nichtinitialisierten Daten wird mit BSS (= *block started by symbol*) bezeichnet. Der Ursprung dieses Namens liegt in einer Assembleranweisung von IBM 7090-Rechnern. Die Größe der einzelnen Segmente ist im Kopf (*header*) der Datei auf der Fest-

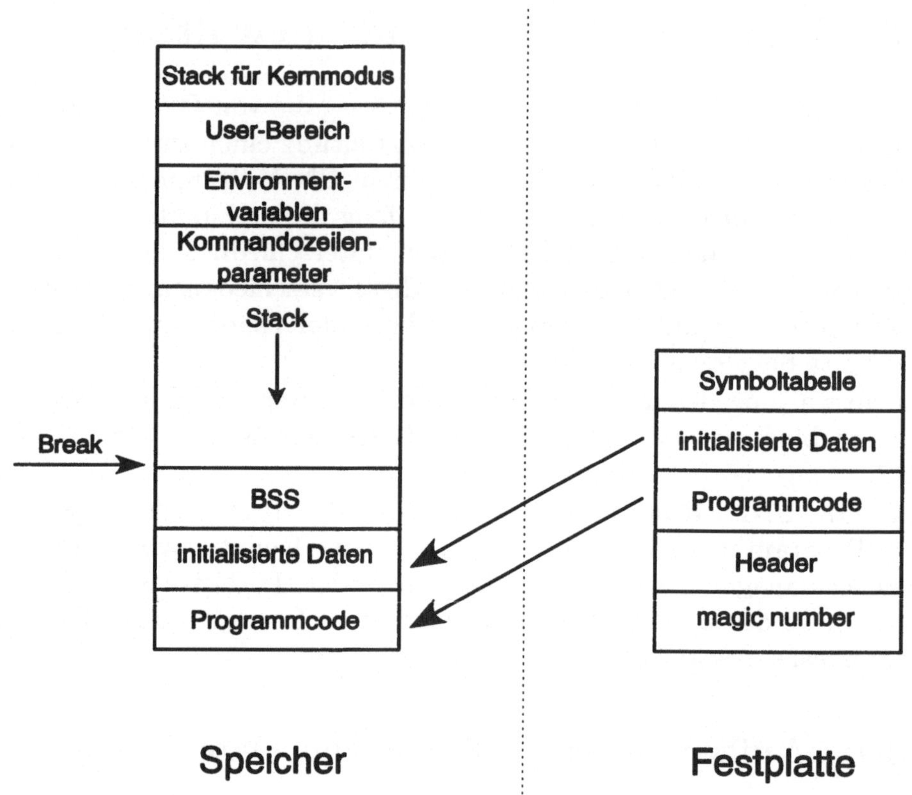

Abbildung 1.4: Layout eines ausführbaren Programms (Prozesses)

platte abgelegt, die das ausführbare Programm enthält. Bei einem Programmstart legt das System anhand dieser Angaben die Segmente mit der angegebenen Größe an. Während der Laufzeit des Prozesses bleiben die Größen der Segmente konstant (mit Ausnahme des Stacks, der natürlich wachsen kann!).

Mit Hilfe der *magic number* kann das System feststellen, um welche Art von ausführbarem Programm es sich handelt. Ein Shell-Skript beginnt üblicherweise mit der *magic number* `#!`, gefolgt vom Namen des interpretierenden Programms, z.B. `#!/bin/sh` oder auch `#!/bin/awk -f`. Bei einem Shell-Skript gelten die obigen Ausführungen zum Aufbau eines ausführbaren Programms natürlich nicht, sehr wohl aber für das interpretierende Programm. Die *magic number* eines Programms gibt dem System Auskunft darüber, wie es die einzelnen Bereiche beim Prozeßstart angelegen muß. Die strikte Trennung der einzelnen Bereiche kann durch eine bestimmte *magic number* aufgehoben werden, so daß

Text und Daten in einem Bereich gemischt werden können. Normalerweise ist das Textsegment schreibgeschützt, d.h. ein Programm kann den Teil des Speichers, der seinen Code enthält, nicht verändern. Im gerade beschriebenen Fall wird dieser Schreibschutz aufgehoben.
Die obere Grenze des Segments der nichtinitialisierten Daten (BSS) heißt *break-value* oder kurz *break* . Werden unter UNIX in einem Programm Adressen referenziert, die unterhalb des Stacksegmentes und oberhalb des Breaks liegen, bricht das System die Programmausführung mit der Fehlermeldung *segmentation violation* ab. Diese Tatsache und die fixe Größe der einzelnen Datensegmente hätte zur Folge, daß Programme unter UNIX keinen Speicherplatz dynamisch anfordern könnten, dessen Größe nicht beim Programmstart bekannt wäre. Abhilfe schaffen hier die Systemaufrufe `brk` und `sbrk`. Mit ihnen kann der Break eines Prozesses, also die obere Grenze der nichtinitialisierten Daten, verschoben werden, und der dadurch entstandene freie Speicherbereich kann für die dynamische Speicherverwaltung genutzt werden.

1.3.2 brk und sbrk

Die Systemaufrufe zum Verschieben des Breaks sind wie folgt definiert:

```
char *brk  (char * addr);
char *sbrk (int incr);
```

Für `brk` und `sbrk` gibt es bei den verschiedenen Betriebssystemvarianten Unterschiede. Normalerweise gilt:

`brk` ist ein Systemaufruf, der den Break auf `addr` setzt, wobei auf die nächste Seitengrenze[1] aufgerundet wird. Bei Erfolg wird 0 zurückgegeben, bei Fehlern -1, und die globale Variable `errno` wird entsprechend gesetzt.

`sbrk` erhöht den Break um `incr` Bytes. Kann dies erfolgreich geschehen, wird ein Zeiger auf den Anfang des neuen Datenbereichs (also der alte Stand des Breaks) zurückgegeben; bei einem Fehler ist der Rückgabewert -1.

Wird der Break hochgesetzt, so wird Speicherplatz frei, der direkt in einem Programm verwendet werden kann. Im allgemeinen ist jedoch

[1] systemabhängige Konstante

aus Effizienzgründen die Verwendung der dynamischen Speicherplatzverwaltung mit Hilfe der Routine `malloc` vorzuziehen, die bei Bedarf den Break für den Benutzer unbemerkt verschiebt.

1.3.3 malloc und free

In diesem Abschnitt wird die Arbeitsweise der dynamischen Speicherverwaltung, wie sie unter UNIX gebräuchlich ist, erläutert. Neben dem hier beschriebenen Algorithmus sind durchaus auch andere Strategien möglich. Alternativen findet der Leser z.B. in [10].
Die Syntax der beiden zentralen Prozeduren der dynamischen Speicherverwaltung ist

```
char *malloc(size)
    unsigned size;

free (ptr)
    char *ptr;
```

Der Parameter `size` bei der Funktion `malloc` gibt an, wie groß der Block sein soll, den das Programm von der dynamischen Speicherverwaltung anfordert. `malloc` liefert als Ergebnis bei Erfolg einen Zeiger auf einen Block der gewünschten Größe. Kann die Funktion die Anforderung nicht erfüllen, wird als Ergebnis der Null-Zeiger zurückgeliefert.
Die Funktion `free` erwartet als Parameter einen Zeiger auf einen Block im Speicher, der zuvor mit `malloc` alloziert wurde.
Beim ersten Aufruf der Funktion `malloc` wird mit dem Systemaufruf `sbrk(0)` der aktuelle Wert des Breaks ermittelt. Durch eine wiederholte Verschiebung dieses Breaks nach oben werden Speicherbereiche zugänglich, die `malloc` zur Erfüllung der Anforderungen nach dynamischem Speicher verwenden kann. Diese Speicherbereiche werden von `malloc` in Form von Blöcken verwaltet. Für jeden Speicherblock werden am Anfang des Blocks vier Byte Verwaltungsinformation gehalten, in denen bei freien Blöcken die Adresse des nächsten freien Blocks steht. Ist der Block belegt, d.h. von `malloc` bereits vergeben, so steht im ersten Byte ein Bitmuster, das anzeigt, daß der Block bereits vergeben ist. Diese Kennung wird auch als *magic number* bezeichnet. Das zweite Byte enthält die Nummer der Liste (*bucket number*), aus der der Block entnommen wurde und in die er, wenn er freigegeben wird, wieder zurückgegeben werden muß. In den beiden restlichen Byte stehen

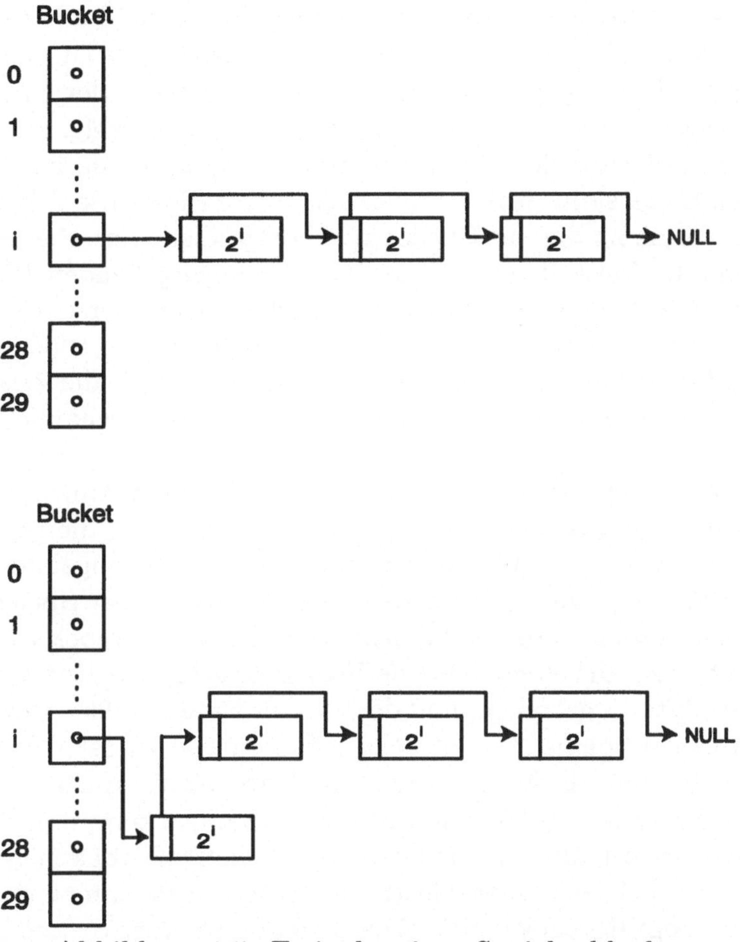

Abbildung 1.5: Freigabe eines Speicherblocks

Informationen, die nur bei der Entwicklung der dynamischen Speicherverwaltung benötigt wurden.

Diese vier Byte Verwaltungsinformation sind bei jedem Speicherblock, der über einen Aufruf der Routine `malloc` angefordert wird, vorhanden. Da `malloc(size)` die Adresse (Zeiger) eines Speicherblocks der Größe `size` liefert, und dieser Block ab dieser Adresse auch beschrieben werden kann, muß die Verwaltungsinformation in den vier Byte direkt unterhalb der zurückgegebenen Adresse liegen.

Zur Verwaltung aller Blöcke hält `malloc` ein Feld mit dreißig Einträgen (auch *buckets* genannt) bereit. Jedes Element dieses Felds enthält eine Liste von Speicherblöcken gleicher Größe. In der Liste zum Bucket i fin-

det man Blöcke der Größe 2^i. Am Anfang einer Programmausführung, noch bevor `malloc` das erstemal aufgerufen wurde, sind alle Listen dieses Feldes leer, d.h. in keiner Liste sind Speicherblöcke zu finden.
Wird im Laufe eines Programms ein Speicherblock, der mit `malloc` zuvor alloziert wurde, mit der Funktion `free` wieder freigegeben, stellt das System mit Hilfe der Verwaltungsinformation, die in den vier Byte vor diesem Block steht, fest, zu welchem Bucket dieser Block gehört und hängt ihn in die zu diesem Bucket zugehörige Liste ein. Dies geschieht derart, daß die Verwaltungsinformation des freizugebenden Blocks mit der Adresse des ersten Blocks aus der Bucket-Liste überschrieben wird und der Zeiger auf den ersten Block jetzt auf den neuen Block *verbogen* wird. Dadurch wird der freigegebene Speicherbereich der erste Block in der entsprechenden Bucket-Liste. Bild 1.5 veranschaulicht diesen Vorgang.
Bei einer Anforderung von Speicherplatz durch einen Aufruf der Funktion `malloc` wird zunächst die Zweierpotenz ermittelt, die größer oder gleich der angeforderten Blockgröße plus vier (Verwaltungsinformation) ist. Diese Potenz ergibt die Bucketnummer, aus der der Speicherblock entnommen werden kann. Ist in dieser Bucketliste ein Block vorhanden, wird er entfernt. Die entsprechende Verwaltungsinformation wird in die ersten vier Byte eingetragen, und die um vier Byte erhöhte Adresse wird an den Aufrufer von `malloc` zurückgegeben, der ab dieser Adresse über einen Speicherbereich der gewünschten Größe verfügen kann.
Sollte im ermittelten Bucket kein Block vorhanden sein, d.h. die zugehörige Liste ist leer, wird mit Hilfe des Systemaufrufs `sbrk` in gewohnter Weise neuer Speicher angefordert. Der Break wird immer um Vielfache der Seitengröße verschoben. Die Seitengröße eines Systems ist eine Konstante, die von System zu System verschieden sein kann, aber immer eine Zweierpotenz ist. Die Seitengröße unter SunOS[2] ist 2048 Byte. Ist der durch `malloc` geforderte Block größer als die Seitengröße des Systems, wird der Break um ein entsprechend Vielfaches verschoben und der so gewonnene Speicherblock in die passende Bucketliste eingehängt. Von dort wird der Block in oben beschriebener Weise weiterverarbeitet. Im Falle, daß der angeforderte Block kleiner als die Seitengröße des Systems ist, wird der Break trotzdem um die Seitengröße nach oben verschoben. Der so erhaltene Speicherbereich wird in Blöcke der gewünschten Größe aufgeteilt, und diese werden der Reihe nach in die Bucket-Liste der passenden Größe eingehängt. Von dort wird der er-

[2] UNIX-System der Firma SUN Microsystems

ste Block als Ergebnis an den Rufer von `malloc` wie oben beschrieben zurückgeliefert.
Die kleinste Blockgröße, die verwaltet wird, umfaßt 8 Byte, d.h. bei jeder Anforderung von Speicherplatz wird mindestens ein Block der Größe 8 Byte zurückgegeben. Auch bei einer Anforderung knapp über einer Zweierpotenz wird implizit ein Block mit der Größe der nächst grösseren Zweierpotenz alloziert. Werden z.B. 1025 Byte angefordert, so wird ein Block der Größe 2048 alloziert; die *übrigen* Byte werden nicht anderweitig genutzt. Das bedeutet aber auch, daß der Programmierer bei einer Anforderung nach 1025 Byte ohne weiteres bis zu 2044 Byte verwenden kann, ohne die Speicherverwaltung zu gefährden. Dies sollte aber im Sinne eines sauberen Programmierstils nicht geschehen. Sollte für die Implementation der Funktion `malloc` ein anderer Algorithmus verwendet worden sein, führt ein derartiges Programmieren unweigerlich zu großen Problemen.
Im Anhang findet der Leser ein Listing der Implementationen der Funktionen `malloc` und `free`, wie sie in der Systemvariante 4.3 BSD realisiert sind.

1.3.4 Die Prozeduren der `malloc`-Familie

Neben den beiden bisherigen Funktionen `malloc` und `free`, die den Kern der dynamischen Speicherverwaltung bilden, gibt es noch einige weitere wichtige Funktionen

`realloc(ptr,size)` Ändert die Größe des zuvor durch `malloc` angeforderten Blocks, auf den der Zeiger `(char *prt)` verweist, zu `size`. Es wird ein Zeiger auf den Anfang eines neuen Blocks zurückgegeben, der am Beginn die Daten des alten Blocks enthält.

`calloc(n,size)` Reserviert Speicherplatz für ein Feld von `n` Elementen der Größe `size`. Die Werte `n` und `size` sind vom Typ `unsigned`. Das Ergebnis der Funktion `calloc` ist ein Zeiger auf das erste Element.

`alloca(size)` Bezieht sich bei der Allokation auf Speicherplatz, der im Stack des Aufrufers liegt. Nach Verlassen der Prozedur, in der `alloca` aufgerufen wurde, ist der angeforderte Speicherplatz wieder frei.

`valloc(size)` Liefert einen Block, dessen Anfang auf einer Seitengrenze liegt. Diese Funktion wird in anderen Systemen auch mit `memalign` bezeichnet.

Alle diese Routinen bilden ihre Funktionalität auf die zentrale Funktion `malloc` ab.

Kapitel 2

Das UNIX-Filesystem

Mit diesem Kapitel beginnt die Besprechung des UNIX-Systemkerns. Es werden sein Aufbau, die grundlegenden Konzepte und Strukturen dargestellt. In diesem Abschnitt wollen wir uns mit dem Teil des Kerns befassen, der das Dateisystem eines Rechners verwaltet.
Die Abbildung 2.1 zeigt den prinzipiellen Aufbau des Systemkerns mit den einzelnen Funktionsbereichen und deren gegenseitige Beziehungen. In der Zeichnung aus der Abbildung 2.1 kann man drei Ebenen erkennen:

- Benutzerebene
- Systemebene
- Hardwareebene.

Die Schnittstelle zwischen der Benutzerebene und der Systemebene bilden die Systemaufrufe. Aufbauend auf die Systemaufrufe, stellt das System dem Benutzer verschiedene Bibliotheken zur Verfügung, wie z.B. die im letzten Abschnitt teilweise vorgestellte Standard-I/O-Bibliothek. Systemaufrufe sehen für den Benutzer wie normale Funktionsaufrufe in C-Programmen aus.
Im weiteren Verlauf dieses Buchs werden die einzelnen Funktionen der Systemebene erläutert. Auf die Hardware und die Schnittstellen zur Hardware wird in diesem Buch nicht eingegangen, da diese stark vom verwendeten Rechnertyp abhängen und sich nicht in einen allgemeinen Rahmen stellen lassen.
Neben der horizontalen Schichtung eines UNIX-Systems kann man in der Abbildung 2.1 eine vertikale Zweiteilung erkennen. Die Teile auf der linken Seite der Skizze bilden das Dateisystem, das in diesem Kapitel

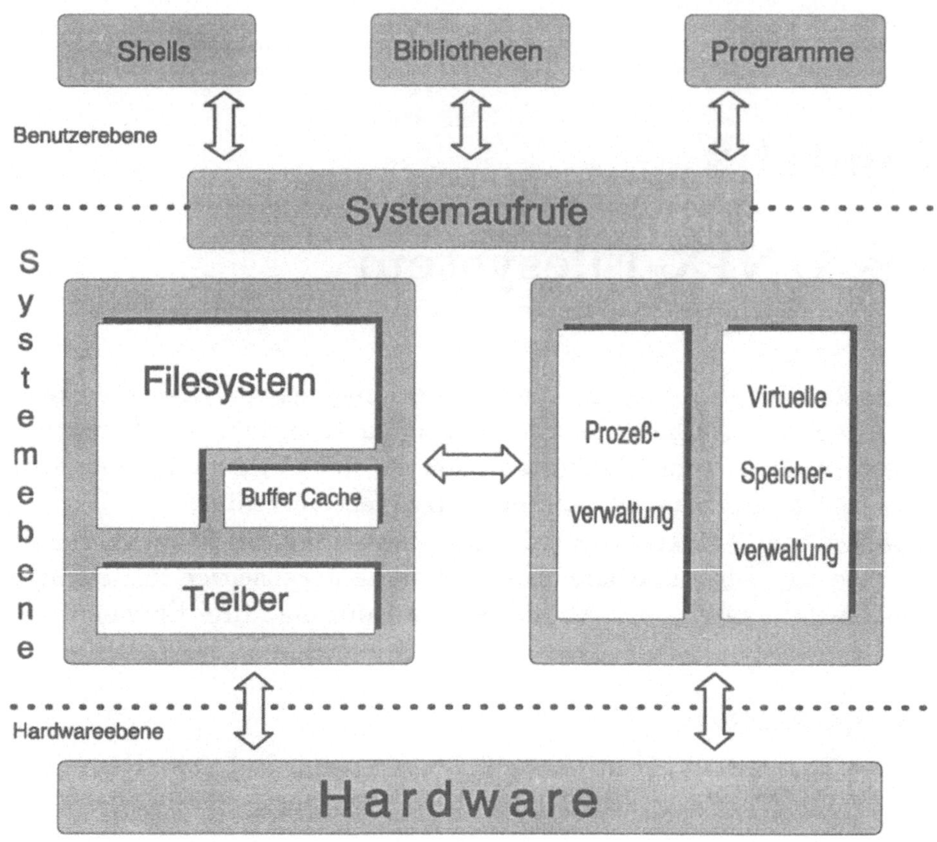

Abbildung 2.1: Blockdiagramm des Systemkerns

besprochen wird. Der rechte Teil der Zeichnung zeigt das Prozeßsystem (Kapitel 3) mit der virtuellen Speicherverwaltung (Kapitel 4).

Der Code und die Daten des UNIX-Systemkerns sind wie bei einem normalen Programm in einer Datei auf der Festplatte abgelegt. Das File, das den Systemkern enthält, steht bei einem System im Wurzelverzeichnis des Dateibaums. Dieses File trägt bei den verschiedenen Systemvarianten unterschiedliche Namen:

- vmunix
- unix
- genvmunix

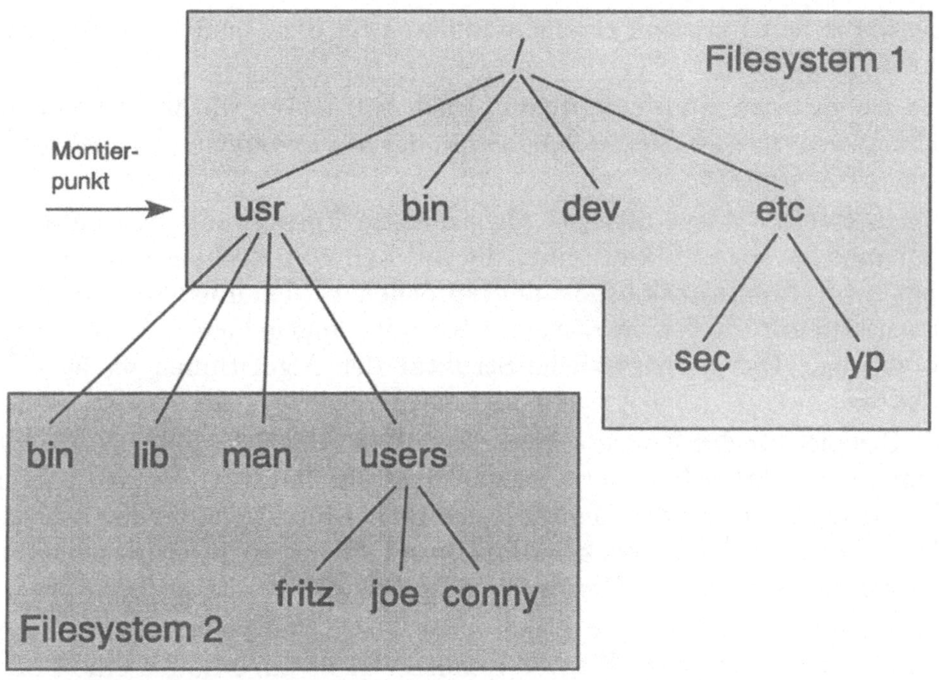

Abbildung 2.2: Verzeichnisbaum mit mehreren Filesystemen

2.1 Abstraktionsstufen des Filesystems

In diesem Abschnitt wird die logische Struktur eines UNIX Dateisystems in den verschiedenen Abstraktionsstufen beschrieben. Darunter versteht man zum einen das globale Erscheinungsbild eines UNIX-Verzeichnisbaums, zum anderen die Darstellungsweise eines Files auf den verschiedenen Ebenen des Betriebssystems (Benutzer-, System- und Hardwareebene).

Festplatten (engl. *hard discs*) sind unter UNIX in Partitionen aufgeteilt. Typisch für eine Festplatte in einem UNIX-System sind bis zu acht Partitionen. Jede dieser Partitionen kann jeweils ein eigenes Filesystem enthalten, das in sich baumartig organisiert ist. Der gesamte Verzeichnisbaum eines Systems besteht bei den meisten Installationen von UNIX aus mehreren solcher Filesysteme, die, wie in Bild 2.2 zu sehen, ineinander eingehängt werden (engl. *mounten*). Aus der Sicht des Benutzers ergibt sich so ein großes, monolithisches Filesystem. Beim Durchlaufen eines Verzeichnisbaums, der aus mehreren Filesystemen besteht, vollzieht sich der Übergang von einem Filesystem auf einer physikalischen Partition zu einem anderen für den Benutzer unbemerkt nur im Systemkern.

Für die weiteren Kapitel in diesem Buch betrachten wir, der Übersichtlichkeit wegen, einen Verzeichnisbaum, der nur aus einem physikalischen Filesystem besteht.

Um in einem System mehrere physikalische Filesysteme verwenden zu können oder sogar Filesysteme, die auf anderen Rechnern liegen und über ein Kommunikationsnetz angesprochen werden müssen, sind einige Erweiterungen in den in diesem Abschnitt angegebenen Algorithmen notwendig. Die grundsätzliche Struktur der Algorithmen bleibt aber erhalten.

Als Beispiel für das Konzept eines verteilten Dateisystems, d.h. Filesysteme auf anderen Rechnern werden über ein Netzwerk in den lokalen Verzeichnisbaum für den Benutzer unsichtbar integriert, sei hier nur das als de facto Standard anerkannte *Network File System (NFS)* genannt, das von der Firma Sun Microsystems entwickelt wurde.

Die Abbildung 2.3 zeigt, wie sich ein File auf den verschiedenen Ebenen des Systems darstellt. Der Benutzer sieht ein File als eine Folge von Byte, auf die zwar nur sequentiell, aber doch in beliebigen Einheiten zugegriffen werden kann. Auf der Systemebene wird ein File als eine Folge von logischen Blöcken behandelt. Die Größe dieser Blöcke entspricht der Größe von Puffern im System, die einen physikalischen Plattenblock aufnehmen können. Auf einer Festplatte liegen die Blöcke eines File über die ganze Plattenpartition verteilt. Das System hält für jedes File eine Verwaltungsstruktur bereit, in der u.a. die Plattenadressen aller Blöcke, die zu diesem File gehören, verzeichnet sind. Müßten die Blöcke eines Files auf der Festplatte jeweils fortlaufend hintereinander liegen, käme es zu Problemen bei der Vergrößerung eines Files.

Bild 2.4 zeigt drei Files A, B und C, deren Blöcke fortlaufend auf der Festplatte liegen. Um jetzt File B vergrößeren zu können, muß das System das File an eine Stelle auf die Platte kopieren, die genügend Raum hat für die neue Filegröße. Die Stelle, die bisher von File B belegt wurde, kann nur für neue Files verwendet werden, die kleiner oder gleich groß wie File B sind. Dies führt zu einer immer größer werdenden Zersplitterung (Fragmentierung) der Festplatte, so daß nach einer gewissen Zeit im Extremfall zwar rechnerisch ausreichend Platz für ein großes File vorhanden wäre, dies aber mangels genügend fortlaufenden Plattenplatzes nicht untergebracht werden kann. Aus diesem Grund

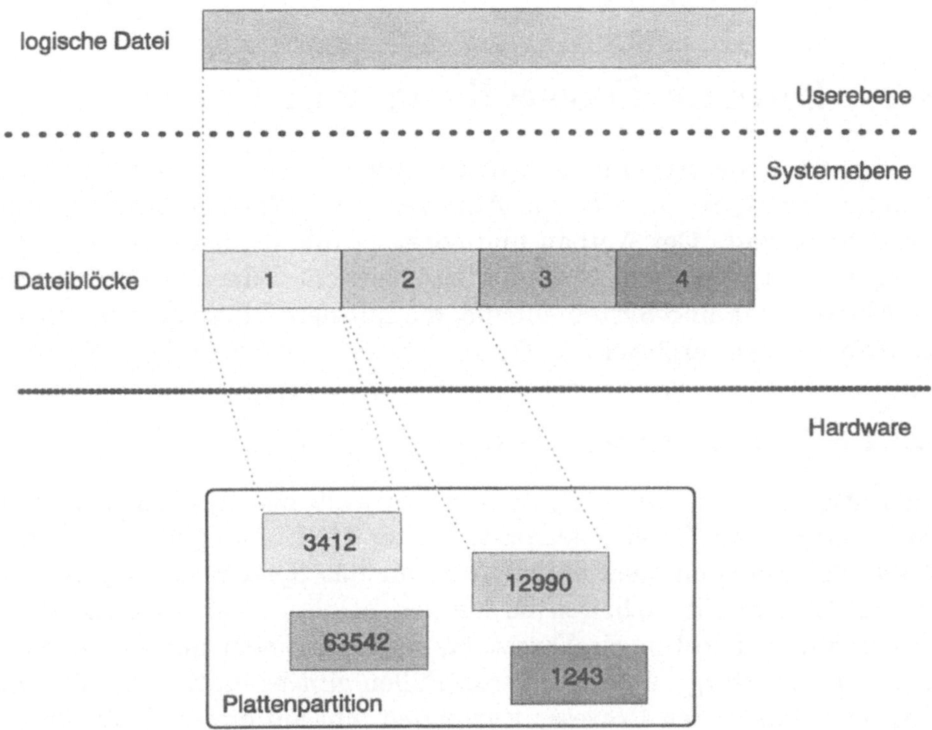

Abbildung 2.3: Sichtweisen eines Files

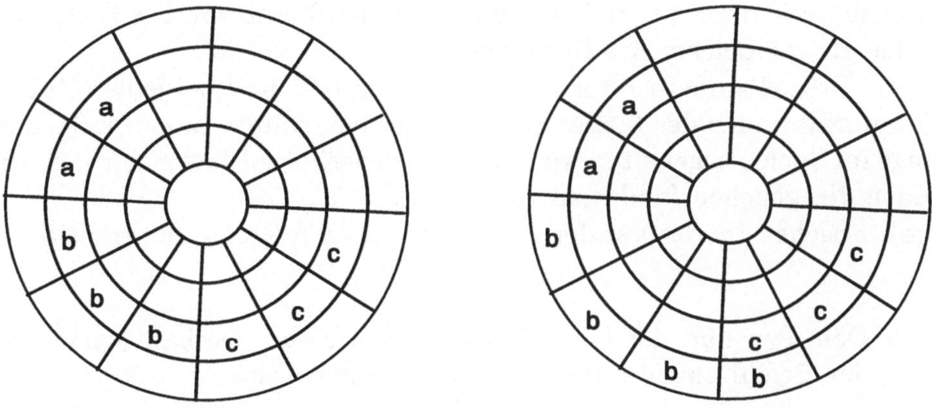

Abbildung 2.4: Beispiel für fortlaufende Plattenblöcke

wird unter UNIX eine Verteilung einer Datei über die ganze Partition einer Festplatte verwendet.

2.2 Interne Darstellung von Files

Wie bereits oben erwähnt, hält das System für jede Datei eine Datenstruktur bereit, in der z.B. die Adressen aller Plattenblöcke des Files verzeichnet sind. Der Aufbau und sonstige Inhalt dieser Verwaltungsstruktur wird in diesem Abschnitt beschrieben. Daneben werden auch die Algorithmen und Systemaufrufe, die mit dem Filesystem in Zusammenhang stehen, erläutert.

2.2.1 Index Nodes (Inodes)

Die Datenstruktur, die das System zur Verwaltung von Files verwendet, wird *Index Node (Inode)* genannt. Unter UNIX hat jedes File einen Inode, der Informationen enthält, die für das System notwendig sind, um mit diesem File arbeiten zu können. Dabei spielt es keine Rolle, ob sich hinter dem File ein Directory, ein Device oder nur ein normales (*plain*) File verbirgt. In allen diesen Fällen gibt es im System für jedes File einen Inode, den Prozesse verwenden, um auf dieses File zugreifen zu können.

Die Inodes eines Filesystems sind in statischer Form in einem Bereich der Festplattenpartition gespeichert, die das Filesystem enthält. Um auf die Informationen in einem Inode zugreifen zu können, und um diese zu verändern, überträgt das System den Inode von der Festplatte in den Hauptspeicher des Rechners.

Da ein Prozeß zumeist öfter auf ein File zugreift, und bei jedem Zugriff die Informationen des Inodes benötigt werden, sollten Inodes möglichst lange im Speicher gehalten werden, um wiederholte Plattenzugriffe zum Laden des gleichen Inodes zu vermeiden.

Die statischen Inodes auf der Platte enthalten folgende Informationen:

- Den Typ und die Zugriffsrechte eines Files. Deshalb wirkt z.B. der Befehl `chmod` nur auf den Inode eines Files.
- Besitzer und Gruppe des Besitzers des Files (Änderung durch `chown, chgrp`).

- Anzahl der Verweise auf die Datei (engl *links*).
- Den Zeitpunkt, an dem die Datei zuletzt gelesen (engl. *access*) oder geschrieben wurde (engl. *modified*).
- Den Zeitpunkt, an dem der Inode zuletzt verändert wurde. Bei einem Zugriff auf ein File, auch nur lesend, ändert sich zwangsläufig auch der Inode. Umgekehrt muß dies nicht der Fall sein, d.h. am Inode kann sich etwas ändern, ohne daß auf das File zugegriffen wurde.
- Die Größe (Länge) der Datei in Byte (zu sehen mit `ls -l`).
- Die Adressen der Plattenblöcke, die den Inhalt der Datei enthalten.

Es fällt auf, daß der Inode keine Informationen über den Namen der zugehörigen Files enthält. Aus diesem Grund ist es nicht möglich, bei einem geöffneten File an den Namen des Files zu gelangen, da das System nach dem Öffnen nur noch mit dem Inode arbeitet. Falls man den Filenamen in einem Programm nach dem Öffnen des Files noch benötigt, muß man diesen extra abspeichern.
Wenn der Inode vom System in den Speicher transferiert wurde, kommen zum statischen Teil der Informationen noch folgende hinzu:

- Status des Inode
  - Blockiert, der Inode wird bereits von einem Prozeß bearbeitet.
  - Ein Prozeß wartet auf den Inode.
  - Der Inode im Speicher ist verschieden von dem Abbild auf der Platte.
  - Der Inhalt des Files im Speicher[1] ist verschieden vom Inhalt der Plattenblöcke, die den Fileinhalt tragen.
- Device-Nummer des Filesystems.
- Inodenummer.
- Zeiger auf freie im Speicher liegende Inodes (Hashlisten).

[1]genauer im *buffer cache*

- *reference counter*, der anzeigt, wie oft die Datei, die der Inode beschreibt, derzeit geöffnet ist.

Der statische Teil eines Inodes enthält keine Inodenummer, da die Inodes eines Filesystems fortlaufend wie in einem Array am Anfang des Filesystems abgespeichert sind und damit die Position in diesem Feld den Inode eindeutig identifiziert.

2.2.2 Datei ↔ Inode

Da die Blöcke für die Daten eines Files auf der Festplatte nicht fortlaufend hintereinander liegen, muß im Inode jeder Plattenblock notiert sein, der zu einem File gehört. Müßten alle diese Blockreferenzen direkt im Inode gehalten werden, wäre die Größe dieses Inodes von File zu File verschieden und könnte im Extremfall sehr groß sein. Da das System mit Verwaltungsstrukturen konstanter Größe besser umgehen kann, muß hier ein aufwendigeres System zur Abspeicherung der Blockreferenzen verwendet werden.
Jeder Inode kann eine bestimmte Anzahl von Blockreferenzen *direkt* halten. Bei der UNIX Variante System V sind dies z.B. 10, bei BSD 4.3 dagegen 12 Blockreferenzen.
Zusätzlich gibt es die Zeiger

- *single indirect*
- *double indirect*
- *triple indirect*

durch die ihrem Namen entsprechend oft indirekt auf Datenblöcke zugegriffen werden kann.
Die Abbildung 2.5 zeigt die Struktur der Verweise auf die Plattenblöcke eines Files. In einem *single indirect* Block stehen bei einer Blockgröße von 1K und bei einer Adreßbreite von 4 Byte (32 Bit) 256 weitere Verweise auf Datenblöcke. Bei einem *double indirect* Block erfolgen 256 Verweise auf *single indirect* Blöcke mit jeweils 256 Verweisen auf Datenblöcke usw.
Obwohl für dieses Verfahren sehr viele Zugriffe auf Plattenblöcke notwendig sind, bis man zur eigentlichen Information einer Datei gelangt, ist die Zugriffsgeschwindigkeit auf die Daten eines Files dennoch sehr hoch, da viele von den Plattenblöcken in einem Cache-Speicher im Kern des Systems vorrätig gehalten werden.

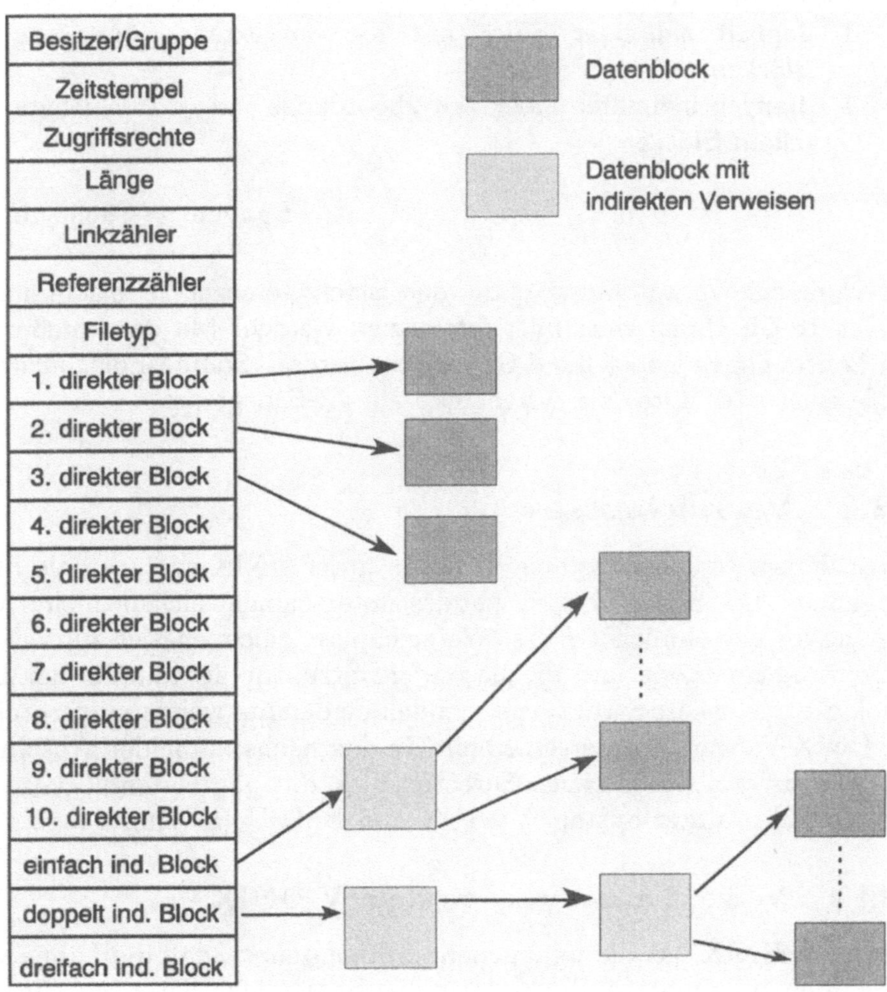

Abbildung 2.5: Aufbau eines Inodes

Beispiel
Die maximale Größe eines Files bei einer Blockgröße von 1K und einer Adreßbreite von 32 Bit berechnet sich wie folgt:

10	direkte Blöcke je 1K	10 Kbyte
1	indirekter Block mit 256 direkten Blöcken	256 Kbyte
1	doppelt indirekter Block mit 256 indirekten Blöcken	64 Mbyte
1	dreifach indirekter Block mit 256 doppelt indirekten Blöcken	18 Gbyte
	Summe	> 18 Gbyte

Mit Hilfe der Verwaltungsstruktur der Blockreferenzen in einem Inode können 18 GB Daten eines Files referenziert werden. Mit der Adreßbreite von 32 Bit können jedoch nur 4 GB erreicht werden. Somit ist die maximale Größe eines Files durch die Adreßbreite auf 4 GB begrenzt.

2.2.3 Verzeichnisse

Verzeichnisse (engl. *directories*) werden unter UNIX wie normale Files behandelt. Die Struktur ihrer Inodes unterscheidet sich in nichts von den Inodes gewöhnlicher Files. Verzeichnisse zeichnen sich durch den Typeintrag im Inode und die besondere Struktur des Inhalts der Datenblöcke aus. Diese Struktur ist bei den beiden am weitesten verbreiteten UNIX Varianten unterschiedlich. In den nächsten beiden Abschnitten wird auf den Aufbau eines Directoryfiles, d.h. der Datenblöcke eines Directoryfiles, unter System V UNIX und BSD UNIX eingegangen.

2.2.3.1 Verzeichnisse unter System V UNIX

System V UNIX hat die unangenehme Eigenschaft, daß die Länge von Filenamen maximal 14 Buchstaben betragen darf. Dies hat die angenehme Konsequenz, daß die Struktur eines Verzeichnisfiles sehr regelmäßig aufgebaut sein kann.
Für jeden Eintrag in einem Directoryfile stehen unter System V 16 Byte zur Verfügung. 14 Byte davon für den Namen eines Files, das in dem Verzeichnis steht, welches das Directoryfile beschreibt, und zwei Byte für die Inodenummer dieses Files.

Byte Offset im Directory	Inodenummer (2 Byte)	Filename (14 Byte)
0	123	.
16	2	..
32	1798	cc
48	1276	awk
64	85	cat
80	1268	ls
96	1799	tset
112	88	test
128	2114	login
144	1717	csh
160	0	
176	1432	passwd
	⋮	

Abbildung 2.6: Ausschnitt aus dem Verzeichnis `/bin`

Jedes Directory hat als erste Einträge die beiden Filenamen '.' und '..' mit den zugehörigen Inodenummern. Die beiden Einträge stellen Verweise auf den eigenen Inode bzw. auf das Vaterverzeichnis dar. Ein Eintrag, der nicht benutzt ist, wird mit der Inodenummer 0 gekennzeichnet. Wird in einem Verzeichnis ein neues File angelegt, nehmen diese unbenutzten Einträge den neuen Filenamen auf. Der Inode der Wurzel (engl. *root*) eines Filesystems hat immer die Nummer 2.
Wie wir bisher gesehen haben, kommt den Inodenummern 0 und 2 eine besondere Bedeutung zu. Die 0 zur Kennzeichnung eines freien Eintrags in einem Directory, die 2 als Inodenummer des Wurzelverzeichnisses eines Filesystems. Aus historischen Gründen steht die 1 als Inodenummer nicht zur Verfügung. Unter dem Inode mit der Nummer 1 wurden früher defekte Plattenblöcke vermerkt. Diese Fehlererkennung auf der Oberfläche einer Festplatte wird heute von der Hardware, unsichtbar für den Benutzer, selbst durchgeführt. Aus diesem Grund wäre es heute durchaus möglich, die 1 als Inodenummer zu vergeben. Um jedoch zu

früheren Versionen kompatibel zu bleiben, und auch aus Gründen der Tradition[2] wird die 1 nicht für Inodes vergeben.
Die Tatsache, daß Directories unter UNIX wie gewöhnliche Files behandelt werden, hat zur Konsequenz, daß die Einträge in einem Directoryfile Verweise auf weitere Directoryfiles sein können. Aus diesem Grund ist es gerechtfertigt, die Begriffe Directory und Directoryfile synonym zu verwenden.
Die Abbildung 2.6 zeigt einen Ausschnitt aus dem Inhalt der Datenblöcke (nicht des Inodes) des Verzeichnisfiles `/bin`. Der Eintrag '..' ist in diesem Fall ein Verweis auf das Wurzelverzeichnis des Filesystems und hat daher die Inodenummer 2. Der Eintrag mit dem Offset 160 zeigt durch die Inodenummer 0 einen freien Eintrag an. Das nächste File, das in dem Verzeichnis `/bin` angelegt wird, wird in diesem Slot vermerkt.
Die Anzahl der Einträge in einem Directory ist unbeschränkt, jedoch können in einem Filesystem maximal $2^{16}-1$ verschiedene Dateien gleichzeitig vorhanden sein, da in den Verzeichnisfiles nur zwei Byte für die Inodenummer vorgesehen sind.

2.2.3.2 Verzeichnisse unter 4.3 BSD UNIX

Im Gegensatz zum System V UNIX sind der BSD Variante beliebig lange Filenamen erlaubt. In den meisten kommerziellen Systemen sind die Filenamen allerdings auf eine Länge von 256 Buchstaben begrenzt. Dies stellt jedoch üblicherweise keine allzu große Einschränkung dar. Wegen der beliebig langen Filenamen ist die starre Struktur der Verzeichnisfiles unter System V UNIX nicht geeignet für die BSD Variante von UNIX.
⇒ Eine dynamische Struktur für Directoryfiles ist notwendig.
Unter BSD UNIX werden in einem Directoryeintrag 4 Byte für die Inodenummer bereitgestellt. Dies hat zur Folge, daß $2^{32} - 1$ Files in einem Filesystem möglich sind.
Die Directoryfiles unter BSD sind in *Chunks* aufgeteilt, von denen jeder mehrere Directoryeinträge aufnehmen kann. Die Größe der Chunks ist so festgelegt, daß der Transfer eines Chunks von der Festplatte in den Speicher oder umgekehrt sehr schnell geschieht. Aus diesem Grund wählt man für die Chunkgröße meistens die physikalische Blockgröße der Festplatte (meistens 512 Byte). Da die Blockgröße in einem BSD

[2] die es auch in der Informatik bereits gibt!

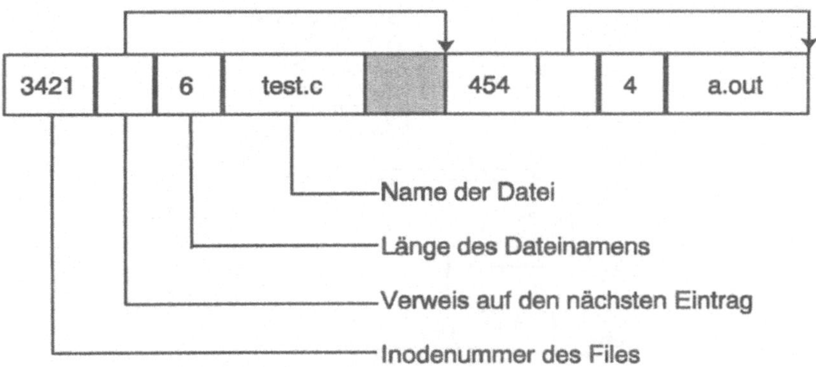

Abbildung 2.7: Ein Directory Chunks mit zwei Einträgen

Abbildung 2.8: Ein leerer Directory Chunks

System meist 8K ist, wäre ein einzelner Block in den meisten Fällen zuviel für ein Directory.
Ein Eintrag in einem Directory unter einem BSD UNIX-System besteht aus:

- einem Verweis auf den zugehörigen Inode,
- der Größe des Eintrags,
- der Länge des Dateinamens,
- dem Namen des zugehörigen Files.

Die Abbildung 2.7 zeigt einen Chunk mit 2 Einträgen.
Wenn ein Eintrag gelöscht werden soll, vereinigt das System den Speicherplatz, den er einnimmt, mit dem vorangegangenen Eintrag im gleichen Chunk durch Addition seiner Größe zur Größe des vorherigen Eintrags. Wenn ein ganzer Chunk nicht belegt ist (siehe Bild 2.8), wird im ersten Eintrag die Inodenummer auf 0 gesetzt, um anzuzeigen, daß dieser Chunk leer ist und freigegeben werden kann.

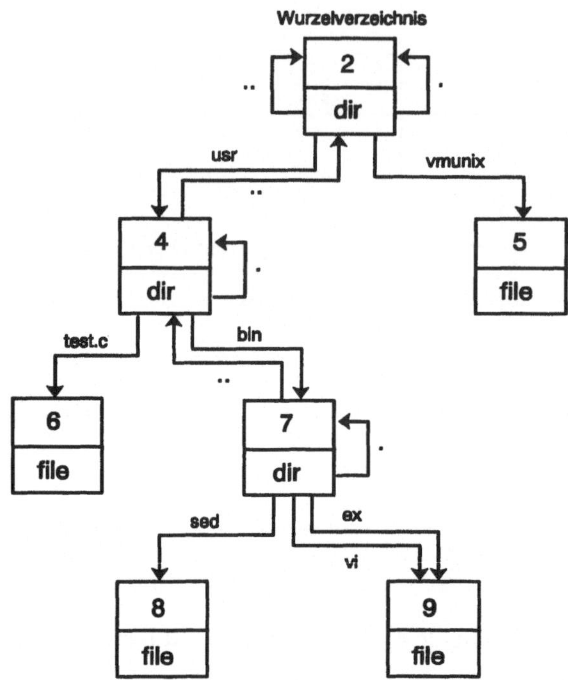

Abbildung 2.9: Verzeichnisbaum eines Dateisystems

2.2.3.3 Aufbau eines Verzeichnisbaums

Dieser Abschnitt will zeigen, wie aus der linearen Anordnung der Files und zugehörigen Inodes auf der Festplatte ein baumartig aufgebautes Dateisystem entsteht.

Das Bild 2.9 zeigt den Aufbau des Filesystems aus der Sicht eines Benutzers. Jedes Kästchen stellt eine Datei mit ihrem Inode und der zugehörigen Nummer dar. Die Pfeile stehen für Einträge in den Directoryfiles und zeigen die Verweise der daneben stehenden Namen.

Die Abbildung 2.10 zeigt den internen Aufbau der Inodeliste und der Directoryfiles zum oben beschriebenen Dateisystem. Die Zahlen neben der Inodeliste stellen die Indizes (Inodenummern) im Array der Inodes dar, unter denen die Inodes im Inodebereich auf der Festplatte referenziert werden können. Neben den Datenblöcken steht der Name des zugehörigen Files.

Um zum Beispiel die Datei `/usr/bin/vi` zu finden, muß das System diesen Namen Stück für Stück auflösen und interpretieren (siehe auch Algorithmus `namei` 2.2.7.3). Da der Name des Files mit einem '/' be-

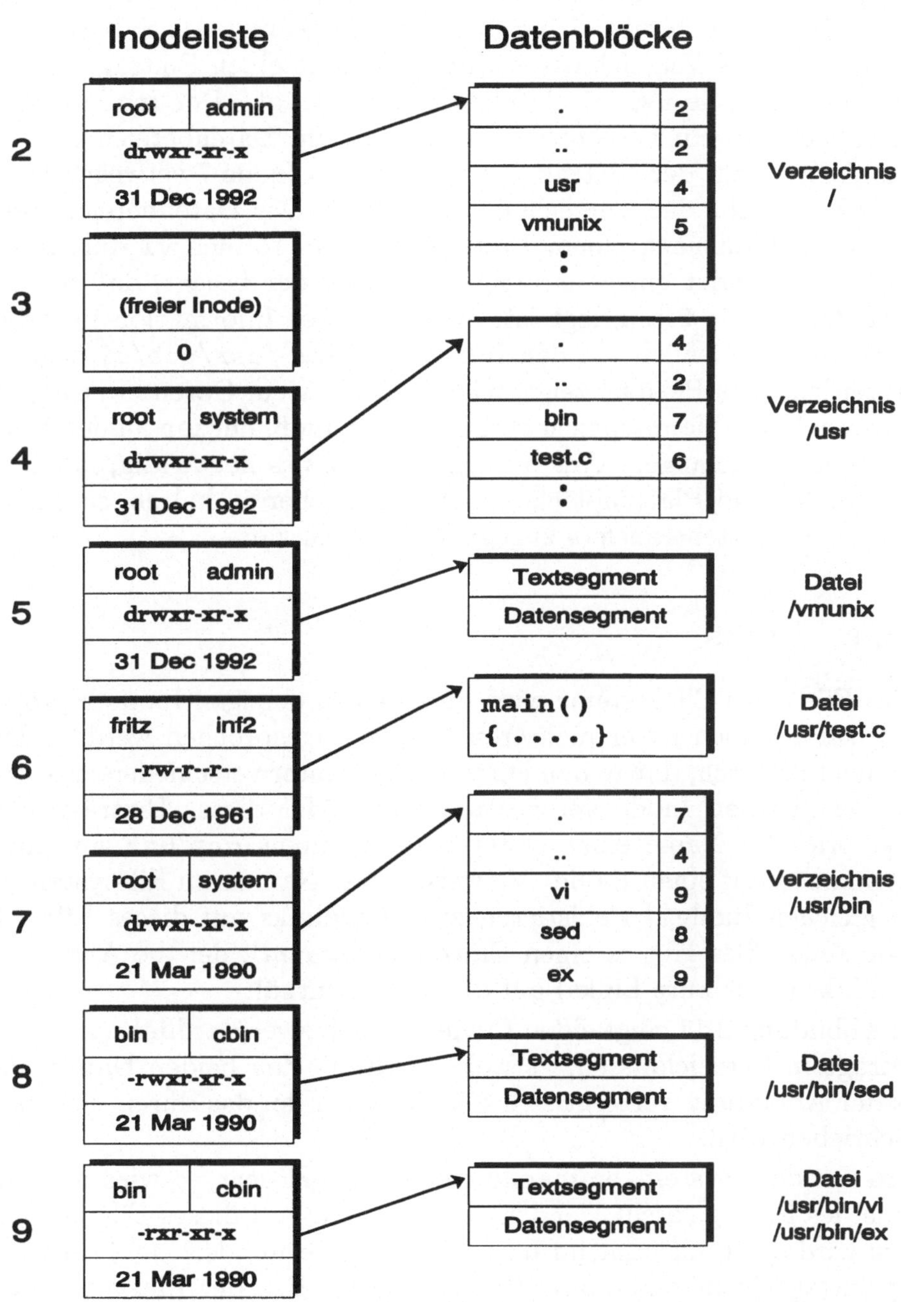

Abbildung 2.10: Interne Struktur des Dateisystems

ginnt, sucht das System den Inode mit der Nummer 2, der das Wurzelverzeichnis beschreibt. Über diesen Inode gelangt das System an die Datenblöcke des Verzeichnisses und findet dort einen Eintrag, der aussagt, daß das File `usr` die Inodenummer 4 trägt. Der Inode 4 zeigt, daß es sich um ein Directory handelt, und im Datenbereich des Verzeichnisfiles steht der Eintrag `bin`, der auf den Inode 7 verweist. Dieser Inode beschreibt das Verzeichnis `/usr/bin`. Der Datenbereich dieses Files wird dann nach einem Eintrag mit dem Namen `vi` durchsucht. Das System findet einen derartigen Eintrag, der besagt, daß das File unter dem Inode 9 abgelegt ist. Mit Hilfe der Information in diesem Inode kann schließlich auf den Inhalt des Files `/usr/ucb/vi` zugegriffen werden. Das Beispiel zeigt, wie oft das System Daten zwischen der Platte und dem Hauptspeicher transferieren muß, nur um an den Inhalt eines Files zu gelangen. Aus diesem Grund ist es notwendig, möglichst viele Inodes und Plattenblöcke im Hauptspeicher zu halten, so daß auf diese ohne Plattentransfers zugegriffen werden kann.

2.2.4 Links

Jedes File eines Filesystems wird durch einen einzigen Inode repräsentiert, kann jedoch unter mehreren Namen angesprochen werden. Dies geschieht dadurch, daß in den Directoryfiles unter verschiedenen Namen auf den gleichen Inode verwiesen wird. Jeder dieser Einträge eines Directories (= Name einer Datei) erzeugt einen *Hardlink* von einem Dateinamen auf einen Inode. Verweisen zwei Namen im Filesystem auf den gleichen Inode, so existieren zwei Hardlinks auf dieses File. Im Inode eines Files gibt es einen Eintrag (*linkcount*), der die Anzahl der Hardlinks (oder kurz Links) auf dieses File enthält.

Die Abbildung 2.11 zeigt einen Inode, auf den zwei Hardlinks, d.h. zwei Einträge in Verzeichnissen, verweisen. Hinter den beiden Dateinamen aus der Abbildung verbirgt sich ein einziges File, das durch den Inode beschrieben wird.

Wird mit dem Systemkommando `rm` ein File gelöscht, so wird nicht der Inode des Files gelöscht, sondern nur ein Link auf dieses File entfernt. Dazu wird der Linkcount im Inode des Files vermindert, und im Directoryeintrag als Inodenummer 0 eingetragen. Hat der Linkcount eines Inodes den Wert Null, verweist kein Name mehr auf diesen Inode. Der Inode ist frei und kann vom System für ein neues File wieder verwendet werden.

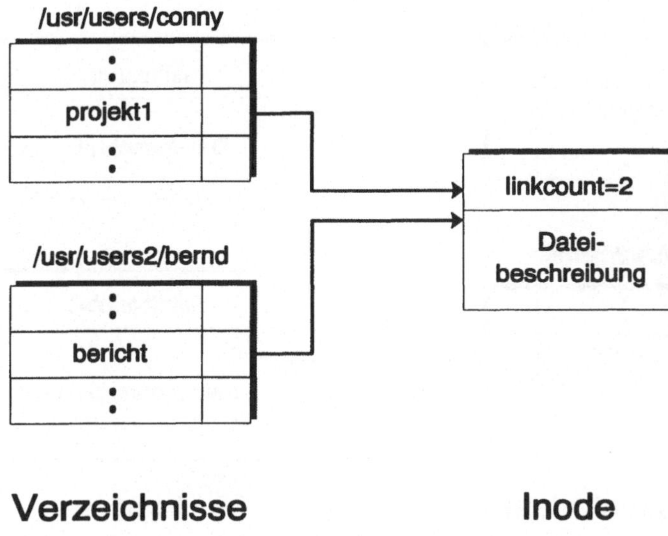

Abbildung 2.11: Hardlinks auf eine Datei

Um einen Hardlink auf ein File herzustellen, d.h. weitere Namen für ein File zu vergeben, ohne daß das File kopiert werden muß, verwendet man das Kommando `ln`. Hardlinks auf normale Files kann jeder Benutzer erzeugen. Einen Hardlink auf ein Verzeichnis kann nur der Superuser herstellen. Dies sollte allerdings nur mit größter Vorsicht geschehen, da dadurch leicht Schleifen in der Baumstruktur des Filesystems entstehen können. Bei Programmen, die die Baumstruktur des Filesystems durchlaufen, um z.B. nach einem File zu suchen (Kommando `find`), führt dies zu keiner Termination des Programms, da für diese Programme das Filesystem durch die Schleife unendlich tief erscheint. Sollte man sich einmal in einer solchen Situation befinden, hat man ernste Schwierigkeiten. Einen Hardlink auf ein normales File entfernt man mit dem Kommando `rm`. Ein Directory wird normalerweise mit dem Kommando `rmdir` entfernt. Dies ist allerdings nur möglich, wenn das Verzeichnis leer ist. Da bei einer Schleife der Hardlink, der entfernt werden soll, auf ein nicht leeres Directory verweist, hilft das Kommando `rmdir` auch nicht weiter. Einen Ausweg stellt das Kommando `/etc/unlink` dar, das nur einen Hardlink entfernt, ohne irgendwelche Nebenbedingungen zu stellen.

Besteht ein Dateibaum in einem System aus mehreren Filesystemen (siehe 2.2), können Hardlinks nur innerhalb eines Filesystems auftreten.

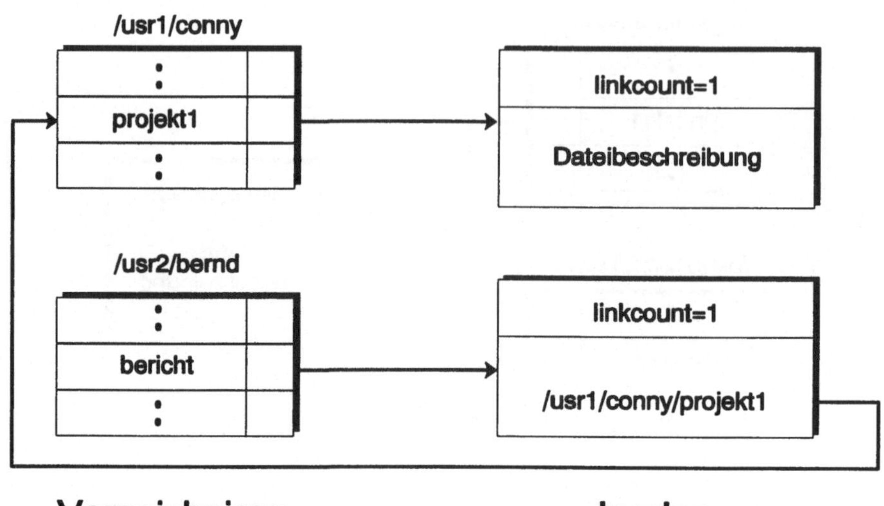

Abbildung 2.12: Symbolischer Link auf eine Datei

Um auf ein File außerhalb des Filesystems verweisen zu können, muß man einen symbolischen Link verwenden.

Ein symbolischer Link (engl. *symbolic link*) ist eine Datei, mit eigenem Inode, die einen Pfadnamen enthält, der auf die Datei verweist, auf den der symbolische Link zeigt.

Das Bild 2.12 zeigt eine Datei `/usr1/conny/projekt1`, auf die gleichzeitig ein symbolischer Link zeigt. Der Link `/usr2/bernd/bericht` zeigt nicht direkt auf den Inode des Files, und deshalb zeigt der Linkcount des Zielfiles diesen Link auch nicht an. Im Gegensatz zu Hardlinks kann bei einem File oder Inode nicht festgestellt werden, ob ein symbolischer Link auf dieses File zeigt. Greift ein Benutzer im Beispiel auf des File `/usr2/bernd/bericht` zu, wird er automatisch vom System an das File `/usr1/conny/projekt1` weitergeleitet. Ob dieser Zugriff geschehen kann, entscheiden die Zugriffsrechte des Files `/usr1/conny/projekt1` und nicht die Rechte des symbolischen Links.

Wird auf ein File zugegriffen, spielt es keine Rolle, ob es sich direkt um das File handelt oder ein symbolischer Link verwendet wird. Die Systemaufrufe des Filesystems können nicht unterscheiden, ob es sich bei einem Filenamen um einen symbolischen Link oder Hardlink handelt. Die einzige Ausnahme dazu ist der Systemaufruf `lstat`.

Symbolische Links werden mit dem Kommando `ln -s` angelegt. Beim Auflisten eines Directories in der langen Form (`ls -l`) sind symbolische

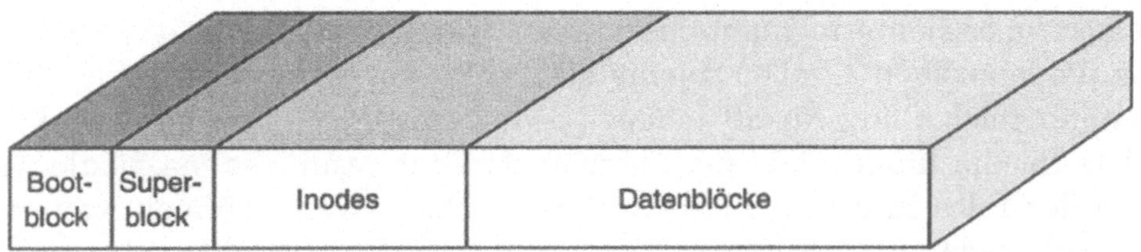

Abbildung 2.13: Layout des Filesystems

Links gekennzeichnet durch ein 'l' in der ersten Spalte, und es ist der Name des Files angegeben, auf den der Link zeigt.

Der Pfadname in einem symbolischen Link kann sowohl ein absoluter als auch ein relativer Pfadname sein. Symbolische Links sind auch über Filesysteme hinweg möglich und können auch auf Directories zeigen.

Ein weiterer wichtiger Unterschied zwischen symbolischen Links und Hardlinks stellt folgende Situation dar. Wird ein File, auf das ein symbolischer Link zeigt, gelöscht, geht dieser Link ins Leere. Legt man jetzt ein neues File unter dem gleichen Namen wie das gelöschte an, dann zeigt der symbolische Link wieder auf das neue File. Wird dagegen ein File gelöscht, auf das ein Hardlink zeigt, verweist der zweite Hardlink noch auf das ursprüngliche File. Legt man ein neues File mit dem gleichen Namen wie das gelöschte an, bekommt dieses einen eigenen Inode, und die beiden Links zeigen auf verschiedene Files.

Da auch mit symbolischen Links eine Schleifenbildung in einem Filesystem möglich ist, befänden sich Programme, die das Filesystem durchlaufen, in der gleichen Situation wie oben beschrieben. Um dies zu vermeiden, werden beim Aufschlüsseln eines Filenamens maximal acht symbolische Links verfolgt, danach wird mit einer Fehlermeldung abgebrochen.

2.2.5 Layout eines Filesystems

Wie erwähnt, kann jede Partition einer Festplatte genau ein Filesystem aufnehmen. In diesem Abschnitt soll der Aufbau eines Filesystems besprochen werden. Bis jetzt wurde nur erläutert, daß zu jedem File ein Inode gehört, der dieses File beschreibt.

Das Bild 2.13 zeigt den prinzipiellen Aufbau eines UNIX Filesystems. Im Bild sind die Bereiche für die Inodes und für die Datenblöcke der einzelnen Files zu sehen. Die Größe dieser Bereiche werden beim Einrichten des Filesystems vom Systemadministrator festgelegt. Um diese

Arbeit zu erleichtern, kennt das System Standardwerte, die das Verhältnis der einzelnen Größen zueinander angeben, z.B. werden für 100K Datenbereich Platz für 50 Inodes geschaffen. Durch den beschränkten Platz für die Inodes, legt der Systemverwalter damit die maximale Anzahl der Files in einem Filesystem fest. Diese Werte können während der Lebensdauer eines Filesystems nicht verändert werden.
Am Anfang einer Festplattenpartition ist bei einem Filesystem Raum für einen Bootblock. Dieser Bereich enthält Programmcode, der beim Starten (Hochfahren) des Systems ausgeführt wird. Der Programmcode im Bootblock wird u.a. verwendet, um den eigentlichen Systemkern zu laden. Bei einem Verzeichnisbaum, der aus mehreren Filesystemen besteht, hat nur ein Filesystem, das die Spitze des Dateibaums enthält, einen Bootblock. Bei den anderen Filesystemen ist der Bereich des Bootblocks frei.
Anschließend an den Bootblock liegt der Superblock des Filesystems. Er beschreibt ein Filesystem mit seinen grundlegenden Parametern. Der Aufbau des Superblocks weicht bei den einzelnen UNIX Derivaten voneinander ab. Bei einem System V Filesystem steht der Superblock als ein Block zwischen dem Bootblock und der Inodeliste. In einem BSD System teilt sich der Superblock auf in einen statischen Teil, der Informationen enthält, die sich während der Lebensdauer des Filesystems nicht ändern, und einen dynamischen Teil (engl. *summary*), der Information über den aktuellen Zustand des Filesystems beinhaltet. Der statische Teil des Superblock wird, wegen seiner großen Bedeutung für das System, auf der Platte mehrfach angelegt, und zwar zweimal am Beginn des Filesystems, und in gleichmäßigen Abständen über das Filesystem verteilt.
Im Superblock findet der Systemkern Angaben über:

- Größe des Filesystems
- Anzahl der freien Blöcke im Filesystem
- Eine Liste von freien Blöcke (engl. *free block list*)
- Index des nächsten freien Blocks in der Freelist
- Größe des Inode Bereichs
- Anzahl der freien Inodes
- Liste der freien Inodes im Filesystem (engl. *free inode list*)

- Index des nächsten freien Inodes
- Flags, die den Zugriff auf die *free block list* und die *free inode list* regeln
- Ein Flag, das anzeigt, daß die Kopie des Superblocks im Speicher sich von der Kopie auf der Platte unterscheidet

Um auf den Inhalt des Superblocks zugreifen zu können, und um diesen zu manipulieren, muß er vom System in den Hauptspeicher geladen werden. Die Flags im Superblock, die den Zugriff auf die beiden Freilisten regeln, dienen der Synchronisation mehrerer Prozesse, die gleichzeitig auf diesen Listen arbeiten. Das System schreibt den Superblock in regelmäßigen Abständen zurück auf die Festplatte, wenn das dafür vorgesehene Flag eine Veränderung des Superblocks anzeigt.

2.2.6 Vom Dateideskriptor bis zum Inode

Beim Öffnen eines Files durch den Systemaufruf `open` wird als Ergebnis dieses Systemaufrufs eine kleine ganze Zahl geliefert, unter der im weiteren Programmablauf die Datei angesprochen werden kann. Analoges geschieht beim Anlegen eines neuen Files durch den Systemaufruf `creat`. Das Ergebnis dieser Systemaufrufe wird als Dateideskriptor bezeichnet und als Parameter an nachfolgende Systemaufrufe, die sich auf dieses File beziehen, übergeben.

Die Abbildung 2.14 zeigt die verschiedenen Tabellen im System, die durchlaufen werden, wenn durch einen Deskriptor auf ein File zugegriffen wird. Jeder Prozeß hat eine *process open file table*, in der jedes geöffnete File einen Slot belegt. Die Slots 0, 1, und 2 dieser Tabelle sind normalerweise beim Prozeßstart mit `stdin`, `stdout` und `stderr` belegt. Die oben erwähnten Dateideskriptoren sind die Indizes der einzelnen Slots in der *process open file table.*

Jeder der Einträge in der Prozeßfiletabelle hat einen Verweis in die *system open file table*, die für das gesammte System einmal im Kern gehalten wird. In dieser Tabelle werden Informationen über die zugrunde liegende Datei gehalten, u.a. die aktuelle Position des Schreib-/Lese-Zeigers und die Zugriffsrechte. Jeder Eintrag aus der Systemfiletabelle zeigt auf einen Inode in der *inode table.*

Wie sich später noch zeigen wird, ist es möglich, daß bei einem Prozeß mehrere Einträge der Prozeßfiletabelle auf den gleichen Eintrag in der

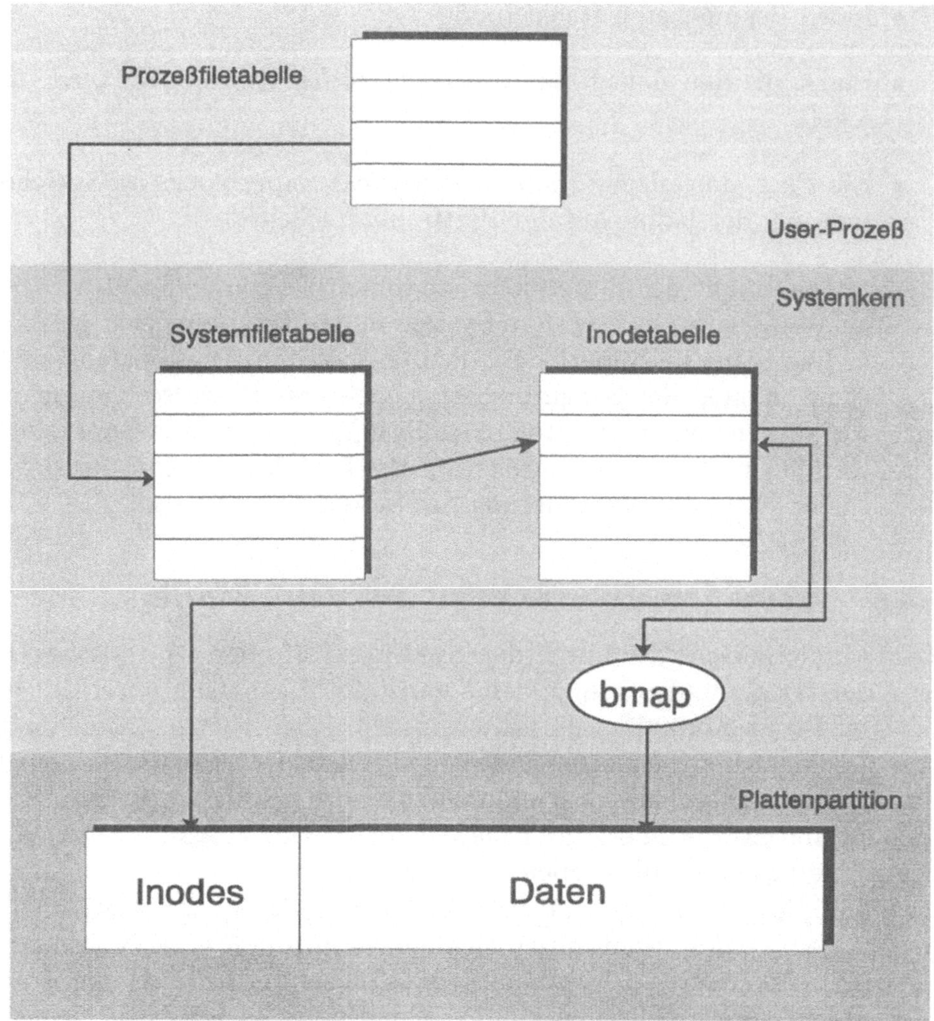

Abbildung 2.14: Tabellen des Filesystems im Kern

Systemfiletabelle verweisen. Genauso kann es mehrere Verweise aus der Systemfiletabelle auf einen Inode in der Inodetabelle geben. Dies hat zur Konsequenz, daß keine Aussage über die Konsistenz des Fileinhaltes möglich ist, wenn mehrere Prozesse eine Datei gleichzeitig bearbeiten.

2.2.7 Algorithmen des Filesystems

In diesem Kapitel werden die Algorithmen aus dem Kern des Systems vorgestellt, die für das Filesystem von zentraler Bedeutung sind. Am

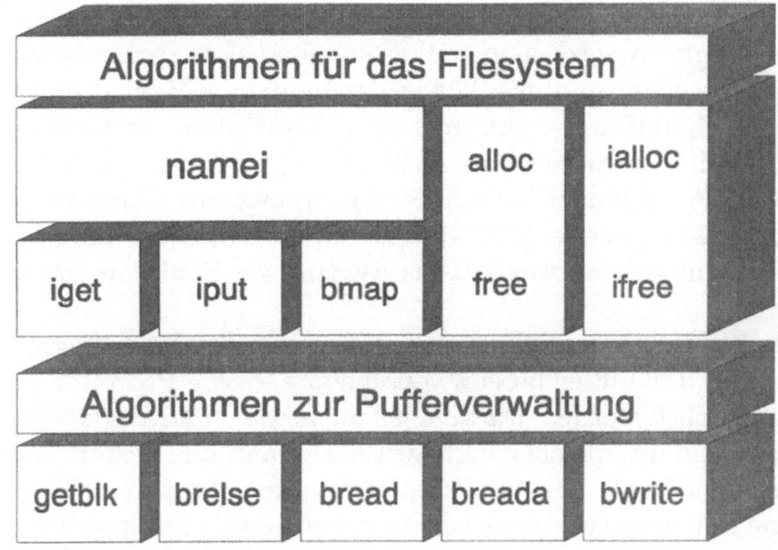

Abbildung 2.15: Algorithmen für das Filesystem

Beispiel von System V UNIX wird die Arbeitsweise der Funktionen besprochen, die im Systemkern für die Arbeitsweise des Filesystems zuständig sind. Diese Funktionen existieren bei allen anderen UNIX Derivaten unter den gleichen Namen, allerdings weichen die Implementationen in den einzelnen Varianten voneinander ab. In allen Derivaten werden von diesen Funktionen die gleichen Aufgaben erfüllt, wenn auch auf unterschiedliche Weise.
In der Abbildung 2.15 sieht man die einzelnen Funktionen des Systemkerns, die bei der Abarbeitung der Systemaufrufe des Filesystems verwendet werden. In den nachfolgenden Abschnitten werden diese Funktionen im einzelnen erläutert.

2.2.7.1 Die Funktionen `iput` und `iget`

Im Systemkern werden die Funktionen `iput` und `iget` für die Bearbeitung von Inodes verwendet, die bereits ein File beschreiben. Beim Öffnen eines Files durch den Systemaufruf `open` muß das System den Inode, der diesem File zugrunde liegt, aus dem Inode Bereich des Filesystems in den Hauptspeicher übertragen. Wie in 2.2.6 beschrieben, werden die Inodes im Hauptspeicher in der Inodetabelle verwaltet. Die Funktion `iget` sucht für den Inode, der in den Speicher übertragen werden soll, einen freien Slot in der Inode Tabelle und kopiert ihn von der

Festplatte in diesen Speicherplatz. Wird ein Inode im Speicher nicht mehr benötigt, so wird er mit Hilfe der Funktion `iput` wieder auf die Platte geschrieben, und der Slot in der Inodetabelle wird freigegeben. Die beiden Funktionen `iput` und `iget` bearbeiten nur Inodes von Files, die bereits existieren und nicht gelöscht werden. Um Inodes für ein neues File im Inode Bereich des Filesystems zu allozieren, wird die Funktion `ialloc` (siehe 2.2.7.4) verwendet. Um einen Inode freizugeben (linkcount=0), verwendet das System die Funktion `ifree` (siehe 2.2.7.4).
Wenn das System beim Öffnen eines Files auf einen Inode zugreifen will, kann es sein, daß dieser bereits von einem anderen Prozeß in den Speicher transferiert wurde. Da von jedem Inode aus Konsistenzgründen nur eine Kopie im Speicher vorliegen darf, kann das System nicht ohne weiteres einen Inode von der Festplatte in den Hauptspeicher übertragen, ohne sicher zu gehen, daß dieser nicht bereits im Speicher vorliegt. Aus diesem Grund müßte die ganze Inodetabelle durchsucht werden, um sicher zu sein, daß der Inode nicht bereits in der Tabelle vorhanden ist. Um diese Suche möglichst effizient zu gestalten, verwaltet das System die Inodes im Speicher in mehreren *hash queues*. Die Nummer des Filesystems und des Platteninodes bestimmen als Parameter einer Hash-Funktion die Hashliste, in der nach einem bestimmten Inode gesucht wird. Ist die Suche in dieser Hashliste erfolglos, alloziert das System einen Speicherinode aus einer Liste freier Inodes und überträgt den Platteninode in diesen Speicherbereich.
Muß der Inode von der Platte geladen werden, so muß zunächst mit nachfolgender Formel die Adresse des Plattenblocks berechnet werden, der den Inode enthält.

$$P = \lfloor (N-1)/A \rfloor + S$$

P Adresse des Plattenblocks, der den Inode enthält
N Inodenummer
A Anzahl der Inodes pro Plattenblock
S Adresse des Blocks, der den Anfang des Inodebereichs trägt.

Beispiel

Unter der Annahme, daß 16 Inodes pro Plattenblock abgespeichert werden können, und daß der erste Plattenblock des Inodebereichs die Adresse 2 hat, gilt nachfolgende Tabelle für die Beziehung zwischen den Inodenummern und den Adressen der Plattenblöcke:

Inode	im Plattenblock
14	2
24	3
144	10

Als nächstes muß noch das Byte-Offset im ermittelten Block berechnet werden. Dazu wird folgende Formel verwendet:

$$((N-1) \bmod A) * G$$

N Inodenummer
A Anzahl der Inodes pro Plattenblock
G Größe eines Platteninodes.

Die Abbildung 2.16 zeigt den Algorithmus der Funktion `iget`. Während der Abarbeitung eines Systemaufrufs sperrt das System den Zugriff von anderen Prozessen auf den Inode, um zu verhindern, daß diese Prozesse auf inkonsistente Daten des Inodes zugreifen. Über das Ende der Abarbeitung eines Systemaufrufs hinweg ist kein Sperren eines Inodes möglich.
Die Funktion `iget` bricht mit einer Fehlermeldung ab, wenn kein Speicherinode mehr frei ist. Der Algorithmus für `iget` muß mit einer Fehlermeldung abbrechen, da Inodes von Benutzerprozessen kontrolliert werden und das System deshalb nicht garantieren kann, daß ein Inode in absehbarer Zeit frei wird.
Der Referenzzähler eines Inodes zeigt an, wie viele Instanzen eines Files im System aktiv sind, d.h. wie oft ein File geöffnet wurde (siehe 2.2.1). Wird eine dieser Instanzen geschlossen, d.h. ein Programm schließt durch den Systemaufruf `close` ein File, ruft der Kern zu diesem Zweck die Routine `iput` (Abbildung 2.17) auf.
Der Referenzzähler eines Inodes erreicht den Wert 0, wenn die letzte offene Instanz eines Files geschlossen wird. In diesem Fall muß das System das Abbild des Inodes auf der Platte aktualisieren, wenn sich der Speicherinode vom Platteninode unterscheidet. Eine solche Abweichung tritt auf, wenn z.B. die Datei verändert wurde, die Zugriffsrechte geändert wurden oder ein neuer Hardlink auf das File erzeugt wurde.

Algorithmus iget

```
Input:  Nummer des zu ladenden Inodes
Output: gesperrter Inode
{
  while (nicht fertig)
  {
     if (Inode im Speicher)
     {
        if (Inode gesperrt)
        {
           sleep (Inode wieder zugaenglich);
           continue;   /* neuer Schleifendurchlauf */
        }
        if (Inode auf der Freiliste im Speicher)
           Inode aus der Freiliste entnehmen;
        Referenzzaehler erhoehen;
        return (Inode);
     }
     /* Inode war nicht im Speicher */
     if (Freiliste der Inodes im Speicher leer)
        return (error);
     Neuen Inode aus der Freiliste entnehmen;
     Neue Nummer des Inodes und des Filesystems
          in den Inode eintragen;
     Inode von der alten Hash-Queue entfernen und
          auf die neue Hash-Queue uebertragen.
     Inhalt des Inodes von der Festplatte
          einlesen (Algorithmus bread);
     Inode initialisieren
          (z.B. Referenzzaehler auf 1 setzen);
     return (Inode);
  }
}
```

Abbildung 2.16: Algorithmus zum Laden eines Inodes in den Speicher

Algorithmus iput

```
Input:  Zeiger auf einen Inode aus der Inodetabelle
Output: keiner
{
  Inode fuer Zugriffe anderer Prozesse sperren;
  Referenzzaehler vermindern;
  if (Referenzzaehler hat Wert 0)
  {
     if (Linkzaehler hat Wert 0)
     {
        Alle Datenbloecke des Files freigeben
             (Algorithmus free);
        Filetyp auf Null setzen;
        Inode freigeben (Algorithmus ifree);
     }
     if (auf das File wurde zugegriffen oder
         der Inode hat sich veraendert oder
         das File wurde veraendert)
         Inhalt des Inodes auf der Platte aktualisieren;
     Inode an die Freiliste anhaengen;
  }
  Inode fuer andere Prozesse zugaenglich
        machen (Sperre loesen);
}
```

Abbildung 2.17: Algorithmus zum Freigeben eines Speicherinodes

Ein Wert des Linkzählers (engl. *link counter*) von 0 zeigt an, daß auf diesen Inode kein Directoryeintrag verweist. Obwohl es unmöglich erscheint, daß der Linkzähler den Wert 0 hat, d.h. der Inode ist mit keinem Filenamen verbunden (das File ist gelöscht), und gleichzeitig der Referenzzähler einen Wert größer 0 hat, d.h. eine geöffnete Instanz des Files existiert, kann dies mit folgendem C-Programmstück erreicht werden.

```
f=open   ("tmp1", ...) ;
     /* Oeffnen des Files tmp1 */
unlink ("tmp1");
     /* loeschen des Files tmp1 */
```

Nach diesen beiden Anweisungen, kann das File `tmp1` solange verwendet werden, bis es durch einen Aufruf von `close` geschlossen wird. Diese Befehlsfolge kann sinnvoll sein für temporäre Zwischenfiles, wenn der Programmierer sicher gehen will, daß alle Zwischenfiles gelöscht werden, auch wenn sein Programm vorzeitig durch einen Fehler abbricht. Da das System bei einem Programmabsturz alle geöffneten Dateien schließt, ruft es auch in einem solchen Fall die Funktion `iput` für jedes noch offene File auf.
Die verschiedenen Zähler der Inodes können durch unterschiedliche Systemaufrufe beeinflußt werden.

Änderung des	durch
Referenzzählers	`open, close, chdir`
Linkzählers	`link, unlink`

2.2.7.2 Die Funktion bmap

Das System hält zu jedem geöffneten File einen Schreib/Lesezeiger bereit. Die Position dieses Zeigers bestimmt das Offset (Abstand vom Dateianfang) im File, ab der der nächste Schreib/Lesezugriff erfolgt. Um von einem bestimmten Offset an den Plattenblock, der die Daten zu diesem Offset enthält, zu gelangen, steht im Kern die Funktion `bmap` zur Verfügung (Abbildung 2.18). Bei jedem Zugriff auf den Inhalt einer Datei muß das System diese Umrechnung durchführen. Aus diesem Grund ist `bmap` eine der am häufigsten verwendeten Funktionen des Systemkerns.

Beispiel

Im Bild 2.19 sieht man den Teil eines Inodes, der die Verweise auf die Datenblöcke auf der Festplatte enthält.
Ein Plattenblock soll 1024 Byte enthalten, wie es z.B. unter System V UNIX üblich ist.
Im Beispiel findet das System mit Hilfe der Funktion `bmap` das 9000. Byte im 8. direkten Block (ab Null gezählt) und dort das Byte 808.
Die Adresse des Plattenblocks des Bytes 350 000 muß über den doppelt indirekten Block aufgelöst werden.

Die in Bild 2.19 zu sehende 0 als Plattenblocknummer bedeutet, daß für diesen logischen Block im File kein Platz auf der Festplatte alloziert

Algorithmus bmap

```
Input:  (1) Inode eines Files
        (2) Offset zum Fileanfang
Output: (1) Adresse des Plattenblocks
        (2) Offset innerhalb dieses Blocks
        (3) Anzahl der restlichen Byte im Block
        (4) Adresse des naechsten Blocks
{
   Berechnen des logischen Blocks, in dem das
        Offset zum Fileanfang liegt;
   Berechnen der Bytenummer innerhalb des
        Blocks;                  /* output 2 */
   Anzahl der restlichen Byte des Blocks
        berechnen;               /* output 3 */
   Fuer das Vorauslesen den naechsten logischen Block
        bestimmen;               /* output 4 */
   Ebene der Adressierung bestimmen
        (direkt, indirekt, doppelt indirekt,...);
   while (Ebene der Adressierung nicht erreicht)
   {
        Index innerhalb des Inodes oder innerhalb eines
           indirekten Blocks aus dem Offset berechnen;
        Adresse des Plattenblocks aus dem Inode oder
           indirektem Block entnehmen;
        Puffer des vorherigen Lesevorgangs freigeben,
           falls vorhanden (Algorithmus brelse);
        if (Ebene der Adressierung erreicht)
           return (Adresse des Plattenblocks);
        Einlesen eines Plattenblocks, der indirekte
           Adressen enthaelt (Algorithmus bread);
        Nummer des logischen Blocks der Ebene der
           Adressierung anpassen;
   }
}
```

Abbildung 2.18: Die Funktion bmap

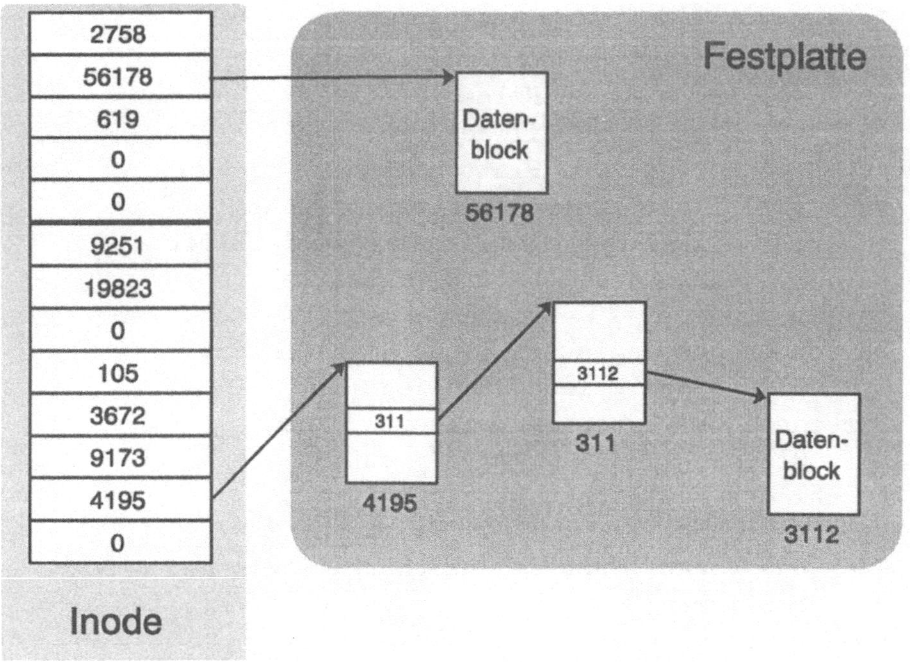

Abbildung 2.19: Blocklayout eines Files

wurde. Dies ist möglich, wenn bei einer Datei der Schreib/Lesezeiger über das Ende des Files mit dem Systemaufruf `lseek`[3] verschoben wird, und an diese Stelle dann geschrieben wird. Dateien, die solche Löcher enthalten, nennt man *sparse files*. Wird durch den Systemaufruf `read` auf eine solche Lücke zugegriffen, wird vom System eine entsprechende Anzahl Nullbytes als Ergebnis geliefert.

Als Konsequenz aus dieser Situation muß zwischen der Länge und der Größe eines Files unterschieden werden. Die Länge eines Files ist der Abstand des ersten vom letzten Byte im File. Diesen Wert zeigt das Kommando `ls -l` für jedes File an. Die Anzahl der Blöcke (Byte), die ein File auf der Festplatte belegt, bestimmen die Größe des Files. Beim Kopieren von *sparse files* ergeben sich aus der Länge des Files auch die Anzahl der Byte, die auf der Festplatte belegt werden. Speicherabzüge (engl. *core*), die bei einem Programmabsturz entstehen können, sind ein Beispiel für häufig vorkommende *sparse files*. Ein solches Core-File hat zwar meistens eine große Länge, belegt aber nur wenig Platten-

[3]positionieren des Schreib/Lesezeigers

platz. Wird allerdings ein solches File kopiert, belegt es seiner Länge entsprechend viel Plattenplatz.

2.2.7.3 Vom Filenamen zum Inode – namei

Der erste Zugriff auf ein File in einem Programm erfolgt unter UNIX immer über den Namen des Files. Im System muß es also eine Funktion geben, die zu einem Filenamen den zugehörigen Inode findet.

Die Prozedur `namei` löst einen gegebenen Dateinamen (evtl. mit Pfadangabe) Komponente für Komponente auf und führt zum Inode des verlangten Files. Je nachdem, ob es sich um eine *relative* oder ***absolute*** Pfadangabe handelt, ist der Startpunkt für das Auflösen des Pfadnamens das aktuelle oder das Wurzelverzeichnis des Dateibaums.

Jeder Prozeß hat ein aktuelles Verzeichnis (engl. *current directory*), das er als Startpunkt für das Auflösen eines relativen Pfadnamens verwendet. Filenamen ohne Pfadangabe beziehen sich immer auf das aktuelle Verzeichnis. Die *u.area*[4] jedes Prozesses enthält einen Zeiger zum Inode, der das aktuelle Verzeichnis des Prozesses beschreibt.

Das aktuelle Verzeichnis des ersten Systemprozesses[5] ist das Wurzelverzeichnis. Der Inode des Wurzelverzeichnisses des Dateibaums ist in einer Variablen für jeden Prozeß gespeichert. Mit dem Kommando `chroot` kann die Wurzel des Dateibaums für einen Benutzerprozeß gesetzt werden, d.h. der Prozeß kann nur noch auf den Teilbaum des Filesystems zugreifen, dessen Wurzel mit dem Kommando `chroot` angegeben wurde.

Da bei fast jedem Kommando unter UNIX auf Files zugegriffen wird, müssen sehr oft Filenamen aufgelöst werden. Untersuchungen am Kern von UNIX-Systemen haben ergeben, daß sich Prozesse nahezu ein Viertel der Zeit, die sie im Kern-Modus verbringen, in der Routine `namei` aufhalten.

2.2.7.4 ialloc und ifree

Mit den beiden Routinen `ialloc` und `ifree` werden Inodes auf der Festplatte alloziert und freigegeben. Dies ist gleichbedeutend mit dem Anlegen und Löschen eines Files.

[4]siehe Kapitel 3.5.1.2

[5]`init`-Prozeß, siehe 3.4

Algorithmus namei

```
Input:  Filename evtl. mit Pfadangabe
Output: Inode
{
  if (Pfad beginnt mit einem '/')  /* absoluter Pfad */
    aktueller Inode = Inode des Wurzelverzeichnisses
                        des Prozesses (Algorithmus iget);
  else   /* relativer Pfad */
    aktueller Inode = Inode des aktuellen Verzeichnisses
                        des Prozesses (Algorithmus iget);
  while (Filename noch nicht komplett abgearbeitet)
  {
     Naechste Komponente des Filenamens bestimmen;
     Ueberpruefen ob der aktuelle Inode ein Verzeichnis
       ist und die Zugriffsrechte passen;
     if (aktueller Inode ist der des Wurzelverzeichnisses
         und Komponente des Filenamens ist '..')
         continue;  /* naechster  Schleifendurchlauf */
     Lesen der einzelnen Eintraege des Verzeichnisses,
       das durch den aktuellen Inode beschrieben wird
       (Algorithmen bmap, bread, brelse);
     if (Komponente des Filenames passt zum Eintrag
         des Verzeichnisses)
     {
        Inodenummer des passenden Eintrags vermerken;
        aktuellen Eintrag freigeben (Algorithmus iput);
        aktueller Inode=Inode mit vermerkter Inodenummer
                        (Algorithmus iget);
     }
        else /* kein passender Eintrag im Verzeichnis */
           return (kein Inode gefunden);
  }
  return (aktueller Eintrag);
}
```

Abbildung 2.20: Die Funktion namei

Algorithmus ialloc

```
Input:  Nummer des Filesystems
Output: gesperrter Inode
{
  while (nicht fertig)
  {
        if (Superblock gesperrt)
        {  sleep (Superblock wieder zugaenglich);
           continue; /* neuer Schleifendurchlauf */
        }
        if (Superblockliste der freien Inodes leer)
        {  Superblock fuer andere Prozesse sperren;
           Vermerkter Inode fuer die Suche nach freien
             Inodes laden;
           Inodebereich des Filesystems nach freien
             Inodes durchsuchen, bis Liste im Superblock
             voll ist oder keine freien Inodes mehr
             vorhanden sind (Algorithmen bread, brelse);
           Sperre des Superblocks loesen;
           Vermerkten Inode neu setzen;
        }
        /* Ab hier sind Inodes in der Superblockliste */
        Inodenummer aus der Superblockliste entnehmen;
        Inode in den Speicher laden (Algorithmus iget);
        if (Inode ist nicht frei)   /*!!!*/
        {  Inode auf die Platte zurueckschreiben;
           Inode wieder freigeben (Algorithmus iput);
           continue; /* neuer  Versuch */
        }
        /* Inode war nicht belegt  */
        Inode initialisieren;
        Inhalt des Inodes auf die Platte schreiben;
        Anzahl der freien Inodes vermindern;
        return (Inode);
  }
}
```

Abbildung 2.21: Funktion `ialloc` zum Allozieren eines Inodes

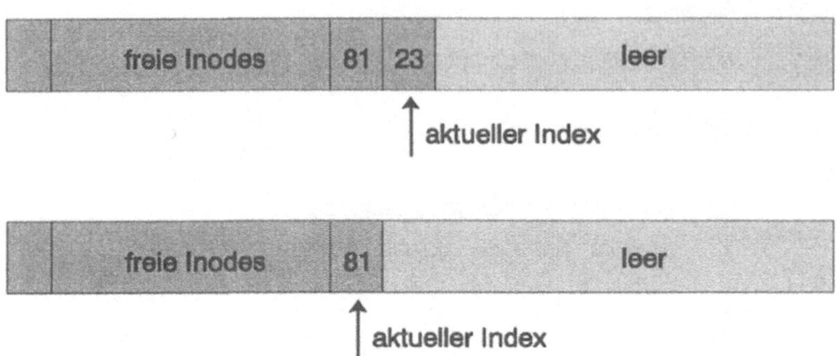

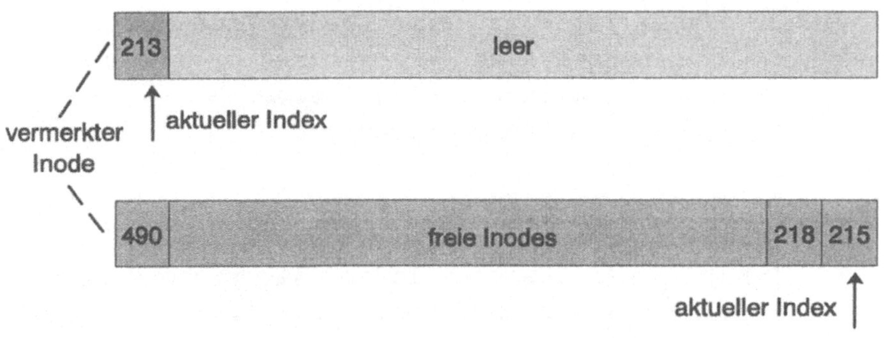

Abbildung 2.22: Beispiele für die Inodeliste im Superblock

In jedem Filesystem gibt es einen Bereich, der alle Inodes des Filesystems in linearer Folge enthält. Ein Inode aus diesem Bereich ist frei, wenn sein Typfeld den Wert Null hat.

Wenn ein Prozeß einen Inode anfordert, dann könnte die Inodeliste nach einem Eintrag mit Typ 0 durchsucht werden. Dies wäre aber sehr teuer (ineffizient), da oft von der Platte gelesen werden müßte. Als elegante Lösung für die Suche nach einem freien Inode wird im Superblock eines Filesystems eine Liste von freien Inodes gehalten. Diese Liste muß

Algorithmus ifree

```
Input:  Nummer eines Inodes
Output: keiner
{
  Anzahl der freien Inodes des Filesystems erhoehen;
  if (Superblock gesperrt)
     return;
  if (Superblockliste der freien Inodes voll)
  {
     if (Inodenummer kleiner als vermerkter Inode)
        vermerkter Inode = Inodenummer aus der Eingabe;
  }
  else  /* Superblockliste nicht voll */
     Inode in der Liste der freien Inodes speichern;
  return;
}
```

Abbildung 2.23: Die Funktion `ifree`

nicht notwendigerweise alle freien Inodes des Filesystems beinhalten. Aus dieser Liste kann die Routine `ialloc` (Bild 2.21) bei Bedarf sehr schnell einen freien Inode entnehmen.

Wenn die Superblockliste der freien Inodes leer ist, durchsucht der Algorithmus von `ialloc` den Inodebereich des Filesystems auf der Festplatte nach freien Inodes und füllt die Liste im Superblock mit diesen auf. Wenn die Liste im Superblock vollständig gefüllt ist, merkt sich der Prozeß die Stelle im Inode Bereich, bis zu der dieser Bereich durchsucht wurde. Diese Stelle entspricht der höchsten Inodenummer, die als frei gefunden wurde. Dieser Inode wird als *remembered inode* bezeichnet. Wenn die Superblockliste wieder leer wird, wird dieser *remembered inode* der Startpunkt für die erneute Suche nach freien Inodes.

Das Beispiel im Bild 2.22 zeigt im oberen Fall die Zuweisung eines freien Inodes aus der noch teilweise gefüllten Inodeliste im Superblock des Filesystems.

Im unteren Teil des Bildes sieht man den Fall, daß die Funktion `ialloc` die Inodeliste im Superblock leer vorfindet, die Suche nach freien Inodes bei der vermerkten Stelle beginnt und die Liste auffüllt.

Das Gegenstück zur Funktion `ialloc` ist die Prozedur `ifree` (Abb. 2.23). Sie wird zum Freigeben eines Inodes verwendet, was gleichbedeutend mit dem Löschen eines Files ist.

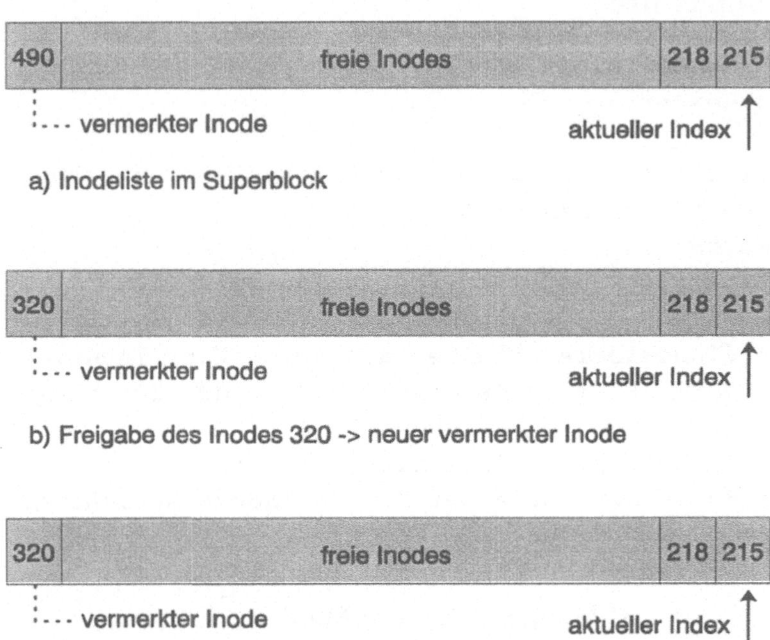

Abbildung 2.24: Aufnahme von freien Inodes in die Superblockliste

Die Funktion `ifree` wird vom System aufgerufen, wenn im Inode eines Files der Referenzzähler und der Linkzähler den Wert Null haben.

Der Inode, der mit der Funktion `ifree` freigegeben werden soll, wird, wenn möglich, direkt in der Superblockliste der freien Inodes vermerkt. Im Falle, daß diese Liste voll ist, wird, wenn die Nummer des Inodes, der freigegeben werden soll, kleiner ist als die des *remembered inode*, dieser Wert auf die Nummer des freizugebenden Inodes gesetzt. Ist der Wert größer, geschieht nichts mit der Liste im Superblock. In beiden Fällen wird der freie Inode bei einer nachfolgenden Suche wieder in die Superblockliste der freien Inodes aufgenommen (siehe Abbildung 2.24).

Bei der Zuweisung von Inodes sind *race conditions* zu beachten. Diese können auftreten, wenn sich mehrere Prozesse in derselben kritischen Region eines Algorithmus befinden, d.h wenn mehrere Prozesse gleichzeitig eine gemeinsame Datenstruktur, hier die Superblockliste der freien Inodes, manipulieren.

Das Beispiel in den Abbildungen 2.25 und 2.26 zeigt einen Fall, in dem drei Prozesse A, B und C gleichzeitig auf der Liste der freien

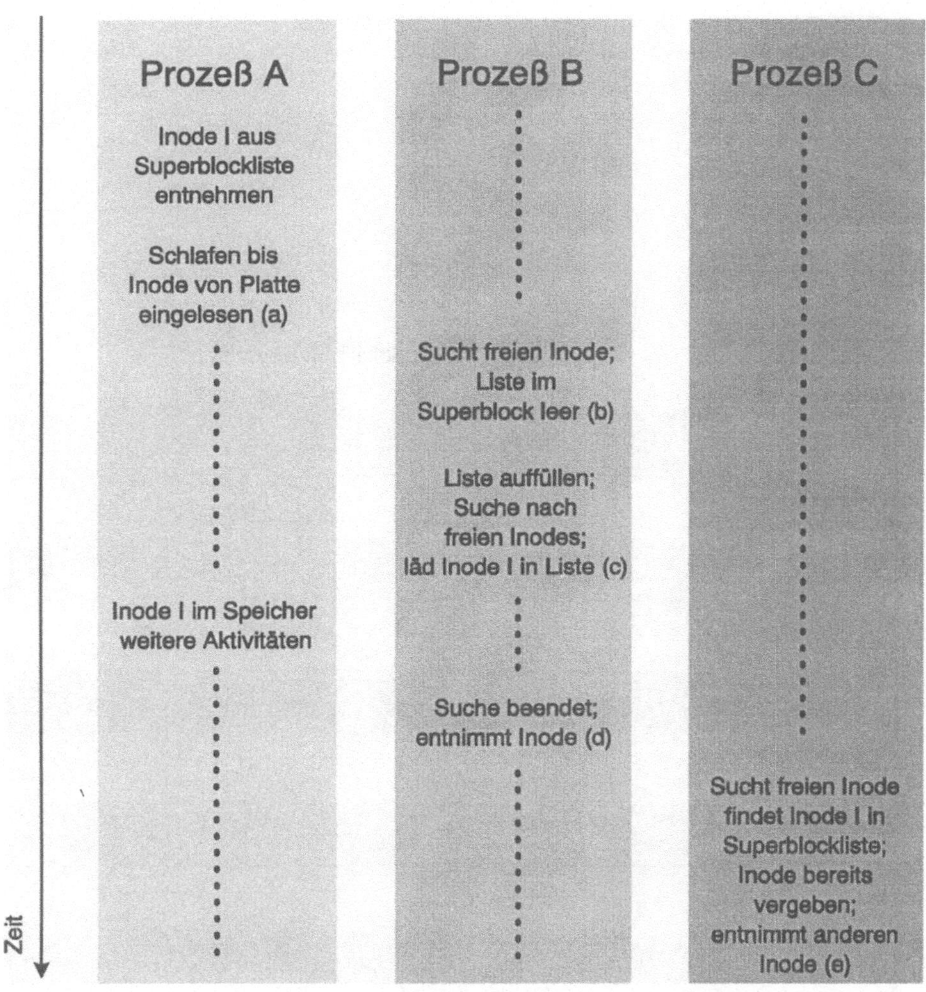

Abbildung 2.25: Kritischer Abschnitt beim Zuweisen von Inodes I

Inodes im Superblock arbeiten. In einer solchen Konstellation ist es möglich, daß ein Prozeß einen Inode aus der Freiliste entnimmt, der Inode aber im Inodebereich auf der Festplatte noch nicht als belegt markiert ist. Der Inode kann also bei der Suche nach freien Inodes von einem anderen Prozeß in die Freiliste aufgenommen werden. Im Beispiel wird der Grund deutlich für die mit `/*!!!*/` gekennzeichnete Abfrage im Algorithmus von `ialloc`.

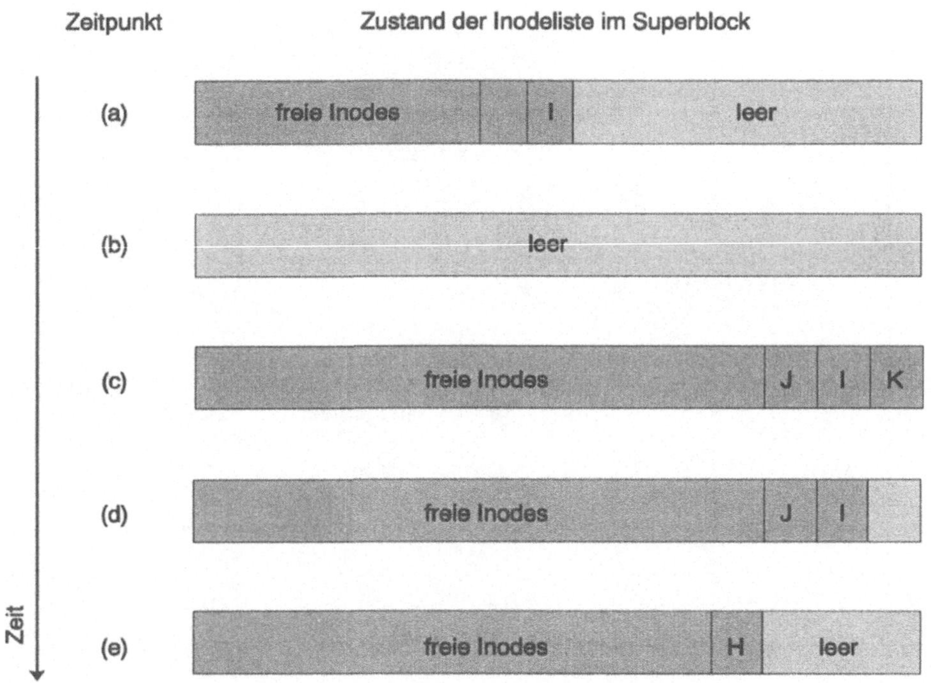

Abbildung 2.26: Kritischer Abschnitt beim Zuweisen von Inodes II

2.2.7.5 alloc und free

Die beiden Funktionen `alloc` und `free` werden vom System für das Belegen und Freigeben von Datenblöcken von Dateien verwendet. Dies sind die Blöcke aus dem Datenbereich eines Filesystems, in denen der Inhalt der Dateien steht. Analog zur Liste freier Inodes gibt es im Superblock eine weitere Liste, die einen Teil der freien Plattenblöcke enthält, wobei der erste Eintrag in dieser Liste ein Zeiger (Adresse) auf einen Plattenblock ist, der eine Liste weiterer freier Blocks enthält (siehe Abb. 2.27). Auch in diesem Block ist der erste Eintrag ein Verweis auf einen Block mit einer weiteren Liste freier Plattenblöcke usw.

Im Gegensatz zur Liste der freien Inodes im Superblock erscheint auf dieser Liste jeder Plattenblock, der noch keinem File zugeordnet ist. Die Liste der freien Blöcke kann beliebig geordnet sein, muß also keine aufsteigende Reihenfolge haben.

Wird durch die Funktion `alloc` (Abb. 2.28) Plattenplatz für ein File angefordert, entnimmt das System die Nummern eines freien Blocks aus der Liste im Superblock. War der zugeteilte Block der letzte im

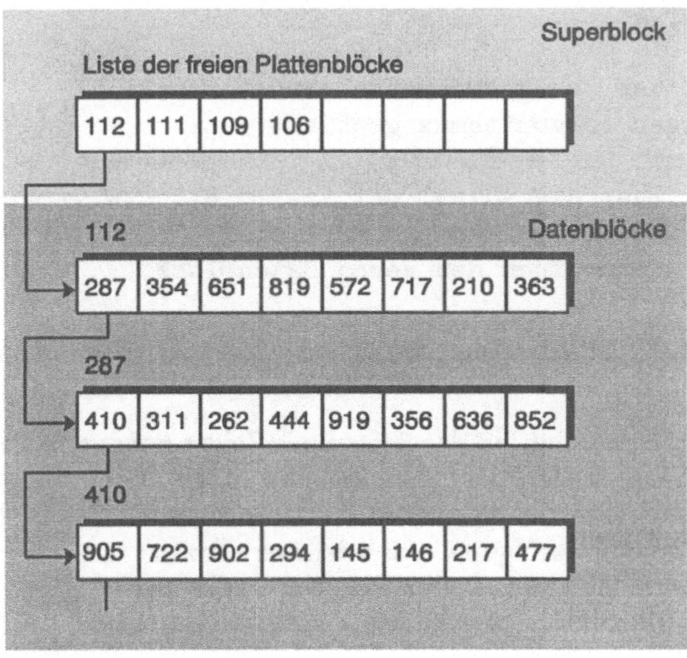

Abbildung 2.27: Beispiel für die Liste freier Plattenblöcke

Algorithmus alloc

```
Input: Nummer eines Filesystems
Output: Puffer mit dem neuen Datenblock
{
  while (Zugriff auf Superblock gesperrt)
       sleep (Zugriff auf Superblock wieder moeglich);
  freien Block aus der Liste der freien Bloecke
     des Superblocks entnehmen;
  if (Liste im Superblock jetzt leer)
  {
     Superblock fuer Zugriff anderer Prozesse sperren;
     Inhalt des gerade entnommenen Blocks von der Platte
       einlesen (Algorithmus bread);
     Kopieren der Blocknummern aus diesem Block in die
       Liste des Superblocks;
     Puffer des gerade gelesenen Blocks freigeben
       (Algorithmus brelse);
     Sperre des Superblocks loesen;
     Alle Prozesse, die auf den Superblock warten,
       aufwecken;
  }
  Puffer fuer den gerade entnommenen Block
    besorgen (Algorithmus getblk);
  Puffer mit Nullen fuellen;
  Zaehler fuer die Anzahl der freien Bloecke vermindern;
  Superblock als veraendert markieren;
  return Puffer fuer den neuen Datenblock;
}
```

Abbildung 2.28: Die Funktion `alloc` – Belegen von Plattenblöcken

Superblock, behandelt ihn das System als Zeiger auf den nächsten Block mit einer Liste freier Plattenblöcke. Der Inhalt dieses Blocks wird in die Superblockliste der freien Plattenblöcke kopiert. Damit steht dieser Block als frei zur Verfügung. Als nächstes alloziert das System für den neuen Datenblock einen Puffer aus dem *buffer cache*[6]. Der Inhalt des Puffers des Plattenblocks wird mit Nullen überschrieben, die Anzahl der

[6]siehe 2.3

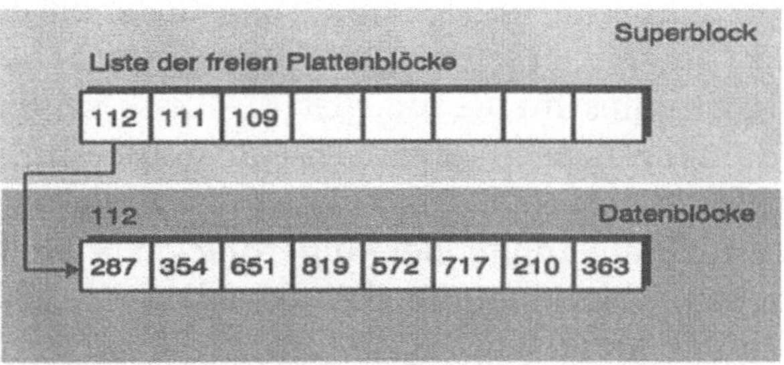

a) Ursprünglicher Zustand

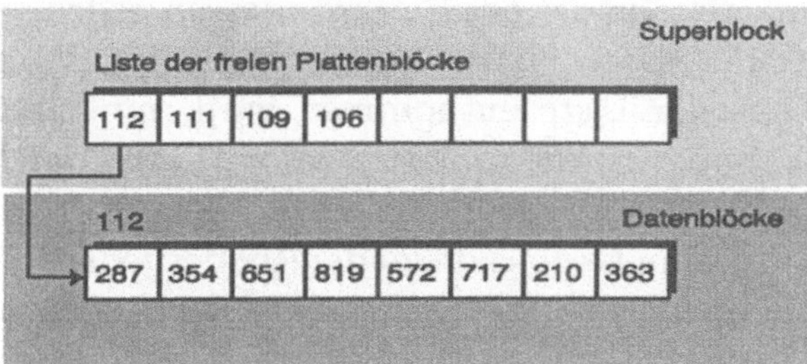

b) Nach Freigabe von Block 106

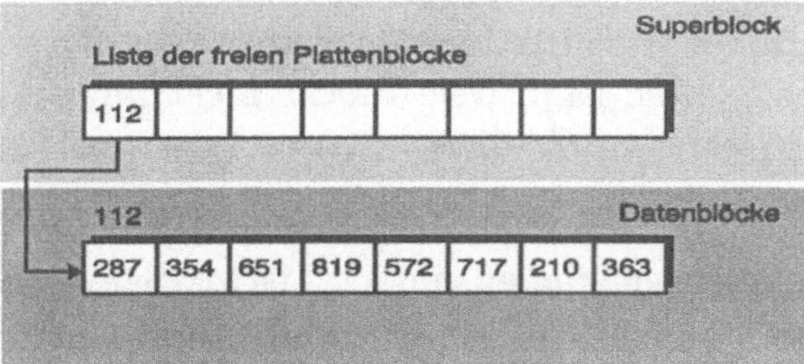

c) nach Entnahme der Blöcke 106, 109, 111

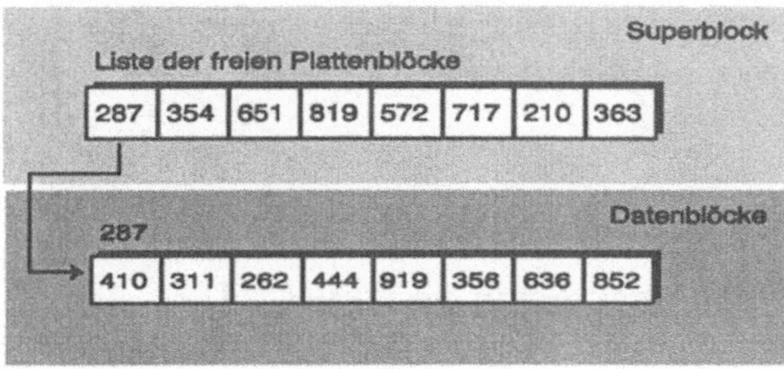

d) Entnahme von Block 109

Abbildung 2.29: Belegen und Freigeben von Plattenblöcken

freien Blöcke im Filesystem wird vermindert, und der Puffer des Blocks wird als Ergebnis des Aufrufs der Funktion `alloc` zurückgegeben.
Die Funktion `free` zum Freigeben eines Blocks arbeitet genau gegengleich zum Algorithmus für `alloc`. Ist die Liste im Superblock nicht voll, so wird die Nummer des freizugebenden Blocks direkt in der Liste des Superblocks vermerkt. Ist diese Liste dagegen voll, wird der aktuelle Block mit dem Inhalt der Superblockliste gefüllt und auf die Platte geschrieben. Die Nummer des aktuellen Blocks wird der erste und einzige Eintrag in der Superblockliste.
Das Beispiel in der Abbildung 2.29 zeigt die Liste der freien Blöcke im Superblock und den Inhalt des Blocks, dessen Adresse (Nummer) in der Liste der freien Blöcke als letztes vermerkt ist. Wenn die Nummer dieses Blocks aus der Liste entnommen wird, muß sein Inhalt zuerst in die Liste des Superblocks kopiert werden, bevor der Block als neuer freier Block für ein File verwendet werden kann.
Die Gründe, warum im Gegensatz zu den Inodes jeder freie Plattenblock aus dem Datenbereich des Filesystems auf der Liste der freien Blöcke erscheinen muß, sind:

1. Im Gegensatz zu freien Inodes (zu erkennen am Wert 0 des Typfeldes) können freie Plattenblöcke nicht vom System erkannt werden. Das System kann freie Blöcke nicht mit einem bestimmten Muster markieren, da dieses Muster auch als Inhalt eines Files auftreten könnte.

2. In Plattenblöcken können einfach Listen abgespeichert werden. In Inodes gibt es keinen Platz für solche Listen.

3. Plattenblöcke werden häufiger benötigt als Inodes, so daß die Zeit für die Suche nach freien Inodes auf der Platte zum Auffüllen der Freiliste vernachlässigbar gering ist.

2.2.8 Sonstige Dateitypen

Bisher kennen wir zwei Arten von Files. Dies sind normale Dateien (engl. *plain files*) für z.B. Programme, Daten, Shellskripts, und als weiterer Dateityp Verzeichnisse. Neben diesen Filetypen sind noch einige andere Filearten in einem UNIX-System möglich. Allen diesen Filetypen ist gemeinsam, daß sie aus der Sicht des Benutzers wie Dateien gehandhabt werden:

- Pipes (siehe Abschnitt 2.4.7)
- Gerätedateien (engl. *special files, devices*).

  Durch diese Files können Peripheriegeräte wie z.B. Bandeinheiten, CD-ROMS, Festplatten, aber auch der physikalische Speicher eines Rechners oder Terminals direkt angesprochen werden. Im System gibt es zwei Typen dieser *special files*:

  - *block devices*
  - *character devices*
- Sockets

  Sockets stammen aus der BSD Variante von UNIX. Sie dienen der Prozeßkommunikation.

Hinter diesen verschiedenen Filetypen verbergen sich ebenfalls Inodes, deren Verwendung sich von der bei *normalen* Files unterscheidet.

2.3 Der *buffer cache*

Bevor wir diesen Abschnitt beginnen, ein kurzes Wort zur Terminologie. Der Autor befindet sich mit einer Übersetzung der Bezeichnung *buffer cache* in gewissen Schwierigkeiten. Einerseits ist dies ein Buch in deutscher Sprache, andererseits gibt es für oben genannten Begriff kein geeignetes Gegenstück in der deutschen Sprache. Sicherlich sind Übersetzungen wie Puffer Cache oder Blockdepot (siehe [2]) möglich; jedoch ist das erste nur eine Kompromißübersetzung und der zweite Begriff nicht sehr aussagekräftig, selbst wenn er im Zusammenhang mit UNIX-Systemen genannt wird[7]. Aus diesem Grund wird der Autor im weiteren Verlauf des Kapitels bei der Bezeichnung *buffer cache* bleiben, selbst wenn dies keine ganz befriedigende Lösung darstellt.
Die Abbildung 2.30 zeigt die Algorithmen, die der Systemkern zur Verwaltung von Filesystemen verwendet. Die Schichtung der beiden Ebenen des Bildes entspricht dem Abstand zur Hardware des Rechners, d.h. die Algorithmen der unteren Ebene benutzen direkt die Gerätetreiber der Hardware, während die Funktionen aus der oberen Schicht nur auf die Funktionen der darunterliegenden Schicht zugreifen und nicht direkt auf die Gerätetreiber. Im letzten Abschnitt wurden die

[7] wie Tests mit Kollegen des Autors ergeben haben

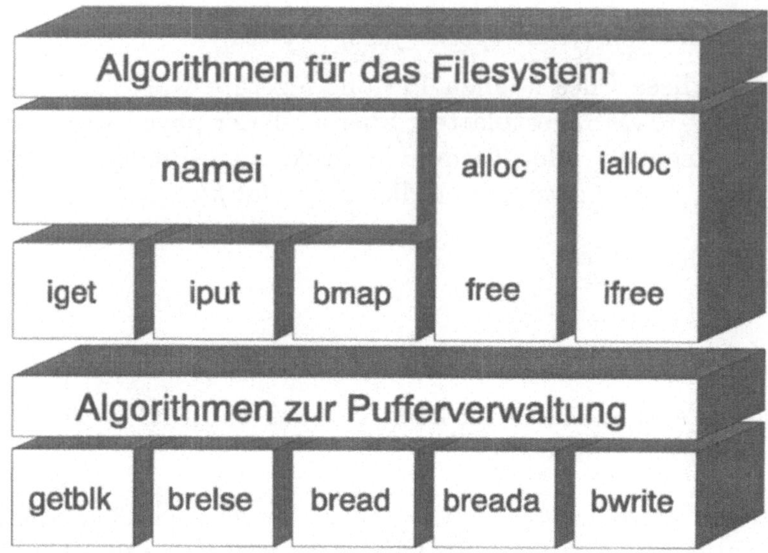

Abbildung 2.30: Die Algorithmen des Filesystems

Algorithmen der oberen Ebene ausführlich erläutert. Die fünf Algorithmen der unteren Ebene bilden für den Systemkern die Schnittstelle zur Hardware des Rechners. In diesem Abschnitt sollen die Funktionen dieser unteren Schicht vorgestellt werden.

Da unter UNIX sehr häufig Zugriffe auf Plattenblöcke erfolgen, würde dies wegen der geringen Geschwindigkeit, mit der diese Zugriffe erfolgen können, zu einer schlechten Gesamtleistung des Systems führen. Man versucht, diesen Effekt durch den Einsatz eines *buffer cache* aufzufangen. Der Cache ist in diesem Fall kein Hardware-Cache, sondern nur ein Softwarekonstrukt, das einen Teil des Hauptspeichers des Rechners belegt. Die Größe dieses Speicherbereichs kann bei der Systemkonfiguration festgelegt werden. Der Speicherbereich selbst wird während der Systeminitialisierung erst alloziert.

Das System versucht Plattenblöcke, auf die zugegriffen wurde oder zugegriffen werden soll, im *buffer cache* bereit zu halten. Unter der Annahme, daß Dateien meist sequentiell gelesen werden, kann das System beim Zugriff auf einen Block den Plattenblock bestimmen, auf den wahrscheinlich als nächstes zugegriffen wird (siehe Routine `bmap`). Beide Blöcke werden auf einmal in den Hauptspeicher übertragen. Da das Lesen von zwei Blöcken auf einmal schneller möglich ist als zweimaliges Lesen von einem Block, kann mit der Information, welcher Block

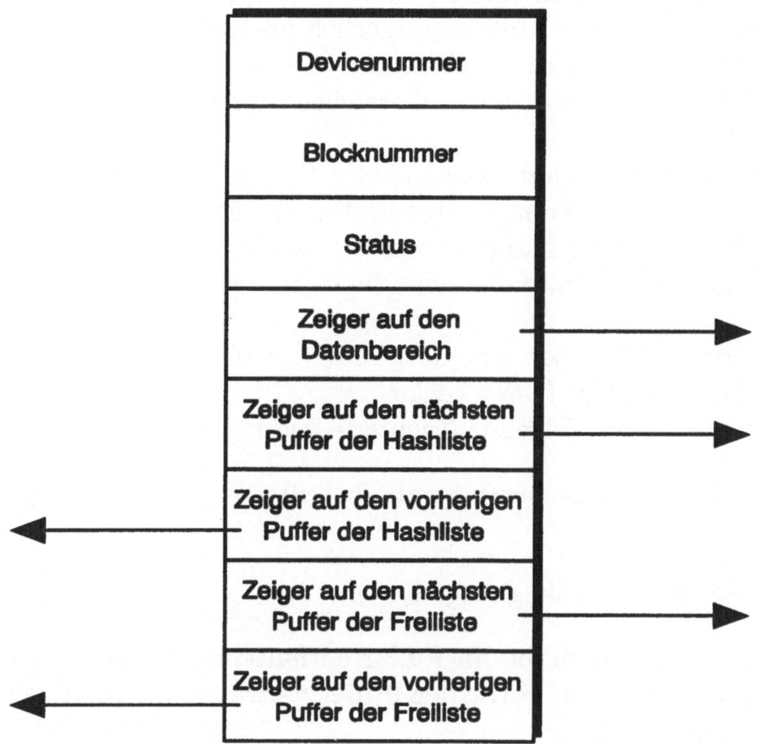

Abbildung 2.31: Der Verwaltungsteil eines Puffers

als nächstes benötigt wird, in vielen Fällen eine gewaltige Steigerung des Performance erzielt werden.
Die Funktionen aus der unteren Ebene der Abbildung 2.30 arbeiten alle auf einer gemeinsamen Datenstruktur, dem *buffer cache*. Bevor diese Funktionen besprochen werden, werden zuerst der Aufbau eines einzelnen Puffers und die Organisation des *buffer cache* erläutert.

2.3.1 Aufbau eines Puffers

Ein einzelner Puffer des *buffer cache* besteht aus zwei Teilen:

1. dem Verwaltungsteil
2. dem Datenteil

Die Größe eines Puffers ist so gewählt, daß er genau einen Plattenblock aufnehmen kann.

Ein Plattenblock kann nicht in zwei Puffern gleichzeitig im *buffer cache* enthalten sein. Dies würde unweigerlich zu Inkonsistenzen der Daten führen, d.h. das System weiß nicht, welcher Puffer der aktuelle mit den neuesten Daten ist, und auf welchen Puffer sich Zugriffe auf den Plattenblock beziehen.
Im Verwaltungsteil (engl. *header*) des Puffers steht die Nummer des Filesystems und die Nummer des Plattenblocks, den der Puffer gerade enthält. Neben diesen Nummern gibt es noch ein Statusfeld und Zeiger auf den eigentlichen Datenbereich, die Hashliste und die Liste der freien Puffer.
Die Abbildung 2.31 zeigt schematisch den Aufbau des Verwaltungsteils eines Puffers aus dem *buffer cache.*
Das Statusfeld kann folgende Zustände des Puffers anzeigen:

- Der Puffer ist gesperrt (engl. *locked*) für den Zugriff von Prozessen.
- Der Puffer enthält gültige Daten.
- Das System muß die im Puffer enthaltenen Daten zuerst auf die Platte schreiben, bevor der Puffer verwendet werden kann (engl. *delayed write*).
- Das System greift gerade auf den Pufferinhalt zu (lesend oder schreibend).
- Ein Prozeß wartet auf den Puffer.

Die Trennung der Verwaltungsinformation vom Inhalt des Speichers erleichtert die Verwaltung des *buffer cache.* Nachfolgend wird die Bezeichnung Puffer sowohl für den Verwaltungsteil als auch für den ganzen Puffer verwendet.

2.3.2 Organisation des *buffer cache*

Der *buffer cache* besteht aus einer doppelt verketteten linearen Liste von freien Puffern, die nach dem LRU-Prinzip (*least recently used*) geordnet sind, d.h. auf die Puffer an der Spitze der Liste wurde am längsten nicht zugegriffen. Folglich werden die Puffer an der Spitze der Liste verwendet, wenn das System einen neuen Puffer anfordert. Die Puffer auf dieser Liste stehen zwar für das Bedienen von Anforderung nach

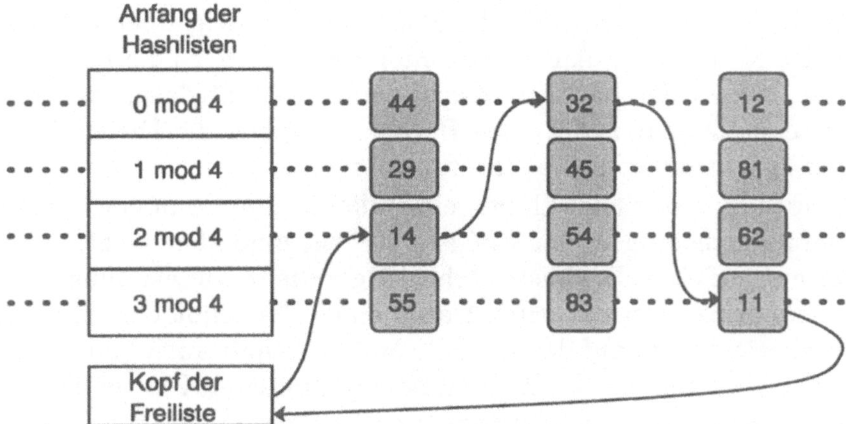

Abbildung 2.32: Aufbau des *buffer cache*

freien Puffern zur Verfügung, was aber nicht gleichbedeutend ist, daß diese Puffer keinen gültigen Inhalt haben.

Will der Kern einen bestimmten Plattenblock lesen, muß er zuerst den *buffer cache* nach einem Puffer durchsuchen, der diesen Block evtl. schon enthalten könnte. Das lineare Durchsuchen des gesamten *buffer cache* wäre sehr aufwendig. Aus diesem Grund wird der *buffer cache* in doppelt verkette Hashlisten organisiert. Jeder Puffer des Cache befindet sich in genau einer Hashliste. Nach dem Systemstart sind alle Puffer in genau einer dieser Hashlisten und gleichzeitig auf der Liste der freien Puffer.

Wenn ein Puffer und sein Inhalt von einem Prozeß nicht länger benötigt werden, bleibt er auf der Hashliste, auf der er war, wird aber an das Ende der Liste der freien Puffer eingetragen.

Die Abbildung 2.32 zeigt den Aufbau eines *buffer cache* mit der Liste der freien Puffer und vier Hashlisten. Sucht der Kern einen bestimmten Plattenblock, wird die passende Hashliste berechnet und durchsucht. Wird dort der gewünschte Block gefunden, muß er nicht von der Platte geladen werden, und der Puffer mit diesem Block kann direkt verwendet werden. Ist der Puffer dieses Blocks gleichzeitig noch auf der Liste der freien Puffer, wird er dort entnommen, egal an welcher Stelle er in der Liste steht. Ist der gewünschte Block nicht in der Hashliste, wird der erste Puffer der Freiliste entnommen, von seiner bisherigen Hashliste auf die berechnete gesetzt und mit dem gewünschten Plattenblock gefüllt.

Die Funktion zum Bestimmen der Hashliste, in die ein Puffer kommt, muß so beschaffen sein, daß die Blöcke gleichmäßig über alle Hashlisten verteilt werden. Außerdem muß sie einfach zu berechnen sein, da sonst, wegen der häufigen Zugriffe auf Plattenblöcke, die Leistung des Systems zu sehr leidet. Als Parameter gehen die Device- und die Plattenblocknummer in die Hashfunktion ein.
Um es noch einmal zu erwähnen, ein Puffer ist immer in einer Hashliste und kann gleichzeitig in der Freiliste stehen, muß aber nicht. Ein Puffer, der nur auf einer Hashliste steht, ist gerade in Verwendung und sein Inhalt entspricht den aktuellen Daten eines Plattenblocks. Ein Puffer, der gleichzeitig noch auf der Freiliste steht, enthält auch gültige Daten, kann aber jederzeit für die Aufnahme eines anderen Plattenblocks verwendet werden (evtl. nachdem der Inhalt auf die Festplatte geschrieben wurde).

2.3.3 Auffinden eines Puffers

Immer wenn ein Prozeß Daten in einem File lesen oder schreiben will, wird der *buffer cache* nach dem Plattenblock durchsucht, der für die entsprechende Stelle des Schreib/Lesezeigers im Inode angegeben ist. Wird der Plattenblock nicht im Cache gefunden, muß ein neuer Puffer dafür bereitgestellt werden[8]. Beim Suchen nach einem Plattenblock im *buffer cache* ergeben sich folgende fünf Möglichkeiten:

1. Das System findet den Block in der passenden Hashliste und sein Puffer ist auf der Liste der freien Puffer.

2. Das System findet den Block nicht in der berechneten Hashliste. Es alloziert einen neuen Puffer aus der Liste der freien Puffer.

3. Das System findet den Block in der zugehörigen Hashliste nicht. Auf der Suche nach einem freien Puffer findet es einen Puffer, der mit *delayed write* markiert ist. Es schreibt den Inhalt dieses Puffers (asynchron) auf die Platte und sucht nach einem neuen freien Puffer.

4. Der Block ist nicht mehr auf seiner Hashliste, und die Liste der freien Puffer ist leer.

[8]siehe Funktion `getblk` in Abbildung 2.33

5. Der Block ist auf seiner Hashliste und als blockiert (engl. *busy*) markiert.

Die Abbildung 2.33 zeigt die Funktion `getblk`, die zu einer Blocknummer einen Puffer sucht. Die beschriebenen 5 Situationen, die bei der Suche nach einem Puffer auftreten können, sind in der Abbildung gekennzeichnet. In den Situationen 3, 4 und 5 muß die Routine auf das Eintreten von bestimmten Ereignissen warten. Sind diese Ereignisse eingetreten, kann nicht direkt ein Puffer verwendet werden, da durch das Ereignis evtl. mehrere Prozesse geweckt wurden, und diese dann alle gleichzeitig auf den gleichen Puffer zugreifen könnten. Aus diesem Grund werden zwar alle Prozesse, die auf ein Ereignis warten, geweckt, beginnen aber einen Wettlauf um die Ressource, den ein Prozeß gewinnt, während die anderen Prozesse sich wieder schlafen legen und auf das erneute Wecken warten.
Ein Puffer, der einen Datenblock enthält, bleibt so lange als blockiert (*busy*) markiert, bis er mit der Funktion `brelse` (Abbildung 2.34) freigegeben wird.
In den kritischen Abschnitten von `brelse` und `getblk` wird die Interruptebene des Prozessors erhöht, so daß bestimmte Interrupts nicht mehr möglich sind. Dies ist notwendig, um zu verhindern, daß während der Manipulation einer Datenstruktur, hier der Freiliste der Puffer, die Routine `brelse` unterbrochen wird, und die Liste in einen inkonsistenten Zustand gelangt. Normalerweise würde zur Synchronisation von Zugriffen mehrerer Prozesse auf eine gemeinsame Datenstruktur ein Flag verwendet, das anzeigt, daß die Datenstruktur zur Zeit nicht verwendet werden kann. Wie im Kapitel 3.6.4 noch erläutert wird, ist dieser Mechanismus zum wechselseitigen Ausschluß mehrerer Prozesse hier nicht möglich.
Die oben beschriebene Situation 3 bedarf noch einiger Erläuterungen (siehe auch Abb. 2.35). Nachdem ein Prozeß einen Puffer nicht mehr benötigt, markiert er diesen mit *delayed write* und stellt ihn an das Ende der Freiliste, ohne den Inhalt dieses Puffers sofort auf die Festplatte zu schreiben. Der Puffer beginnt seinen Durchlauf durch die Freiliste, bis er an der Spitze angekommen ist. Wenn ein Prozeß dort auf diesen Puffer trifft, veranlaßt er, daß der Inhalt auf die Platte übertragen wird. Sobald dieser Schreibvorgang beendet ist, kommt der Puffer wieder an die Spitze der Freiliste. Würde er am Ende der Freiliste eingehängt werden, wäre das LRU-Prinzip verletzt. Durch dieses Hinausschieben des Schreibens eines Pufferinhaltes, solange bis der Block einmal ganz

Algorithmus getblk

```
Input:  1) Nummer des Filesystems
        2) Nummer eines Plattenblocks
Output: gesperrter Puffer fuer den Plattenblock
{ while (Puffer noch nicht gefunden)
  { if (Puffer mit gewuenschtem Block
        auf berechneter Hashliste)
    {  if (Puffer ist blockiert)  /*  Moeglichkeit 5 */
       {  sleep (bis Puffer wieder frei);
          continue; /* neuer Schleifendurchlauf */
       }
       Puffer blockieren;    /* Moeglichkeit 1 */
       Puffer von der Liste der freien Puffer entfernen;
       return blockierten Puffer;}
     else /* Block nicht auf der Hashliste */
     { if (Liste der freien Puffer ist leer)
          { /* Moeglichkeit 4 */
            sleep (irgendein Puffer wird frei);
            continue; /* neuer Schleifendurchlauf */
       }
       Puffer von der Freiliste entfernen;
       if (Puffer markiert mit delayed write)
          {  /* Moeglichkeit 3 */
          Inhalt des Puffer auf die Festplatte asynchron
             uebertragen (Algorithmus bwrite);
          continue; /* neuer Schleifendurchlauf */
       }
       /* freien Puffer gefunden */ /* Moeglichkeit 2 */
       Puffer von der alten Hashliste nehmen und
         an die neue Hashliste anhaengen;
       return blockierten Puffer;
     }
  }
}
```

Abbildung 2.33: Algorithmus zum Allozieren eines Puffers

Algorithmus brelse

```
Input:  blockierter Puffer
Output: keiner
{
  Alle Prozesse wecken, die auf irgendeinen Puffer
       warten;
  Alle Prozesse wecken, die auf diesen Puffer warten;
  Interruptebene des Prozessors anheben;
  if (Puffer hat gueltigen Inhalt und
      Puffer ist nicht alt)
     Puffer am Ende der Liste der freien Puffer
           eintragen;
  else
     Puffer am Anfang der Liste der freien Puffer
           eintragen;
  Interruptebene des Prozessors wieder auf alten
     Stand setzen;
  Sperre des Puffers loesen;
}
```

Abbildung 2.34: Algorithmus zur Freigabe eines Puffer

die Freiliste durchlaufen hat, ist es möglich, bei einem nachfolgenden Zugriff auf den gleichen Plattenblock einen Schreib- und Lesevorgang mit der Festplatte einzusparen, da sich der Puffer mit dem aktuellen Inhalt des Plattenblocks noch im *buffer cache* befindet. Da Dateien in den meisten Fällen sequentiell gelesen werden, wird sehr oft hintereinander auf den gleichen Block zugegriffen, und somit ist die Anzahl der eingesparten Schreib/Lesezugriffe sehr hoch. Die Zeit, die ein Puffer für einen Durchlauf durch die Freiliste benötigt, beträgt ca. 12-15 Sekunden. Erfolgt in diesem Zeitraum ein Zugriff auf diesen Puffer, tritt der gerade beschriebene Spareffekt ein.

2.3.4 Lesen und Schreiben von Plattenblöcken

Um einen bestimmten Plattenblock zu lesen, durchsucht der Algorithmus `getblk` den Cache nach einem Puffer, der den Block bereits enthält. Ist dieser Block noch in einem Puffer enthalten, kann er, ohne physikalisch von der Platte gelesen zu werden, sofort verarbeitet werden. Ist der entsprechende Block nicht mehr im Cache vorhanden, beauftragt

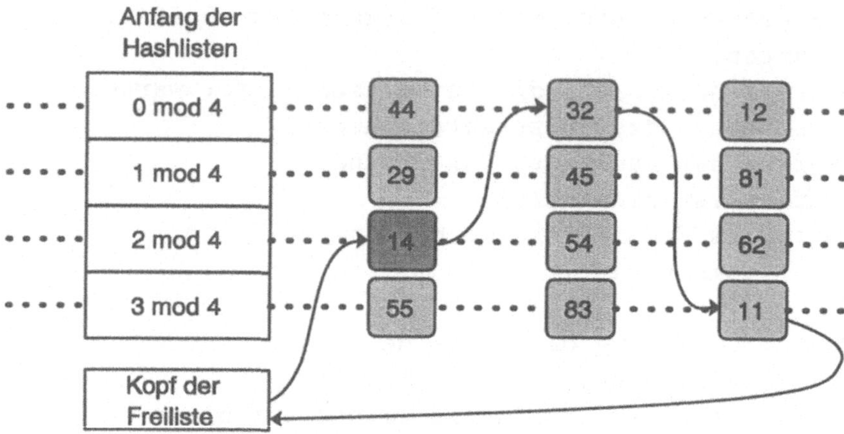

Suche nach Block 30; Block nicht auf seiner Hashqueue;
freien Block allozieren; Block 14 delayed write - auf die Platte schreiben;
Block 32 wird für Block 30 alloziert und in die neue Hashqueue eingehängt

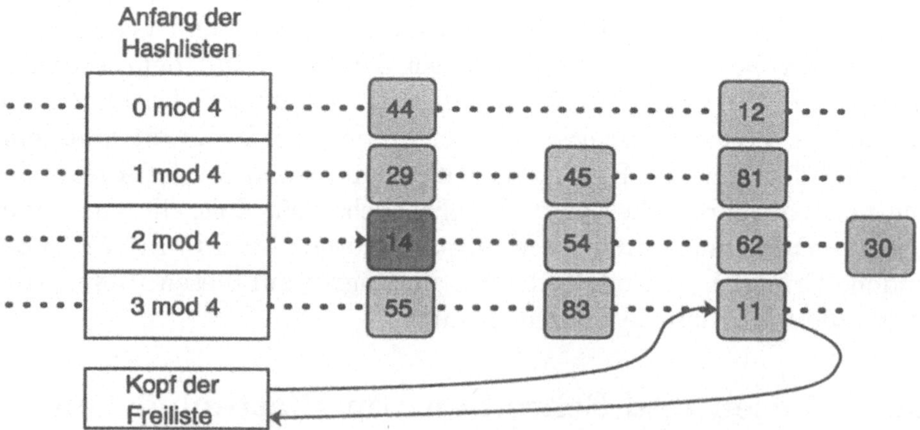

Abbildung 2.35: Beispiel für die Situation 3 im Algorithmus `getblk`

Algorithmus bread

```
Input:  Nummer eines Plattenblocks
Output: Puffer mit Inhalt des Plattenblocks
{
  Puffer fuer den Plattenblock allozieren
       (Algorithmus getblk);
  if (Inhalt des Puffers stimmt mit Inhalt
      des Platttenblocks ueberein)
     return blockierter Puffer;
  Lesen des Inhalts des Plattenblocks starten;
  sleep (Lesen beendet);
  return blockierter Puffer;
}
```

Abbildung 2.36: Algorithmus zum blockweisen Lesen von der Festplatte

der Prozeß, der diesen Plattenblock lesen will, den Plattentreiber mit dem Übertragen des Blocks von der Festplatte in einen Puffer des *buffer cache* und legt sich schlafen. Später, wenn das physikalische Lesen des Plattenkontrollers beendet ist, wird der schlafende Prozeß durch einen Interrupt geweckt und kann den gewünschten Plattenblock weiterverarbeiten.

In den Abbildungen 2.36 und 2.37 sieht man die beiden Algorithmen für das Lesen von Plattenblöcken. Die Beschreibung der Funktion `bread` zeigt, daß kein physikalisches I/O stattfindet, wenn das System versucht einen Block zu lesen, der bereits im *buffer cache* vorliegt. Die Funktion `breada` versucht neben dem normalen Lesen eines Blocks einen Plattenblock im voraus zu lesen. Wieder unter der Annahme, daß Files meistens sequentiell gelesen werden, bestimmt die Funktion `bmap` neben dem aktuellen auch den nächsten Block, der gelesen werden soll (siehe 2.18). Die Routine `breada` versucht, den ersten Block im *buffer cache* zu finden. Gelingt dies nicht, beauftragt die Routine den Gerätetreiber der Festplatte, den Block in einen Puffer in den Speicher zu übertragen. Danach sucht das System den zweiten Block im *buffer cache.* Findet es ihn nicht, wird der Gerätetreiber veranlaßt, den zweiten Block von der Festplatte in den *buffer cache* zu kopieren. Anschließend wartet der Algorithmus auf das Beenden des Lesens des ersten Blocks und gibt dessen Puffer zur Weiterverarbeitung als Ergebnis zurück. Das System geht davon aus, daß der Lesevorgang des zweiten Blocks auch beendet ist,

Algorithmus breada

```
Input:  1) Nummer des sofort benoetigten Plattenblocks
        2) Nummer des naechsten Plattenblocks
Output: Puffer mit Inhalt des sofort benoetigten Blocks
{
  if (Puffer mit erstem Block nicht im Cache)
  {
     Puffer fuer ersten Block allozieren
        (Algorithmus getblk);
     if (Inhalt des Puffers stimmt nicht mit Inhalt des
         gewuenschten Plattenblocks ueberein)
        Lesen des Plattenblocks starten;
  }
  if (Puffer mit zweitem Block nicht im Cache)
  {
     Puffer fuer zweiten Block allozieren
        (Algorithmus getblk);
     if (Inhalt des Puffers nicht korrekt)
        Sperre des Puffers loesen (Algorithmus brelse);
     else
        Lesen des Plattenblocks starten;
  }
  if (sofort benoetigter Block ist im Cache)
  {
     ersten Block einlesen (Algorithmus bread);
     return gesperrter Puffer mit Inhalt des
            ersten Blocks;
  }
  sleep (erster Block von der Festplatte vollstaendig
         in den Speicher uebertragen);
  return gesperrter Puffer mit Inhalt des ersten Blocks;
}
```

Abbildung 2.37: Algorithmus zum Lesen von zwei Plattenblöcken

Algorithmus bwrite

```
Input:  Puffer, dessen Inhalt geschrieben werden soll
Output: keiner
{
  Schreiben des Inhalts des Puffers starten;
  if (Schreiboperation synchron)
  {
     sleep (Schreiben beendet);
     Sperre des Puffers loesen (Algorithmus brelse);
  }
  else
     if (Puffer war als delayed write markiert)
        Puffer markieren, so dass er nach Ende des
          Schreibens an den Anfang der Freiliste kommt;
}
```

Abbildung 2.38: bwrite – blockweises Schreiben auf die Festplatte

bis er benötigt wird, und wartet deshalb nicht, bis diese Übertragung zu Ende ist.

Es mag seltsam erscheinen, daß das System, wenn es den ersten Block im *buffer cache* findet, trotzdem versucht, diesen Block durch den Aufruf von `bread` noch einmal zu lesen, obwohl doch ein einfacher Aufruf von `getblk` ausreichend wäre. In den meisten Fällen wird jedoch die Funktion `bread` nach dem Aufruf der Routine `getblk` sofort zurückkehren. Wenn jedoch der Block in der Zeit zwischen dem ersten Prüfen, ob er im *buffer cache* vorhanden ist, und dem Aufruf der Routine `bread` aus dem *buffer cache* verschwindet, ist es notwendig, den Block neu von der Platte zu lesen.

Beim Übertragen von Blöcken vom *buffer cache* auf die Festplatte werden drei Situationen unterschieden:

1. synchrones Schreiben
2. asynchrones Schreiben
3. verzögertes Schreiben

In allen drei Fällen beauftragt das System den Gerätetreiber, den Inhalt eines Puffers auf die Festplatte zu übertragen. Beim synchronen Schreiben wird auf das Ende der Übertragung gewartet und der Puffer durch einen nachfolgenden Aufruf von `brelse` freigegeben. Im asynchronen

Fall wartet das System nicht auf das Ende des Schreibvorgangs, sondern fährt mit anderen Tätigkeiten fort. Wenn der Pufferinhalt auf die Festplatte übertragen wurde, löst der Gerätetreiber einen Interrupt aus. Die Routine, die diesen Interrupt bedient, gibt den Puffer durch einen Aufruf der Prozedur `brelse` wieder frei. Der Unterschied zwischen asynchronem und verzögertem Schreiben besteht darin, daß beim Freigeben des Puffers durch `brelse` dieser an den Anfang der Freiliste kommt.

2.3.5 Vorteile und Nachteile des *buffer cache*

Nach dem bisher Gezeigten könnte man meinen, daß der *buffer cache* nur Vorzüge hat. Daß mit der Verwendung eines *buffer cache* auch Nachteile verbunden sind, zeigt nachfolgende Gegenüberstellung der Vor- und Nachteile des *buffer cache*.

- Das System hat eine einheitliche Schnittstelle zwischen der Festplatte und dem Systemkern, egal ob Datenblöcke, Inodes, Verzeichnisse oder Teile des Superblocks übertragen werden müssen.
- Ein Programmierer muß sich nicht um Alignment Probleme kümmern, d.h. er muß keine Blockgrenzen beim Lesen oder Schreiben von Datenblöcken beachten.
- Die Anzahl der Plattenzugriffe wird verringert, wodurch die Gesamtleistung des Systems steigt.
- Die Integrität des Filesystems wird unterstützt, da nur eine Kopie eines Plattenblocks im Cache gehalten wird.
- Durch das verzögerte Schreiben ist das System anfällig für Datenverluste bei einem Systemabsturz. Ein Benutzer weiß nicht genau, wann seine Daten auf der Platte ankommen. Durch die Verzögerung zwischen der Abgabe eines Puffers und dem Schreiben des Blocks von 12-15 Sekunden sind diese Daten bei einem Systemabsturz verloren.
- Durch die Einführung eines *Zwischenpuffers* ist immer ein Kopiervorgang zusätzlich notwendig. Die Daten, die geschrieben werden sollen, werden zuerst vom virtuellen Adreßraum des Prozesses in den Cache und von dort erst auf die Platte übertragen. Dies ist effizient bei vielen Zugriffen auf kleine Datenbereiche, jedoch ineffizient bei großen Datenblöcken.

Systemaufruf	Algorithmen
open	namei iget iput free
creat	namei iget ialloc free
close	iput ifree free
read	bmap bread breada
write	bmap bwrite
pipe	ialloc
mknod	namei iget ialloc
link unlink	namei iget iput free ifree

Tabelle 2.1: Beziehung zwischen den Systemaufrufen und den Algorithmen des Filesystems

2.4 Systemaufrufe für das Filesystem

Über die Systemaufrufe, die in den nächsten Abschnitten besprochen werden, kann von einem Programm aus das Filesystem eines UNIX-Systems manipuliert werden. Die Systemaufrufe verwenden die bisher beschriebenen Algorithmen und Datenstrukturen, die das System zur Verwaltung eines Filesystems bereitstellt. Die Tabelle 2.1 zeigt die Beziehung zwischen einzelnen Systemaufrufen und den Algorithmen aus den vorherigen Abschnitten.

```
Algorithmus open
Input:  (1) Name der Datei
        (2) Art des Oeffnens
        (3) Zugriffsrechte fuer creat
Output: Filedeskriptor
{
  Inode zum Filenamen bestimmen (Algorithmus namei);
  if ( File existiert nicht oder
       keine Rechte fuer den Zugriff)
     return Fehler;
  Eintrag in der Systemfiletabelle anlegen;
  Eintrag initialisieren und Zeiger auf Inode setzen;
  Eintrag in der Prozessfiletabelle allozieren;
  Zeiger im Eintrag Prozessfiletabelle auf den Eintrag
     in der Systemfiletabelle setzen;
  if (Art des Oeffnens verlangt, dass die
      Filelaenge auf 0 zu setzen ist)
     Alle Bloecke des Files freigeben
      (Algorithmus free);
  Sperre des Inodes loesen;
     /* Inode wurde in namei gesperrt */
  return Index des Eintrags der Prozessfiletabelle;
}
```

Abbildung 2.39: Algorithmus für den Systemaufruf open

2.4.1 Öffnen einer Datei – open

Die Syntax für den Systemaufruf open lautet:

```
fd =  open (name, flags, mode);
int fd;     /* neuer Filedeskriptor */
char *name; /* Name des zu oeffnenden Files */
int flags;  /* siehe File /usr/include/sys/file.h */
int mode;   /* Angabe nur notwendig wenn
               create-Flag gesetzt */
```

Der Systemaufruf open wird verwendet, um ein bereits vorhandenes File zu öffnen, d.h. um zu einem Filenamen einen Deskriptor zu erhalten, über den auf dieses File zugegriffen werden kann. Wird versucht, ein File zu öffnen, das noch nicht existiert, gibt der Systemaufruf den

Wert -1 zurück und zeigt damit einen Fehler an. Dateien, die noch nicht existieren, müssen zuerst mit Systemaufruf `creat` angelegt werden, wobei gleichzeitig ein Öffnen des Files erfolgt (siehe 2.4.2). Den gleichen Effekt erreicht man, wenn beim Systemaufruf `open` als ein Flag `O_CREAT` angegeben wird. In diesem Fall werdem im dritten Parameter des Systemaufrufs die Zugriffsrechte des neuen Files angegeben.
In der Datei `/usr/include/sys/file.h` findet man für `flags` und `mode` symbolische Namen, deren Verwendung dringend anzuraten ist. Diese Namen können in einem C-Programm verwendet werden, wenn die Anweisung

```
# include<sys/file.h>
```

am Anfang eines Programms eingefügt wird.
Die Abbildung 2.39 zeigt, wie im Kern des Systems der Systemaufruf `open` abgearbeitet wird. Der Inode des geöffneten Files ist nach dem Systemaufruf `open` nicht blockiert, d.h. andere Prozesse können auf diesen Inode zugreifen. Prinzipiell ist es unter UNIX nicht möglich, einen Inode über einen Systemaufruf hinweg zu blockieren.
Ein Aufruf der Form

```
fd = open ("file", O_RDONLY);
```

liefert als Ergebnis einen Verweis auf den niedrigsten freien Eintrag in der Prozeßfiletabelle. Wie in C üblich, führt der fehlende Parameter zu keiner Fehlermeldung des Compilers.
Die Abbildung 2.40 zeigt die Filetabelle eines Prozesses und die Kerntabellen für das Filesystem nach der Befehlsfolge

```
open ("/etc/passwd",O_RDONLY);
open ("local",O_RDWR);
open ("/etc/passwd",O_WRONLY);
```

Das File `/etc/passwd` wurde zweimal geöffnet und hat deshalb zwei Einträge in der Systemfiletabelle. Jeder dieser Einträge hat einen eigenen Schreib/Lesezeiger, so daß die Positionen, an denen geschrieben oder gelesen wird, für beide Deskriptoren unabhängig sind. Durch beide Deskriptoren wird jedoch auf den gleichen Daten gearbeitet.
Nach den weiteren Befehlen

```
open ("/etc/passwd",O_RDONLY);
open ("private",O_RDONLY);
```

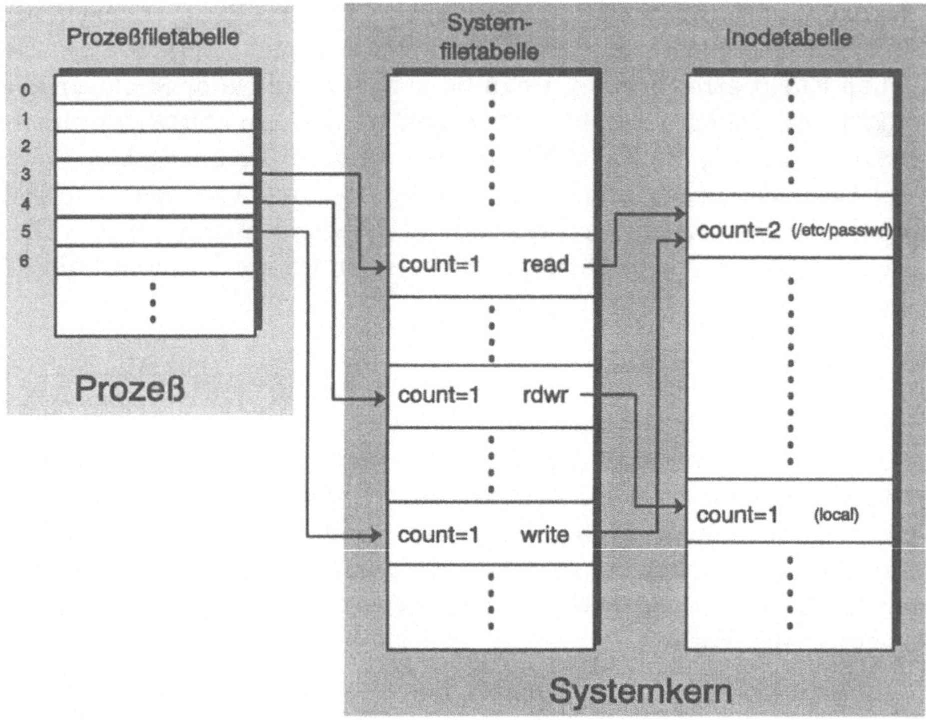

Abbildung 2.40: Datenstrukturen nach einem `open`

die in einem zweiten Prozeß ausgeführt werden, haben die Tabellen im Kern ein Aussehen wie in Bild 2.41.
Da es hier eine eins zu eins Beziehung zwischen der *system file table* und der *user file table* gibt, könnte die Information aus der Systemfiletabelle auch in der Prozeßfiletabelle gehalten werden. Dies hätte aber den Nachteil, daß es unmöglich wäre, Dateien mit einem gemeinsamen Schreib/Lesezeiger zwischen Prozessen zu teilen, wie das z.B. nach `dup` und `fork` Befehlen notwendig werden kann.
Die Deskriptoren 0, 1 und 2 sind normalerweise vergeben für Standardeingabe (`stdin`), Standardausgabe (`stdout`) und Standardfehlerausgabe (`stderr`). Bei der Erzeugung eines Prozesses übernimmt der neue Prozeß die Prozeßfiletabelle seines Vaterprozesses und somit auch alle geöffneten Dateien des Vaterprozesses.

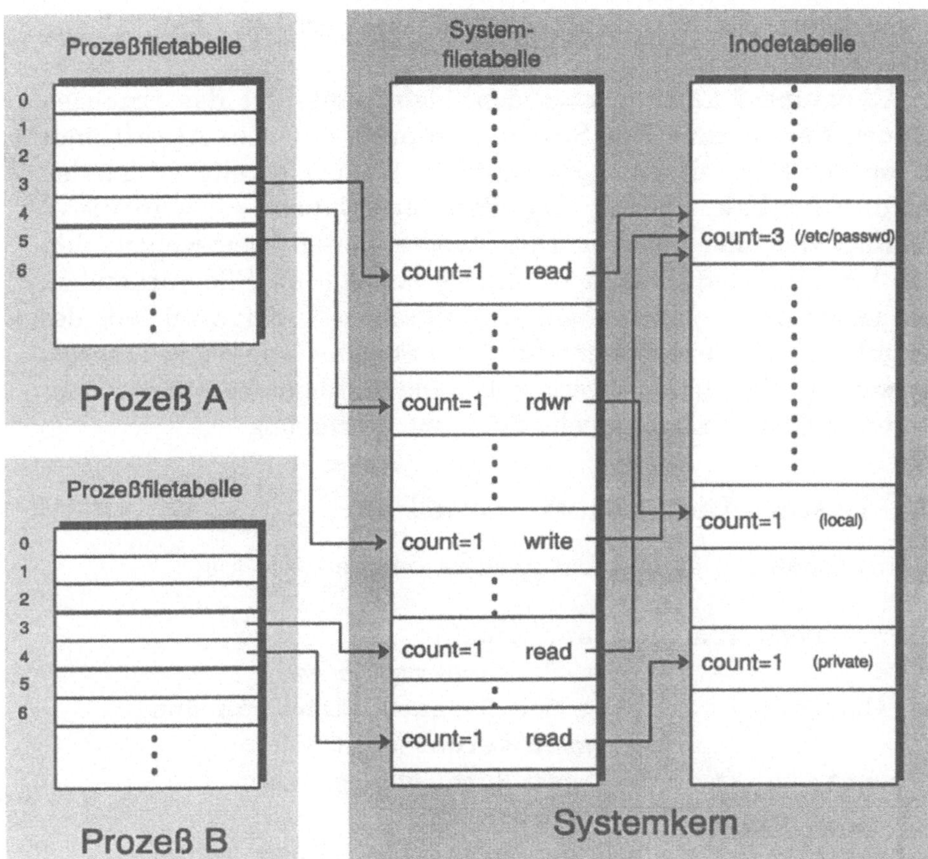

Abbildung 2.41: Datenstrukturen, nachdem 2 Prozesse Files öffneten

2.4.2 Anlegen einer Datei – creat

Wie im letzten Abschnitt gehört, dient der Systemaufruf open zum Öffnen einer bereits vorhandenen Datei. Der Systemaufruf `creat` dagegen erzeugt eine neue Datei und öffnet diese zum Schreiben. Seine Syntax lautet:

```
fd = creat (pathname, modes);
int fd;          /* Filedeskriptor */
char *pathname; /* Name des neuen Files */
int modes;       /* Zugriffsrechte des neuen File */
```

Der Leser mag sich wundern, aber bei der Schreibweise von `creat` liegt kein Druckfehler vor. Der Systemaufruf wird wirklich ohne "e" am Wortende geschrieben.
In der Abbildung 2.42 kann man den Algorithmus für das Erzeugen eines neuen Files sehen. Das System überprüft mit dem Algorithmus `namei`, ob ein File mit dem gewünschten Namen bereits vorhanden ist. Ist dies der Fall, und die Zugriffsrechte erlauben es, wird dieses File geöffnet und alle belegten Datenblöcke werden freigegeben, d.h. das File hat nach dem Öffnen die Länge 0. Ist kein File vorhanden, wird ein neuer Inode alloziert und ein Eintrag im Vaterverzeichnis des Files angelegt. Mit dem Systemaufruf `creat` kann kein Verzeichnisfile erzeugt werden. Für diesen Zweck stehen die Systemaufrufe `mkdir` oder bei älteren Systemen `mknod` (siehe 2.4.7) zur Verfügung.

2.4.3 Lesen einer Datei – read

Die Syntax für den Systemaufruf `read` ist definiert wie folgt:

```
number = read (fd, buffer, count);
int fd ;        /* ist ein Filedeskriptor */
char *buffer; /* Adresse des Datenbereichs, in den
                 eingelesen werden soll */
int count;      /* Anzahl der Byte, die gelesen
                 werden sollen */
int number;     /* Anzahl der Byte, die tatsaechlich
                 gelesen wurden */
```

Die Abbildung 2.43 zeigt den Algorithmus für den Systemaufruf `read`. Der Algorithmus liest solange blockweise aus dem File, bis die Zahl der angeforderten Byte erreicht ist. Die *u-area* ist ein Teil des Adreßraums eines Prozesses, in dem das System wichtige Verwaltungsinformation für diesen Prozeß ablegt, u.a die Prozeßfiletabelle. Eine ausführliche Erläuterung des Aufbaus und der Aufgaben der `u-area` findet der Leser im Abschnitt 3.5.1.2. Versucht ein Programm mit `read` über das Fileende hinaus zu lesen, werden als Ergebnis des `read`-Aufrufs nur die tatsächlich gelesenen Byte geliefert. Weitere Aufrufe von `read` haben dann das Ergebnis 0.
Das Programm aus der Abbildung 2.44 zeigt den Fall, wie aus einer Datei mit zwei unabhängigen Deskriptoren gelesen wird. Nach den beiden Leseoperationen enthalten die beiden Puffer den gleichen Inhalt.

Algorithmus creat

```
Input:  1) Name des neuen Files
        2) Zugriffsrechte
Output: Filedeskriptor
{
  Inode zum Filenamen bestimmen (Algorithmus namei);
  if (Datei existiert bereits)
  {
     if (kein Zugriff auf Datei erlaubt)
     {
        Inode freigeben (Algorithmus iput);
        return Fehler;
     }
  }
  else  /* Datei existiert noch nicht */
  {
     Freien Inode des Filesystems belegen
       (Algorithmus ialloc);
     Eintrag im Directory fuer das neue File anlegen;
     Dort Name und Inodenummer des Files eintragen;
  }
  Eintrag in der Systemfiletabelle belegen;
  Eintrag der Systemfiletabelle initialisieren;
  if (existierte bereits vor dem Aufruf von creat)
     Alle Datenbloecke des Files freigeben
          (Algorithmus free);
  Eintrag in der Prozessfiletabelle belegen;
  Eintrag in der Prozessfiletabelle initialisieren;
  Sperre des Inodes loesen;
     /* Inode wurde in namei gesperrt */
  return Index des Eintrags der Prozessfiletabelle;
}
```

Abbildung 2.42: Algorithmus zum Anlegen eines Files

Algorithmus read

```
Input:  1) Filedeskriptor
        2) Adresse des Bereichs, in den eingelesen wird
        3) Anzahl der Byte, die gelesen werden sollen
Output: Anzahl der Byte, die gelesen wurden
{ Mit Filedeskriptor den Eintrag in der
      Systemfiletabelle bestimmen;
  Pruefen ob auf das File zugegriffen werden kann;
  In U-Area die Adresse des Zielbereichs und
     Anzahl der zu lesenden Byte setzen;
  Inode aus der Inodetabelle bestimmen;
  Inode sperren;
  Stand des Schreib/Lesezeigers aus der
     Systemfiletabelle in den User-Bereich schreiben;
  while (noch nicht genuegend Byte gelesen)
  { Nummer des Plattenblocks, in dem der Lesezeiger
      steht, berechnen (Algorithmus bmap);
    Offset in diesem Block berechnen;
    Anzahl der restlichen Byte des Blocks berechnen;
    if (Anzahl der restlichen Byte ist 0)
       /* Lesen ueber das Fileende hinaus */
       break;  /* Schleife verlassen */
    Block von Platte einlesen
       (Algorithmus breada oder Algorithmus bread);
    Kopieren der Daten aus dem Puffer des Plattenblocks
       in den Zielbereich;
    Parameter des User-Bereichs fuer Stand des
       Lesezeigers, Zaehler der restlichen zu lesenden
       Byte und Zieladresse neu einstellen;
    Sperre des Puffers loesen; /* in bread gesetzt */
  }
  Sperre des Inodes loesen;
  Wert des Schreib/Lesezeigers in Systemfiletabelle
    fuer naechsten Zugriff setzen;
  return Anzahl der Byte, die gelesen wurden;
}
```

Abbildung 2.43: Algorithmus des Systemaufrufs read

```
#include<stdio.h>

#define BUFSIZE 1024

main()
{
    int file1, file2;
    char buf1[1024], buf2[1024];

    file1 = open ("/etc/ttytab",O_RDONLY);
    file2 = open ("/etc/ttytab",O_RDONLY);
    /* zwei Deskriptoren -> zwei Lesezeiger */

    read (file1,buf1,BUFSIZE);
    read (file2,buf2,BUFSIZE);
    /* Inhalt von buf1 und buf2 identisch */

    close(file1);
    close(file2);
}
```

Abbildung 2.44: Lesen aus einer Datei mit zwei Deskriptoren

2.4.4 Schreiben in eine Datei – write

Der Systemaufruf `write` ist definiert wie folgt:

```
number = write (fd, buffer, count);
int fd ;        /* ist ein Filedeskriptor */
char *buffer; /* Adresse des Datenbereichs, der
                 geschrieben werden soll */
int count;      /* Anzahl der Byte, die geschrieben
                 werden sollen */
int number;     /* Anzahl der Byte, die tatsaechlich
                 geschrieben wurden */
```

Der Algorithmus von `write` ist zu dem von `read` fast analog. Wenn in einen Bereich eines Files geschrieben wird, für den noch keine Blöcke auf der Festplatte existieren, müssen einer, bzw. falls nötig, mehrere Blöcke durch den Algorithmus `alloc` alloziert werden. Ist ein Unterschied zwischen der Anzahl der Byte, die geschrieben werden soll, und der Anzahl, die tatsächlich geschrieben wurde, kann es sein, daß im Filesystem nicht mehr genügend freier Platz zur Verfügung stand.

2.4.5 Schließen einer Datei – close

Mit dem Systemaufruf `close` wird eine zuvor geöffnete Datei geschlossen.

```
close (fd);
int fd;    /* Filedeskriptor */
```

Der Systemaufruf `close` vermindert den Referenzzähler des Eintrags in der Systemfiletabelle. Falls dieser Zähler den Wert 0 erreicht, wird der Eintrag in der Systemfiletabelle nicht länger benötigt und als frei markiert. Dies hat zur Folge, daß auch der Referenzzähler des Inodes in der Inodetabelle vermindert wird. Wenn dieser Null wird, wird der Inode im Speicher nicht mehr benötigt und freigegeben (Algorithmus `iput`). In der Abbildung 2.45 sehen wir die Tabellen aus 2.41, nachdem Prozeß B die Befehlsfolge

```
close(3);
close(4);
```

ausgeführt hat.
Als Ergebnis des Systemaufrufs `close` ist der Eintrag in der Prozeßfiletabelle leer.
Würde bei nachfolgenden Systemaufrufen ein Deskriptor angegeben, der auf einen solchen leeren Eintrag in der Prozeßfiletabelle verweist, würde dies unweigerlich zu einem Fehler führen.
Wenn ein Prozeß durch den Aufruf von `exit` terminiert, oder das Ende seines Programms erreicht (dort hat der Compiler einen `exit`-Aufruf für den Programmierer unsichtbar angebracht), werden automatisch alle geöffneten Files der Prozeßfiletabelle eines Prozesses geschlossen.

2.4.6 Die Systemaufrufe stat und fstat

Mit den beiden Systemaufrufen `stat` und `fstat` kann ein Programm die Verwaltungsinformation, die im Inode eines Files gespeichert ist, auslesen.
Dazu sollten in einem C Programm die beiden Zeilen

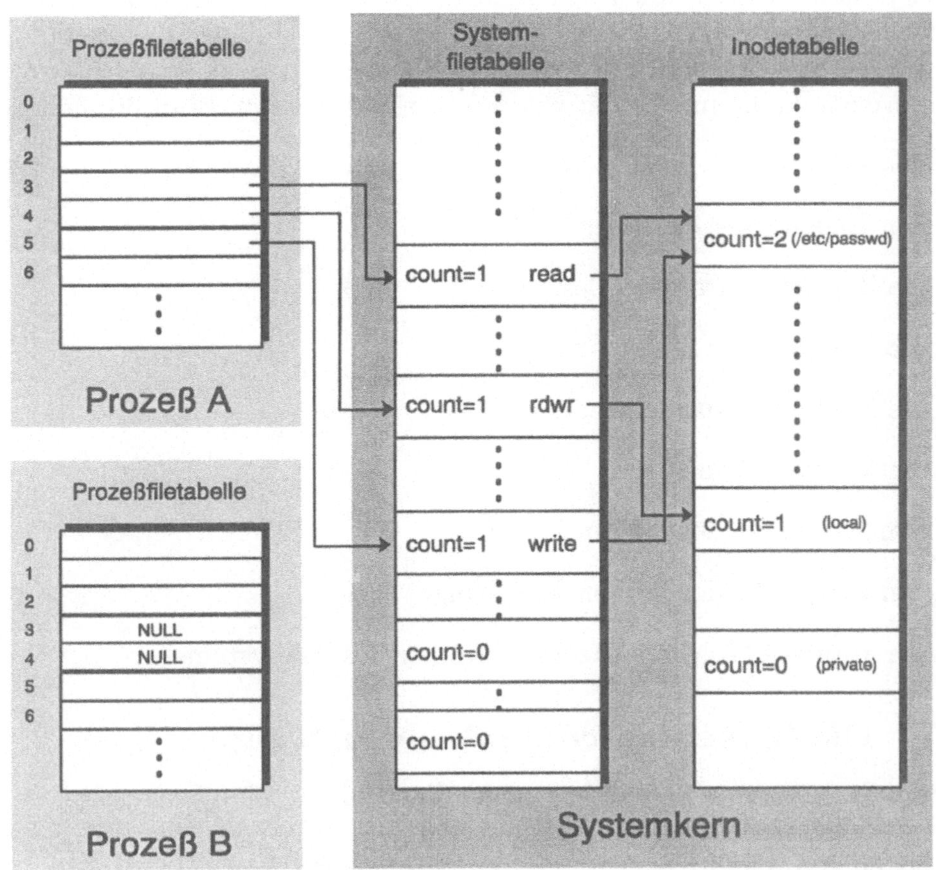

Abbildung 2.45: Kerntabellen nach dem Schließen der Dateien

```
#include <sys/types.h>
#include <sys/stat.h>
```

enthalten sein. In diesen beiden Dateien werden die Datenstrukturen bereitgestellt, in denen die Systemaufrufe ihre Ergebnisse ablegen.
Die Syntax dieser Systemaufrufe lautet:

```
stat (pathname, statbuffer);
char *pathname;         /* Filename */
struct stat *statbuf; /* Information ueber das File */
fstat (fd, statbuffer);
int fd;                 /* Filedeskriptor */
struct stat *statbuf; /* Information ueber das File */
```

Beide Systemaufrufe erfüllen den gleichen Zweck. `stat` liefert die Statusinformation der angegebenen Datei, `fstat` die Informationen für eine offene Datei mit dem Filedeskriptor `fd`.
Die Information, die mit beiden Aufrufen erlangt werden kann, umfaßt

- den Filetyp
- den Eigentümer des Files
- die Zugriffsrechte des Files
- die Filegröße
- die Zahl der Links (linkcount)
- die Inodenummer
- den Zeitpunkt des letzten Zugriffs
- den Zeitpunkt der letzten Änderung
- die Major- und Minor-Device Nummer des Filesystems.

2.4.7 Die Systemaufrufe mknod und pipe

Mit dem Systemaufruf `mknod` kann eine Gerätedatei, eine Verzeichnisdatei oder eine *named pipe* angelegt werden.
Das Systemkommando `/bin/mknod` hat die gleiche Funktion wie der gleichnamige Systemaufruf. In ihm wird der Systemaufruf `mknod` verwendet.

```
mknod (pathname, type_and_perm, dev);
char *pathname;    /* Name der Spezialdatei */
int type_and_perm, dev; /* siehe unten */
```

Der Parameter `type_and_perm` gibt die Art der Datei an, die angelegt werden soll. Dies können Character-Devices, Block-Devices, *named pipes* oder Directories sein. Im Falle eines Device-Files wird im Parameter `dev` die *major device number* und *minor device number* der anzulegenden Spezialdatei angegeben. Mit Hilfe der Major-Device Nummer bestimmt das System den Treiber, der durch die Spezialdatei angesprochen werden soll. Die Minor-Device Nummer dient zur Unterscheidung mehrerer Spezialdateien, die den gleichen Treiber verwenden.

Wird mit diesem Systemaufruf ein Directory erzeugt, wird zwar ein Inode angelegt, aber die Struktur der Datenblöcke des Verzeichnisses ist im falschen Format. Die Einträge '.' und '..' mit den Verweisen auf die entsprechenden Inodes fehlen noch. Beide müssen mit dem Systemaufruf `link` noch angelegt werden.
Unter einer Pipe versteht man ein Objekt, das nach dem FIFO Prinzip arbeitet, d.h. ein Prozeß schreibt Daten in die Pipe, die ein anderer Prozeß in genau der Reihenfolge lesen kann, in der sie geschrieben wurden. Eine Pipe kann nur unidirektional verwendet werden. Ein Prozeß kann eine Pipe entweder nur zum Schreiben oder nur zum Lesen öffnen. Allerdings können die Prozesse, die eine Pipe öffnen, identisch sein, d.h. ein Prozeß kann eine Pipe sowohl zum Schreiben als auch zum Lesen öffnen.
Unter UNIX gibt es zwei Arten von Pipes

1. *named pipes*

2. *unnamed Pipes*

Diese beiden Arten sind in Ihrer Bedeutung weitgehend identisch. *Named* Pipes sind von dauerhafter Art, d.h. sie existieren über das Prozeßende hinweg, bis sie mit dem Systemaufruf `unlink` [9] gelöscht werden. Dagegen haben *unnamed* Pipes einen mehr temporären Charakter. Sie sind verschwunden, wenn der Prozeß, der sie angelegt hat, terminiert.
Named Pipes werden mit dem Systemaufruf `mknod` angelegt und wie normale Files behandelt. Für eine *named pipe* existiert ein Directoryeintrag, also auch ein Inode, dessen Typfeld eine besondere Kennung trägt. Eine *named pipe* wird von zwei Prozessen, jeweils mit dem Systemaufruf `open` geöffnet, und mit den Systemaufrufen `read`, `write` und `close` weiterbearbeitet.
Unnamed Pipes werden mit dem Systemaufruf `pipe` erzeugt und gleichzeitig geöffnet. Der Systemaufruf `pipe` liefert zwei Deskriptoren, die mit den gleichen Systemaufrufen wie eine *named* Pipe weiterbearbeitet werden können. Mit einer Ausnahme können alle Systemaufrufe für Files auch für Pipes verwendet werden. Die Ausnahme ist der Systemaufruf `lseek`, mit dem der Schreib/Lesezeiger eines Files beliebig positioniert werden kann.
Eine *unnamed* Pipe wird von einer Shell angelegt, wenn ein Benutzer Kommandos eingibt, die mit '`|`' verbunden sind.

[9] oder dem Systemkommando `rm`

```
Algorithmus pipe

Input:  keiner
Output: Deskriptor fuer Lesen von der Pipe
        Deskriptor fuer Schreiben auf die Pipe
{
  Neuen Inode auf dem Pipe-Device allozieren
     (Algorithmus ialloc);
  Zwei Eintraege in der Systemfiletabelle belegen,
     einen zum Schreiben und einen zum Lesen;
  In beiden Eintraegen Zeiger auf den Inode setzen;
  Zwei Eintraege in der Prozessfiletabelle belegen;
  Die Zeiger dieser beiden Eintraege auf die Eintraege
     der Systemfiletabelle setzen;
  Referenzzaehler des Inodes auf 2 setzen;
  Referenzzaehler der Eintraege der Systemfiletabelle
     auf 1 setzen;
}
```

Abbildung 2.46: Algorithmus des Systemaufrufs pipe

Unnamed Pipes

Die Syntax des Systemaufrufs **pipe** lautet:

```
pipe (fdptr)
int fdptr[2];
```

Das Ergebnis des Systemaufrufs ist ein Feld mit zwei Deskriptoren, von denen einer dem Lesen von der Pipe und der andere dem Schreiben auf die Pipe dient.
Die Behandlung von Pipes im Kern ist von System zu System unterschiedlich. In einem BSD-System werden *unnamed* Pipes durch ein Paar von Sockets realisiert, die miteinander verbunden sind. Sockets sind unter BSD UNIX Endpunkte von Kommunikationskanälen. Über Sockets können auch Prozesse auf verschiedenen Rechnern, die über ein Netzwerk verbunden sind, miteinander kommunizieren. Eine weiterführende Erklärung von Pipes unter BSD ist hier nicht möglich, da hierzu Kenntnisse des unter BSD verwendeten Kommunikationsmodels notwendig sind.
Bei System V UNIX werden *unnamed* Pipes im System wie Files behandelt. Es wird für jede *unnamed* Pipe ein Inode auf einem besonderen Pipe-Device angelegt.

Die Abbildung 2.46 zeigt den Algorithmus, der im Kern beim Systemaufruf pipe abläuft. An diesen Algorithmus wird nur die Adresse eines Feldes übergeben, in das die beiden Deskriptoren eingetragen werden sollen. Für eine *unnamed* Pipe werden durch diesen Algorithmus zwei Einträge in der Systemfiletabelle angelegt. Einer für das Lesen von der Pipe, und einer für das Schreiben auf die Pipe. Beide Einträge verweisen auf den gleichen Inode der Inodetabelle. Der Referenzzähler dieses Inodes hat den Wert 2.

Es ist durchaus möglich, daß mehrere Prozesse auf eine *unnamed* Pipe schreiben oder von einer solchen Pipe lesen. Dazu muß die Pipe mit Hilfe des Systemaufrufs angelegt werden. Anschließend muß sich der Prozeß, der die Pipe angelegt hat, mehrfach durch den Systemaufruf fork verzweigen. Alle daraus resultierenden Prozesse arbeiten mit den gleichen Schreib- und Lesezeigern der Pipe.

Named Pipes

Named Pipes werden mit dem Systemaufruf mknod angelegt und können von Prozessen mit dem Systemaufruf open wie normale Dateien geöffnet werden. Wie diese, existieren *named* Pipes über die Dauer eines Prozesses hinaus. Für eine *named* Pipe existiert ein Inode und demzufolge auch ein Verzeichniseintrag, der auf diesen Inode zeigt.

Eine *named* Pipe kann nur von zwei oder mehreren Prozessen gleichzeitig geöffnet werden. Wenn ein Prozeß eine *named* Pipe zum Lesen öffnet, wird der Systemaufruf open erst beendet, wenn ein anderer Prozeß dieselbe *named* Pipe zum Schreiben öffnet und umgekehrt, d.h. um den Systemaufruf open für eine *named* Pipe beenden zu können, muß sowohl die Anzahl der schreibenden als auch der lesenden Prozesse ≥ 1 sein.

Lesen und Schreiben von Pipes

Beim Lesen und Schreiben von Pipes macht das System keinen Unterschied zwischen *named* und *unnamed* Pipes.

Aus der Sicht des Systems spielt es keine Rolle, wieviele Prozesse auf eine Pipe schreiben oder von einer Pipe lesen. Beim Schreiben auf eine Pipe werden die Daten in Puffer geschrieben, die vom System dafür alloziert werden. Aus diesen Puffern können andere Prozesse die Daten auslesen. Die Blöcke, auf die die direkten Blockreferenzen des der Pipe

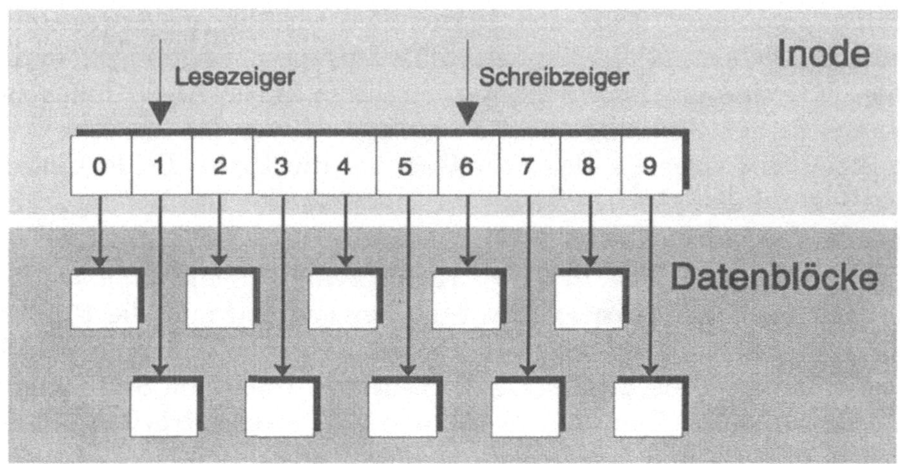

Abbildung 2.47: Lesen und Schreiben mit einer Pipe

zugrunde liegenden Inodes zeigen, werden zur Aufnahme der Daten einer Pipe verwendet.

Die Abbildung 2.47 zeigt die direkten Blöcke eines Inodes und die beiden Zeiger, die zum Schreiben und Lesen auf diesen Blöcken operieren. Die Position des Schreib/Lesezeigers eines Files wird normalerweise in der Systemfiletabelle gehalten. Bei Pipes werden die Positionen der Schreib/Lesezeiger aber im Inode direkt vermerkt. Die beiden Zeiger laufen zyklisch durch die Liste der direkt referenzierten Blöcke, wobei noch nicht gelesene Daten nicht überschrieben werden. Der Lesezeiger kann den Schreibzeiger nie überholen. Will ein Prozeß in eine Pipe schreiben, die keinen Platz für die Daten hat, schläft dieser Prozeß solange, bis in der Pipe wieder Platz frei wird durch das Lesen eines anderen Prozesses. Genauso wird ein Prozeß Schlafen gelegt, wenn er versucht, aus einer Pipe zu lesen, die noch keine Daten enthält. Schreibt ein Prozeß Daten in eine leere Pipe, werden alle Prozesse, die aus dieser Pipe lesen wollten, geweckt. Da ein Prozeß sowohl die Position des Schreib- als auch des Lesezeigers beim Arbeiten mit einer Pipe beachten muß, müssen beide Werte für den Prozeß zugänglich sein. Aus diesem Grund hat es keinen Sinn, die Position des Schreibzeigers in dem Eintrag der Systemfiletabelle zu speichern, der durch das Öffnen der Pipe zum Schreiben entstanden ist. Das gleiche gilt für den Lesezeiger. Wäre deren Position in der Systemfiletabelle vermerkt, könnte ein Prozeß nur an den Wert einer der Positionen gelangen, während der andere Wert

```
char string[]="hello stefan";

main()
{
  char buf[1024];
  char *cp1, *cp2;
  int fds[2];

  cp1 = string;
  cp2 = buf;
  while (*cp1)
      *cp2++ = *cp1++;
  pipe(fds);
  for (;;)
  {
      write (fds[1],buf,6);
      read (fds[0],buf,6);
  }
}
```

Abbildung 2.48: Beispiel für das Arbeiten mit einer *unnamed* Pipe

für ihn nicht zugänglich wäre, da er nicht weiß, welcher Prozeß die Pipe noch verwendet, und damit auch den Eintrag in der Systemfiletabelle nicht kennt.

Die Abbildung 2.48 zeigt ein Programm, das eine *unnamed* Pipe erzeugt, und einer Endlosschleife die Zeichenkette `"hello stefan"` in die Pipe schreibt und von der Pipe liest. Für das System spielt es keine Rolle, daß der Prozeß, der die Pipe beschreibt, derselbe ist, der von der Pipe liest.

Das Programm aus Abbildung 2.49 muß zweimal gestartet werden. Einmal als Hintergrundprozeß mit einem beliebigen Parameter, und das zweite Mal ohne Parameter im Vordergrund. Der Prozeß im Hintergrund erzeugt eine *named* Pipe mit Namen `fifo` und öffnet diese zum Schreiben. Der Systemaufruf **open** wird erst beendet, wenn der Prozeß im Vordergrund die Pipe zum Lesen geöffnet hat. Danach gehen beide Prozesse in eine Dauerschleife, in der einer die Pipe beschreibt, während der andere die Pipe ausliest. Die Rolle des Vordergrund- und Hintergrundprozesses kann auch ausgetaucht werden. Bricht man beide

```
#include <fcntl.h>
char string[]="hello juergen";
main(argc, argv)
int argc;
char *argv[];
{
  inf fd;
  char buf[256];

  if (argc == 2)
  {
     /* create named pipe */
     /* read/write permission for all users */
     mknod ("fifo", 010777, 0);
     fd = open ("fifo", O_WRONLY);
  }
  else
     fd = open ("fifo", O_RDONLY);
  for(;;)
     if (argc == 2)
        write (fd,string,6);
     else
        read (fd,string,6);
}
```

Abbildung 2.49: Lesen und Schreiben auf einer *named* Pipe

Prozesse ab, bleibt im aktuellen Verzeichnis der Eintrag `fifo` zurück. Diese named Pipe kann von anderen Prozessen wieder verwendet werden.

2.4.8 dup – Verdopplung eines Filedeskriptors

Mit dem Systemaufruf dup kann zu einem bereits geöffneten File ein weiterer Filedeskriptor erzeugt werden:

```
nd = dup(fd);
int nd, fd; /* Filedeskriptoren */
```

Der Systemaufruf dup liefert immer den Filedeskriptor zurück, der auf den niedrigsten freien Eintrag in der Prozeßfiletabelle verweist.

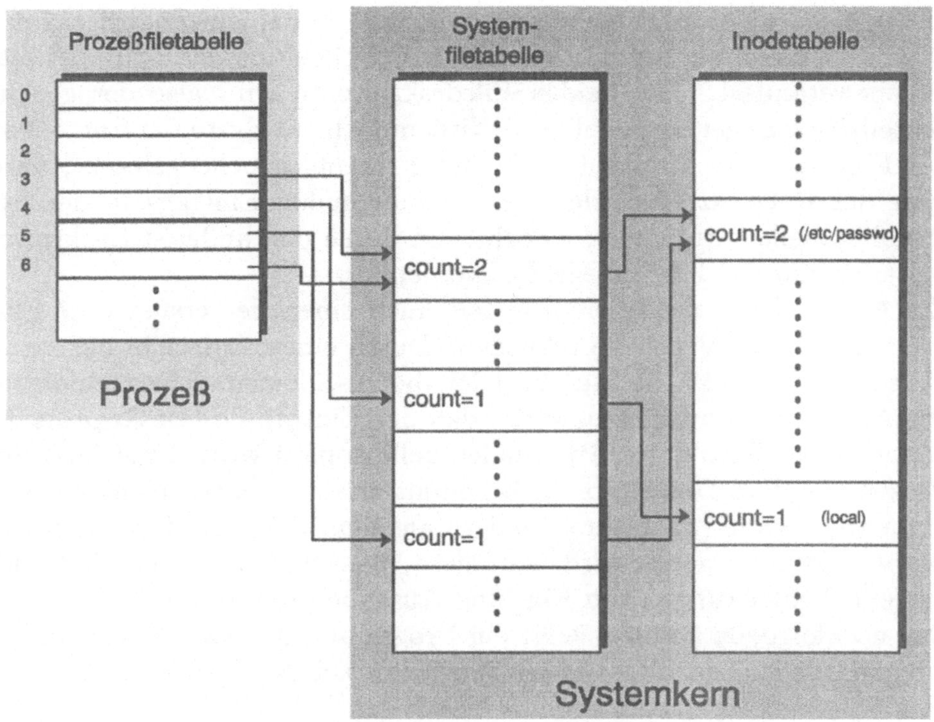

Abbildung 2.50: Kerntabellen nach einem dup-Aufruf

Die Abbildung 2.50 zeigt die Kerntabellen nach der Abarbeitung folgender Systemaufrufe:

```
fd1=open("/etc/passed"...); /* fd1 = 3 */
fd2=open("local"...);       /* fd2 = 4 */
fd3=open ("etc/passed"...); /* fd3 = 5 */
fd4=dup(fd1);               /* fd4 = 6 */
```

Das Ergebnis des ersten Systemaufrufs ist der Filedeskriptor mit dem Wert 3, da die Einträge 0, 1 und 2 der Prozeßfiletabelle durch Standardeingabe, Standardausgabe und Standardfehlerausgabe belegt sind. Nach dem Aufruf `fd4=dup(fd1)` hat `fd4` den Wert 6. Der Eintrag 6 der Prozeßfiletabelle verweist auf den gleichen Eintrag in der Systemfiletabelle wie der durch `fd1` beschriebene. Der Referenzzähler dieses Eintrags hat nach dem `dup`-Aufruf den Wert 2.

Die Tatsache, daß nach einem `dup` Aufruf durch beide Deskriptoren auf den gleichen Eintrag in der Systemfiletabelle zugegriffen wird, hat ei-

nige Konsequenzen. Da die Position des Schreib/Lesezeigers eines Files in der Systemfiletabelle gehalten wird, wird bei einem Zugriff auf das File durch einen der beiden Deskriptoren die Position des Schreib/Lesezeigers verändert. Mit beiden Filedeskriptoren wird also der gleiche Schreib/Lesezeiger verschoben. Wird mit einem Systemaufruf `close` der Eintrag eines Deskriptors in der Prozeßfiletabelle gelöscht, wird zwar der Referenzzähler des korrespondierenden Eintrags in der Systemfiletabelle vermindert, jedoch kann durch den anderen Deskriptor weiterhin auf das File zugegriffen werden.
Ein Prozeß kann natürlich jederzeit auch einen der ersten drei Einträge der Prozeßfiletabelle schließen. Durch einen Aufruf in der Form `close(0)` wird z.B. die Standardeingabe geschlossen. Ein nachfolgender Aufruf von `dup(fd)` bewirkt, daß der Eintrag des Deskriptors `fd` in den ersten Eintrag der Prozeßfiletabelle kopiert wird. Liest jetzt der Prozeß aus dem Deskriptor 0, bekommt er seine Daten nicht aus der Standardeingabe (Tastatur), sondern aus dem File, das durch den Deskriptor `fd` beschrieben wird. Auf diese Weise werden in den Shells des Systems Umlenkungen von Ein- und Ausgabe programmiert.
Das nachfolgende Beispiel zeigt ein Programm, das zwei Kommandos, die über die Kommandozeile des Programms eingegeben werden, durch eine Pipe verknüpft.

```
#include<stdio.h>

main(argc,argv)
int argc;
char *argv[];
/* argv[1] und argv[2] enthalte die beiden Kommandos */
{
  int pi[2];

  pipe(pi);
  if (fork() == 0)  /* Sohnprozess */
     {
        close(0);   /* Standardeingabe schliesen */
        dup(pi[0]); /* Standardeingabe von Pipe  */
        execve(argv[2],argv[2]);
        /* Sohnprozess mit Kommando 2 ueberlagern */
     }
   close(1);    /* Standardausgabe schliesen */
```

```
    dup(pi[1]); /* Standardausgabe auf Pipe  */
    execve(argv[1],argv[1]);
    /* Prozess mit Kommando 1 ueberlagern */
}
```

Wird das Programm in folgender Form aufgerufen,

```
prog ls wc
```

verknüpft das Programm die Ausgabe des Kommandos `ls` mit der Standardeingabe des Kommandos `wc`.

2.4.9 Die Systemaufrufe link und unlink

Mit Hilfe des Systemaufrufs `link` kann ein Hardlink auf ein File erzeugt werden. Die Syntax des Systemaufrufs lautet:

```
link (sourcefilename, targetfilename)
 char *sourcefilename, *targetfilename;
```

Der Systemaufruf erzeugt einen weiteren Verweis (Link) mit dem Namen `targetfilename` auf die bereits existierende Datei mit dem Namen `sourcefilename`. Nach einem solchen Systemaufruf kann die Datei unter beiden Namen angesprochen werden.
Für einen symbolischen Link wird der Systemaufruf `symlink` verwendet:

```
symlink (sourcefilename, targetfilename)
 char *sourcefilename, *targetfilename;
```

Die Abbildung 2.51 zeigt den Algorithmus, der beim Systemaufruf `link` im Kern eines Systems abgearbeitet wird. Nur der Superuser eines Systems kann einen Hardlink auf ein Verzeichnis herstellen.
Mit `unlink` kann ein File gelöscht werden, genauer, der Eintrag in einem Directory, der auf den Inode eines Files verweist, kann gelöscht werden. Die Syntax ist

```
unlink (filename)
   char *filename;
```

Algorithmus link

```
Input:  Name eines existierenden Files
        Neuer weiterer Name fuer das File
Output: keiner
{
  Inode des existierenden Files bestimmen
     (Algorithmus namei);
  if (Link auf Verzeichnis ohne Superuserrechte)
  {
     Inode freigeben (Algorithmus iput);
     return Fehler;
  }
  Linkzaehler im Inode erhoehen;
  Inode auf der Festplatte aktualisieren;
  Sperre des Inodes loesen;
  Inode des Verzeichnisses besorgen, das den neuen
     Filenamen enthaelt (Algorithmus namei);
  if ( Filename existiert bereits im Verzeichnis oder
       Filename ausserhalb des Filesystems)
  {
     Obige Aenderungen rueckgaengig machen;
     return Fehler;
  }
  Eintrag im Verzeichnis fuer neuen Filenamen anlegen;
  Dort neuen Namen und Inodenummer des Files eintragen;
  Inode des Verzeichnisses freigeben (Algorithmus iput);
  Inode des Files freigeben (Algorithmus iput);
}
```

Abbildung 2.51: Algorithmus des Systemaufrufs `link`

In Bild 2.52 sieht man den Algorithmus des Systemaufrufs `unlink`. Mit diesem Systemaufruf wird die Verbindung vom Namen eines Files zum Inode des Files gelöscht. Die Routine `iput`, die am Ende aufgerufen wird, überprüft den Link- und den Referenzzähler des Inodes und gibt bei Bedarf den Inode und die Plattenblöcke der Datei für eine anderweitige Verwendung frei. Das Systemkommando `/etc/unlink` bildet seine Funktion direkt auf den Systemaufruf `unlink` ab. Mit ihm kann der Superuser einen Teilbaum eines Verzeichnisbaumes vom restlichen Baum abtrennen. Dadurch entstehen Dateien (mit Inodes und Plat-

Algorithmus unlink

```
Input:  Name des File, das geloescht werden soll
Output: keiner
{
   Inode des Verzeichnisses besorgen, das File enthaelt,
     das geloescht werden soll (Algorithmus namei);
   Inode des zu loeschenden Files besorgen
     (Algorithmus iget);
   if (File ist Verzeichniss und keine Superuserrechte)
   {
      Inode freigeben (Algorithmus iput);
      return Fehler;
   }
   Im Datenbereich des Verzeichnisses eine Null als
      Inodenummer fuer den Filenamen eintragen;
   Inode des Verzeichnisses freigeben (Algorithmus iput);
   Linkzaehler im Inode des Files vermindern;
   Inode freigeben (Algorithmus iput);
}
```

Abbildung 2.52: Der Algorithmus `unlink`

tenblöcken), die nicht mehr über das Filesystem zugänglich sind. Diese in der Luft hängenden Inodes können durch das Dienstprogramm `fsck` bereinigt werden (siehe 2.5).

2.4.10 Weitere Systemaufrufe für das Filesystem

Weitere wichtige Systemaufrufe für das Filesystem sind

`fcntl` Erlaubt z.B. das Anbringen von Schreib- und Lesesperren. Damit können ganze Dateien oder auch Bereiche von Dateien für einen exklusiven Zugriff geschützt werden.

`sync` Veranlaßt, daß alle Blöcke, die noch im *buffer cache* sind, auf die Platte geschrieben werden. Dies kann auch mit dem Systemkommando `/bin/sync` erreicht werden, das intern den Systemaufruf `sync` verwendet.

`mount`, `umount` hängt ein Filesystem in ein anderes Filesystem ein. Als Ergebnis erhält man einen Dateibaum, der aus zwei Filesystemen besteht (siehe 2.2). Um einen solchen Dateibaum verwalten zu können, sind kleine Änderungen an den im Abschnitt 2.2.7 vorgestellten Algorithmen notwendig.

2.5 Filesystem Wartung

Wie wir bisher gesehen haben, besteht das UNIX Filesystem aus einer Vielzahl von Datenstrukturen und Algorithmen, die auf diesen Datenstrukturen arbeiten. Eine wichtige Voraussetzung für ein zuverlässiges Funktionieren des Filesystems ist die Konsistenz der Datenstrukturen, auf die sich das Filesystem stützt. Unter Konsistenz versteht man in diesem Fall, daß der Inhalt der Datenstrukturen des Filesystems keine Widersprüche aufweist. Ein solcher Widerspruch wäre, wenn ein Plattenblock in mehr als einem Inode referenziert würde, d.h. der Plattenblock würde zu zwei oder mehr Dateien gehören, oder auch wenn der Linkzähler eines Inodes einen größeren Wert hätte, als tatsächlich Namen für die Datei vorhanden sind.
Für das Entstehen solcher Inkonsistenzen gibt es mehrere Ursachen. Die zwei häufigsten sind Fehler in der Hardware und ein abruptes Anhalten des Systems, ohne die vorgeschriebenen Schritte zum Herunterfahren des Systems einzuhalten. Der letztere Fall tritt auch ein, wenn die Stromversorgung des Rechners ausfällt. Bei großen Systemen schützt man sich dagegen durch den Einsatz von Batterien. Tritt in einem solchen System ein Stromausfall auf, löst das System einen *power failure*-Interrupt aus, der alle Systemaktivitäten sofort unterbindet und das System mit Hilfe der Energie in den Batterien in einen sicheren Zustand überführt und abschaltet.
Gegen Inkonsistenzen in Folge von Fehlern der Hardware, wie z.B. einer Fehlfunktion des Plattencontrollers, kann man sich kaum schützen. Hier hilft nur der Einsatz von redundanten Systemen, so daß, wenn ein Teil des Systems ausfällt oder inkonsistent wird, der bisher redundante Teil dessen Tätigkeit übernimmt.
Einige Ursachen für Inkonsistenzen sind uns jetzt bekannt. Wie jedoch entstehen Inkonsistenzen als Folge von diesen Ursachen? Wenn ein Programm eine Operation durchführt, die das Filesystem verändert wie z.B. das Schreiben in ein File, werden die Daten zuerst in den *buffer cache* übertragen und erst später auf die Platte geschrieben. Somit hängt der Zustand des Filesystems auf der Festplatte dem aktuellen Zustand immer etwas hinterher. Wird das System unsauber angehalten, ist das Filesystem auf der Festplatte in einem inkonsisten-

ten Zustand. Wenn z.B. das System einen Plattenblock für ein File freigibt, den Verweis auf diesen Plattenblock aus dem Inode des Files löscht, dieser Plattenblock für ein anderes File wieder belegt wird und in dessen Inode eingetragen wird, kann es zu einer Inkonsistenz führen, wenn der aktuelle Inode des zweiten Files bereits auf die Festplatte geschrieben wurde, jedoch das System unsauber angehalten wird, ehe der aktuelle Inhalt des Inodes des ersten Files auf die Festplatte übertragen wurde. Die Konsequenz aus dieser Situation ist, daß ein Plattenblock gleichzeitig zu zwei Dateien gehört.

Um vorhandene Inkonsistenzen zu erkennen oder zu beseitigen, wird unter UNIX das Programm `fsck` verwendet. Das Kommando arbeitet direkt auf der Plattenpartition des Filesystems, unter Umgehung der Zugriffsmechanismen des normalen Filesystems. `fsck` kann in zwei verschiedenen Modi betrieben werden, interaktiv bzw. nicht interaktiv. Die beiden Modi unterscheiden sich durch die Art und Weise, wie auf erkannte Inkonsistenzen reagiert wird. Im nicht interaktiven Modus werden die Inkonsistenzen nur behoben, wenn die dazu notwendigen Änderungen am Filesystem sicher korrekt sind. Ist dies nicht möglich, terminiert das Programm `fsck` mit einer entsprechenden Meldung. In diesem Modus überprüft das System beim Hochfahren alle Filesysteme, die den Verzeichnisbaum des Systems bilden werden. Wird eine Inkonsistenz erkannt, unterbricht das System das Hochfahren, bleibt in einer besonderen Shell im Single-User-Modus und fordert den Systemverwalter auf, das Programm `fsck` interaktiv zu starten.

Im interaktiven Modus wird eine Meldung über jede erkannte Inkonsistenz ausgegeben und gleichzeitig eine Aktion vorgeschlagen zur Behebung der Inkonsistenz. Der Systemverwalter muß entscheiden, ob die vorgeschlagene Aktion durchgeführt werden soll.

Das Programm `fsck` arbeitet in mehreren Phasen, d.h. zur Abarbeitung der einzelnen Aufgaben geht das Programm mehrfach durch das ganze Filesystem hindurch. Die Phasen von `fsck` sind:

1. Initialisierung

   Vor der eigentlichen Überprüfung eines Filesystems werden von `fsck` die Optionen des Programms auf Korrektheit hin geprüft, Speicher für notwendige Tabellen alloziert, diese Tabellen initialisiert, die Spezialdatei, die die Schnittstelle zur Plattenpartition bildet, die das Filesystem trägt, wird geöffnet, und die grundle genden Parameter des Filesystems im Superblock werden gepruft.

2. Überprüfen der Inodes und Datenblöcke.

   In dieser Phase wird die Inodeliste des Filesystems bearbeitet. Der Typeintrag, die Größe der einzelnen Inodes und deren Format werden geprüft. Inodes, deren Linkzähler Null ist, aber nicht als frei markiert sind, werden in eine Tabelle eingetragen. Die Blockreferenzen in den Inodes werden nach doppelten Einträgen durchsucht. Wird ein Eintrag gefunden, der zuvor bereits in einem anderen Inode auftrat, wird die Inodeliste des Filesystems noch einmal durchsucht, um diesen Inode zu finden.

3. Überprüfen, ob zu jedem Dateinamen ein Inode vorhanden ist.

   Die Struktur der Verzeichnisdateien, besonders des Wurzelverzeichnisses, wird auf korrektes Format hin überprüft. Die Einträge in den Verzeichnisdateien, die auf ungültige Inodes zeigen, werden entfernt.

4. Überprüfen der Verbindungen des Filesystems.

   Als Folge von Fehlern in der vorhergehenden Phase, können Inodes von Verzeichnissen nicht mehr über einen Dateinamen erreicht werden. Solche Inodes erhalten einen Eintrag im Verzeichnis `lost+found` mit der Inodenummer als Dateiname.

5. Überprüfen der Linkzähler der Inodes.

   In dieser Phase werden Inodes erkannt, deren Linkzähler nicht den korrekten Wert hat. Dies sind z.B. Inodes, auf die kein Eintrag eines Verzeichnisses verweist, aber deren Linkzähler ungleich Null ist. Auch Schwierigkeiten mit dem Verzeichnis `lost+found` werden dem Benutzer gemeldet.

6. Überprüfen der Freilisten für Inodes und Plattenblöcke.

   Die Freilisten der Inodes und Plattenblöcke werden auf Einträge überprüft, die bereits vergeben sind. Auch werden freie Inodes oder Plattenblöcke, die nicht in den Listen verzeichnet sind, erkannt. Als letztes werden die Zähler für freie Plattenblöcke und Inodes auf die korrekten Werte hin getestet.

Im weiteren Verlauf dieses Abschnitts werden die möglichen Inkonsistenzen eines Filesystems und die Aktionen zu deren Behebung kurz erläutert. Es sei noch ausdrücklich darauf hingewiesen, daß man mit dem Programm `fsck` nur Filesysteme bearbeiten darf, die zur Zeit nicht aktiv sind, d.h. die nicht in den Verzeichnisbaum des Systems montiert sind.

Inkonsistenzen im Superblock

Da sich die Informationen aus dem Superblock eines Filesystems sehr häufig ändern, kann es hier leicht zu Inkonsistenzen kommen. Die Werte des Superblocks für die Größe des Filesystems, des Inodebereichs und der Datenblöcke können nicht direkt überprüft werden, da diese beim Erzeugen des Filesystems mit dem Kommando `newfs` festgelegt werden. `fsck` kann nur überprüfen, ob diese Werte in einem plausiblen Bereich liegen. So muß die Größe des Filesystems größer sein als die Summe der Größen des Superblocks und des Inodebereichs. Werden bei diesen Tests Fehler erkannt, fordert das Programm `fsck` den Systemverwalter auf, die Adresse eines alternativen Superblocks anzugeben, der den ersten Superblock des Filesystems ersetzen soll. Diese alternativen Superblöcke werden vom Programm `newfs` beim Erzeugen des Filesystems in regelmäßigen Abständen auf der Plattenpartition des Filesystems angelegt. Die Adressen dieser Superblöcke gibt das Programm `newfs` während des Erzeugens des Filesystems aus. Die Adresse des ersten alternativen Superblocks ist üblicherweise 32.

Datenblöcke

`Fsck` überprüft, ob die Datenblöcke aus der Freiliste nicht von Dateien belegt sind, und ob alle nicht belegten Blöcke auch auf der Freiliste stehen. Die Summe der belegten Blöcke und der freien Blöcke muß der Anzahl der Datenblöcke des Filesystems entsprechen. Außerdem muß die Zahl der gefundenen freien Blöcke mit der entsprechenden Angabe im Superblock übereinstimmen. Ist dies nicht der Fall, wird der Wert im Superblock korrigiert.

Inodes

Wie bei den Datenblöcken wird auch die Anzahl der freien Inodes mit dem Wert im Superblock abgeglichen. Bei einem sequentiellen Durchlauf durch den Inodebereich wird das Format, der Status, der Linkzähler, doppelt vergebene Plattenblöcke und die Anzahl der Datenblöcke jedes Inodes überprüft.

Ein Inode kann sich in drei Zuständen befinden. Er kann belegt, frei oder weder belegt noch frei sein. Der letzte Zustand weist auf ein nicht korrektes Format des Inodes hin. Die einzige Möglichkeit, diesen Zustand zu korrigieren, ist das Löschen des Inodes.

Bei einem Durchlauf durch die Verzeichnisstruktur berechnet `fsck` den Wert des Linkzählers jedes Inodes und vergleicht diesen mit dem tatsächlich eingetragenen Wert. Bei einer Abweichung wird der Wert im Inode durch den berechneten Wert ersetzt. Weist der Linkzähler eines Inodes einen Wert größer als Null auf, der berechnete Wert aber ist Null, d.h. kein Eintrag eines Verzeichnisses verweist auf diesen Inode, legt `fsck` im Verzeichnis `lost+found` einen Eintrag mit der Nummer des Inodes als Namen an.

Alle Nummern der Plattenblöcke, auf die in einem Inode (oder den indirekten Blöcken) verwiesen werden, werden mit einer Liste bereits belegter Plattenblöcke verglichen. Ist ein Block bereits vergeben, sucht `fsck` den Inode mit der weiteren Blockreferenz und fragt beim Systemverwalter nach, welcher der beiden Inodes gelöscht werden soll. Sind bei einem Inode alle Blockreferenzen in Ordnung, werden diese Nummern zur Liste der bereits belegten Plattenblöcke hinzugefügt.

Außerdem überprüft `fsck`, ob die Nummern der Blockreferenzen in einem gültigen Bereich liegen. Wenn eine Blocknummer kleiner ist als die Nummer des ersten Datenblocks des Filesystems oder größer als die Nummer des letzten Datenblocks, ist die Nummer eine *bad block number*. Wenn ein Inode solche Nummern enthält, wird beim Systemverwalter nachgefragt, ob dieser Inode gelöscht werden soll.

Inodes von Verzeichnissen

Handelt es sich bei einem Inode um die Beschreibung eines Verzeichnisses, kann `fsck` die Struktur der zugehörigen Datenblöcke überprüfen.

Wenn `fsck` einen Eintrag in einem Verzeichnis entdeckt, der auf einen Inode verweist, der nicht belegt ist, oder dessen Nummer außerhalb des Inodebereichs liegt, löscht es diesen Eintrag, d.h. es trägt eine Null als Inodenummer ein.

Der erste Eintrag des Verzeichnisses muß den Namen '.' und die Nummer des eigenen Inodes haben. Der zweite Eintrag '..' muß der Verweis auf den Inode des übergeordneten Verzeichnisses sein[10]. Falls diese

[10]im Falle des Wurzelverzeichnisses die Inodenummer 2

Inodenummern nicht korrekt sind, ersetzt `fsck` die falschen Werte durch die richtigen.

`Fsck` überprüft auch, ob alle Verzeichnisse referenziert werden. Findet es ein Verzeichnis, auf das in keinem Inode verwiesen wird, würde man nicht an den Inhalt des Teilbaums gelangen, der mit diesem Verzeichnis beginnt. Wie bei den Inodes von Files, auf die kein Name verweist, legt `fsck` im Verzeichnis `lost+found` einen Eintrag mit der Inodenummer als Namen an, der auf den Verzeichnisinode verweist.

Kapitel 3

Das Prozeßsystem

3.1 Einführung

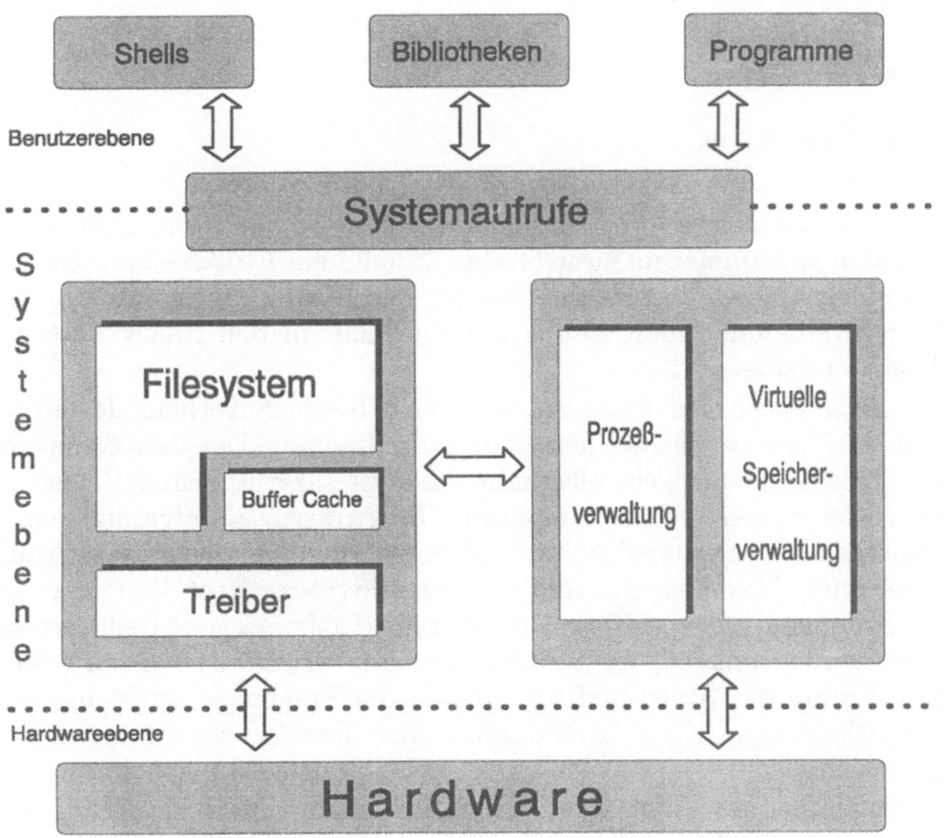

Abbildung 3.1: Aufbau des Systemkerns

Das Bild 3.1 zeigt noch einmal den Aufbau des Systemkerns. Bisher wurden die Bereiche des Systemkerns aus dem linken Teil der Abbildung, das Dateisystem und der *buffer cache* erläutert. In diesem Kapitel soll die Prozeßsteuerung behandelt werden. Das nächste Kapitel widmet sich dem letzten, noch nicht besprochenen Teil des Systemkerns, der Speicherverwaltung.
Die Systemaufrufe bilden die einzige Schnittstelle für Prozesse zum Kern des Systems. Durch sie können die Prozesse die verschiedenen Dienste, die der Kern anbietet, wie z.B. das im letzten Kapitel vorgestellte Filesystem, in Anspruch nehmen. Ein Prozeß, der einen Systemaufruf absetzt, betritt durch diesen den Kern. Jeder Zutritt eines Prozesses zum Systemkern wird Systemaktivität genannt.
Die Prozesse eines UNIX-Systems befinden sich immer in einem der beiden folgenden Modi:

- User-Modus

- Kern-Modus.

Prozesse, die normale Instruktionen (keine Systemaufrufe) abarbeiten, befinden sich immer im User-Modus. Sobald ein Prozeß einen Systemaufruf verwendet, ändert das System den Ausführungsmodus in den Kern-Modus um. Diese Modusänderung hat für den Prozeß verschiedene Konsequenzen.
Die Aktivitäten des Prozesses auf den Ebenen außerhalb des Kerns und im Kern verwenden getrennte Adreßräume. Der Adreßraum eines Prozesses, der sich außerhalb des Systemkerns befindet, also im User-Modus, heißt User-Adreßraum. Der Adreßraum, den ein Prozeß während einer Systemaktivität verwendet, wird mit Kern-Adreßraum bezeichnet. Dies bedeutet, daß bei einem Systemaufruf die Parameter des Systemaufrufs vom User-Datenbereich in den Kern-Adreßraum kopiert werden müssen, um weiterverarbeitet werden zu können. Nach Beendigung des Systemaufrufs müssen die Ergebnisse auf demselben Weg wieder vom Kern-Adreßraum in den User-Adreßraum zurück kopiert werden.
Tritt während der Abarbeitung eines Systemaufrufs ein Fehler auf, gibt das System als Ergebnis des Systemaufrufs den Wert -1 zurück, und die globale Variable `errno` enthält die Ursache für den Fehler. Diese Variable kann in jedem C-Programm als `extern` deklariert werden. Mit

Hilfe der Funktion `perror` aus der Standardbibliothek kann die Ursache eines Fehlers des zuletzt ausgeführten Systemaufrufs in Form einer kurzen Fehlermeldung ausgegeben werden.
Der Mechanismus, wie ein Prozeß durch einen Systemaufruf in den Kern-Modus wechselt, und wie Systemaufrufe im Kern behandelt werden, wird ausführlich in Abschnitt 3.2.3 gezeigt.
Ein weiterer wichtiger Unterschied zwischen den beiden Prozeßmodi bezieht sich auf die Rechte des Prozesses. Bei jedem System gibt es einige Instruktionen in der Maschinensprache eines Rechners, die nur im Kern-Modus ausgeführt werden können. Dies sind z.B. die Anweisungen zum Anhalten des Rechners oder Anweisungen zum Abarbeiten von Interrupts.
Befindet sich ein Prozeß innerhalb des Systemkerns, also im Kern-Modus, verwendet er einen speziellen Stack, der sich vom Stack auf User-Ebene unterscheidet. Dieser Kern-Stack ist in einem Teil des Adreßraums des Prozesses untergebracht, der nur im Kern-Modus zugänglich ist. Dort findet das System auch die Prozeßfiletabelle. Den Teil des Adreßraums eines Prozesses, auf den nur im Kern-Modus zugegriffen werden kann, bezeichnet man mit User-Bereich (engl. *user structure* oder *u-dot structure*, da Verweise auf die Komponenten einer Struktur in C in der Form `u.` erfolgen).

3.1.1 Der Kontext eines Prozesses

Der Kontext eines Prozesses beinhaltet alle Informationen, die vom Kern benötigt werden, um diesen Prozeß zu verwalten oder Dienste für den Prozeß bereitzustellen.
Der Kontext eines Prozesses im UNIX Betriebssystem besteht aus dem

- Status auf Userebene,
- Status auf Kernebene.

Der Status der Userebene besteht aus dem Inhalt des virtuellen Adreßraums des Prozesses, also dem Textsegment, dem Datensegment und dem Stacksegment. Daneben zählt noch der Inhalt der Prozessorregister zum Status der User-Ebene.
Den Status des Prozesses auf Kernebene bilden der Eintrag in der Prozeßtafel, der Inhalt des User-Bereichs, der Inhalt der Hardwareregister, der Kern-Stack und der Status der Speicherverwaltung.

Da im System immer nur ein Prozeß aktiv sein kann, hat das System auch nur einen aktuellen Kontext. Durch das für den Benutzer unsichtbare Wechseln zwischen verschiedenen Kontexten können mehrere Prozesse im System *quasiparallel* ausgeführt werden. Alle Routinen im Kern des Systems laufen immer im Kontext des aktuellen Prozesses. Das heißt aber nicht, daß die Funktion, die das System gerade ausführt, in irgendeiner Beziehung zum aktuellen Prozeß stehen muß.

3.2 Kerndienste

In diesem Abschnitt werden die Aktionen beschrieben, die der Kern eines UNIX-Systems für einen Prozeß ausführt. Diese Operationen sind zum Teil vom Prozeß selbst initiiert, können aber auch, dann durch externe Ereignisse ausgelöst, in keinem Zusammenhang mit dem Prozeß stehen. Solche Ereignisse sind z.B. ein Interrupt der Hardwareuhr oder eines Plattenkontrollers.

3.2.1 Die Laufzeitstruktur des Kerns

Die Abbildung 3.2 zeigt die Organisation des Kerns eines Systems zur Laufzeit. Sie kann auch direkt aus dem Aufbau des Kerns, in der Abbildung 3.1, abgeleitet werden. Die Laufzeitstruktur des Kerns teilt sich in zwei Hälften. Die Teile des Kerns aus der oberen Hälfte sind näher an einem Prozeß auf Userebene. Die Routinen aus diesem Bereich liefern Dienste an Prozesse als Antwort auf Systemaufrufe. Sie können als Bibliothek von Funktionen angesehen werden, die von allen Prozessen gleichzeitig benutzt werden kann. Ein Prozeß, der diese Dienste in Anspruch nimmt, befindet sich im Kern-Modus und hat sowohl auf die Datenstrukturen des Kerns als auch auf den Kontext des Prozesses Zugriff.

Wenn sich ein Prozeß in der oberen Kernhälfte befindet, kann er die Kontrolle über die CPU des Rechners abgeben. Dies geschieht freiwillig, wenn er auf das Eintreten eines bestimmten Ereignisses wartet. Einem Prozeß, der sich nicht im Kern-Modus befindet, also außerhalb des Systemkerns agiert, kann die Kontrolle über die CPU vom System entzogen werden, wenn das System einen anderen Prozeß laufen lassen möchte. In beiden Fällen legt sich der Prozeß schlafen, und es findet ein Kontextwechsel statt, d.h. ein anderer Prozeß bekommt die Kontrolle

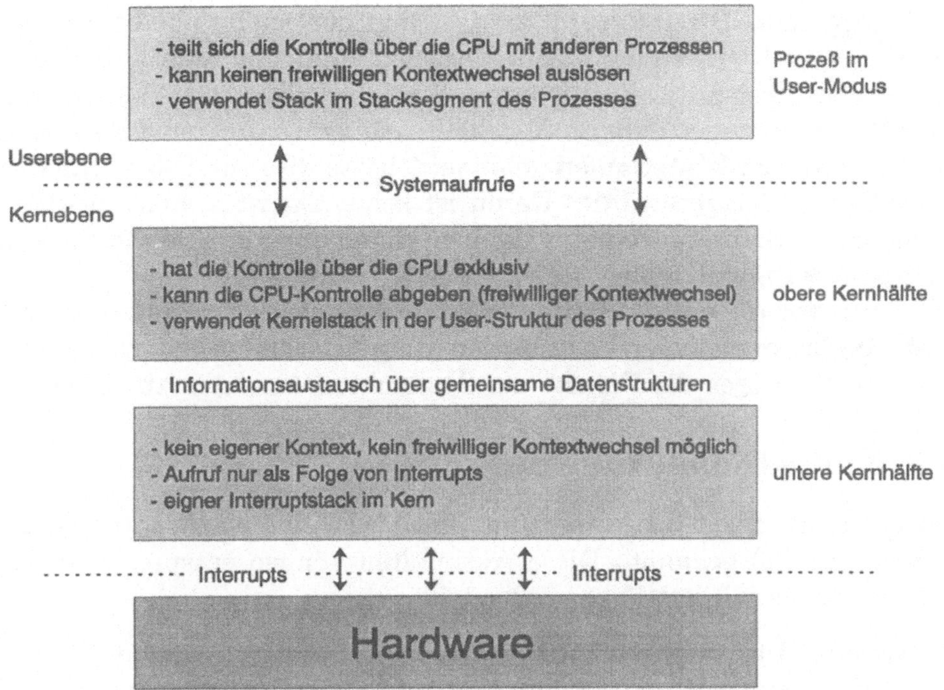

Abbildung 3.2: Laufzeitstruktur des Kerns

über die CPU. Beispiele für die Routinen in dieser Kernhälfte sind die Inode-Routinen: `iput`, `iget`, `namei`.

Die untere Hälfte der Laufzeitstruktur des Kerns beinhaltet Routinen, die die Schnittstelle zur Hardware des Rechners bilden. Hier sind alle Funktionen angesiedelt, die als Folge von Interrupts vom System aufgerufen werden. Diese Prozeduren nennt man auch Interrupt Service Routinen. Die Routinen werden nie direkt von Prozessen aufgerufen, sondern laufen nur als Folge von Interrupts, also zu jedem beliebigen Zeitpunkt. Aus diesem Grund beziehen sich die Funktionen nicht auf den Kontext eines Prozesses, da das System beim Auftreten eines Interrupts nicht davon ausgehen kann, daß ein bestimmter Prozeß gerade läuft, d.h. ein bestimmter Kontext vorhanden wäre. Die Routinen aus der unteren Kernhälfte laufen also ohne Kontext ab. Damit ist natürlich auch kein Kontextwechsel möglich, d.h. eine Funktion aus der unteren Kernhälfte kann die Kontrolle über die CPU nicht freiwillig abgeben und auch nicht entzogen bekommen. Das bedeutet auch, daß alle Routinen der unteren Kernhälfte nach dem Aufrufen immer bis zum Ende laufen müssen, bevor das System einen User-Prozeß lau-

fen lassen kann. Die Interrupt Service Routinen laufen im Adreßraum des Kerns und verwenden einen speziellen Interrupt Stack, der auch im Speicherbereich des Kerns liegt. Würde während der Abarbeitung einer Routine aus der unteren Kernhälfte ein Fehler auftreten und diese Routine z.B. am Weiterlaufen gehindert, hätte dies zur Folge, daß das ganze System hängen würde. Damit ist keine Aktivität mehr möglich, da nie ein anderer Prozeß zum Laufen käme, der die Ursache für das Hängen beseitigen könnte.
Die obere und die untere Hälfte der Laufzeitstruktur sind getrennt und unabhängig voneinander. Die beiden Hälften arbeiten jedoch zusammen, um Prozessen die Dienste des Systemkerns anbieten zu können.

3.2.2 Systemaktivitäten

Jeder Zutritt eines Prozesses zum Kern wird Systemaktivität (engl. *system activity*) genannt. Diese Aktivitäten können entsprechend der Aktion, die sie initiiert haben, eingeteilt werden:

Hardware Interrupts entstehen aus Ereignissen externer Geräte, wie z.B. einem Festplattenkontroller oder einer Echtzeituhr. Sie erfolgen asynchron zum gerade laufenden Prozeß, d.h. der aktuelle Prozeß hat keinen Bezug zu diesem Interrupt. Die Interrupts werden von den Routinen der unteren Hälfte des Kerns direkt bedient, ohne sich auf den aktuellen Prozeß-Kontext zu beziehen.

Hardware Traps erfolgen synchron zum laufenden Prozeß, normalerweise unerwartet bzw. nicht geplant, sind aber mit dem aktuellen Prozeß verbunden. Sie werden von der Hardware des Rechners ausgelöst, z.B. auf Grund eines Fehlverhaltens des aktuellen Prozesses. Dies kann z.B. ein *bus error* sein, der bei einigen UNIX-Systemen entsteht, wenn ein Prozeß auf ungerade Adressen zugreift[1]. Eine *segmentation violation* wird verursacht durch den Zugriff auf den Speicherbereich oberhalb des Break, aber unterhalb des Stackzeigers. Hardware Traps werden im Kontext des laufenden Prozesses bedient, d.h. jeder Prozeß kann bestimmen, wie er auf einen solchen Trap reagiert.

Software Traps oder Interrupts werden von Prozessen fest eingeplant, d.h. sie werden von Prozessen selbst ausgelöst. Sie werden

[1]Ein Programmierer muß sich keine Gedanken machen, ob dies in seinem Programm vorkommt, da die Compiler einen entsprechend korrekten Code erzeugen sollten.

dazu benutzt, Systemaktivitäten zu günstigen oder bestimmten Zeitpunkten anzufordern. Durch sie ist es Prozessen möglich, miteinander zu kommunizieren. Wenn z.B. in einer Shell mehrere Kommandos mit einer Pipe verknüpft wurden, und um diese Kommandos abzubrechen, am Terminal ein `<CTRL>-C` eingegeben wird, schickt die Shell jedem dieser Kommandos ein Signal, das dessen Prozeß terminiert.

Systemaufrufe sind ein Spezialfall der letzten Kategorie. Ein Prozeß verwendet sie, um vom Systemkern bestimmte Dienste anzufordern. Die Maschineninstruktion, die benutzt wird, um einen Systemaufruf zu starten, löst einen Hardware-Trap aus, der den Kern veranlaßt, den Prozeß in den Kern-Modus zu schalten und den Systemaufruf zu bedienen.

3.2.3 Zutritt zum Kern

Im letzten Abschnitt wurden die Ursachen aufgezeigt, wieso ein Prozeß in den Kern eines Systems eintreten kann und eine Systemaktivität ausgelöst wird. Der Grund für diesen Kerneintritt spielt keine Rolle bei der Reihenfolge der einzelnen Schritte, die beim Übertritt eines Prozesses in den Kern erfolgen müssen. Bei Ursachen aus allen dort aufgezählten Bereichen führt das System die gleichen Aktionen durch, um einen Prozeß vom User- in den Kern-Modus zu überführen.
Wenn ein Prozeß in den Kern eintritt, muß zuerst der Maschinenstatus gesichert werden, bevor das Ereignis, das den Eintritt in den Kern ausgelöst hat, bedient. Die genaue Reihenfolge für das Sichern des Maschinenstatus eines Rechners ist stark systemabhängig. Die nachfolgenden Schritte werden ausgeführt beim Zutritt eines Prozesses in den Kern, egal ob freiwillig (Systemaufruf oder Softwaretrap) oder unfreiwillig (Interrupt oder Hardwaretrap).

1. Das System ändert den Modus des Prozesses vom User- in den Kern-Modus. Zu diesem Zweck wird der Zustand der Speicherverwaltungseinheit der Hardware (engl.*memory managing unit* kurz *MMU*) in einen speziellen Modus versetzt, so daß alle Speicherzugriffe mit den Kernrechten ausgeführt werden können. Alle Referenzen auf den Stackzeiger beziehen sich auf den Kern-Stack eines Prozesses. Der Prozeß darf jetzt auch die privilegierten Instruktionen des Prozessors ausführen.

2. Der Inhalt des Programmzählers und das Statusregister (*flags*) werden auf den Prozeß-Kern-Stack geschoben.

3. Eine Kennung, die den Typ des Traps zeigt, oder die Nummer des Systemaufrufs werden auf den Kern-Stack geschoben.

4. Eine Assembler-Routine sichert die Allzweckregister des Prozessors. Dadurch wird es nachfolgenden Routinen ermöglicht, die Register des Prozessors ohne Rücksicht auf deren ursprünglichen Inhalt zu verwenden.

5. Aufruf einer Kernfunktion, die das Ereignis, das den Kerneintritt ausgelöst hat, bedient. Zu diesem Zweck wird bei einem Systemaufruf die Funktion `syscall` bzw. bei einem Trap die Funktion `trap` aufgerufen. Beide Funktionen verzweigen sich weiter, je nach gewünschtem Systemaufruf bzw. ausgelöstem Trap. Bei einem Hardware-Interrupt ruft der Kern die entsprechende Interrupt Service Routine auf. Dies ist immer eine Funktion aus der unteren Hälfte des Kerns.

Im weiteren Verlauf dieses Abschnitts wird gezeigt, welche Aktionen sich im Kern des Systems bei den verschiedenen Arten der Systemaktivitäten anschließen.

3.2.4 Austritt eines Prozesses aus dem Kern

Nach Beendigung einer Systemaktivität tritt ein Prozeß wieder aus dem Kern aus und wird in den User-Modus zurückgebracht. Eine in Assembler geschriebene Funktion stellt den Inhalt des Statusregisters wieder her, lädt die Allzweckregister und führt eine *return-from-interrupt* Instruktion aus. Diese löst eine Folge von Schritten aus, die den Vorgang des Eintritts eines Prozesses in den Kern umkehrt.

1. Der alte Inhalt des Programmzählers und des Statusregisters werden vom Stack in den Prozessor übertragen.

2. Der Prozeß und die MMU werden wieder in den User-Modus geschaltet. Die damit verbundenen Beschränkungen für Speicherzugriffe und bei den Prozessorinstruktionen sind wieder voll gültig.

3. Die Ausführung des Prozesses wird bei der nächsten Instruktion im Textsegment des Prozesses wieder aufgenommen.

3.2.5 Systemaufrufe

Systemaufrufe sind nach den Interrupts der Hardware-Uhr der häufigste Grund für eine Systemaktivität. Daher ist es für eine gute Leistungsfähigkeit des Systems notwendig, den Overhead bei der Durchführung von Systemaufrufen so gering wie möglich zu halten.
In einem C-Programm unter UNIX wird ein Systemaufruf nicht direkt ausgeführt. Vielmehr wird eine Funktion der Standardbibliothek aufgerufen, die die Nummer des Systemaufrufs auf den Stack legt und den Trap ausführt, der den Prozeß zum Eintritt in den Kern veranlaßt. Nachdem der Prozeß den Kern wieder verlassen hat, fährt diese Routine mit einer evtl. notwendigen Fehlerbehandlung fort (siehe unten).
Wenn ein Prozeß einen Systemaufruf ausführt, tritt er auf die in 3.2.3 beschriebene Weise in den Kern ein. Im letzten Schritt wird die Routine `syscall` aufgerufen. Diese führt die weitere Verarbeitung des Systemaufrufs durch:

1. Die Routine `syscall` ermittelt die Anzahl der Parameter, die der gewünschte Systemaufruf hat. Die Nummer des Systemaufrufs wird aus dem Kern-Stack des Prozesses ausgelesen. Das System hält eine Tabelle bereit, die zu jeder Nummer die Anzahl der Parameter des Systemaufrufs angibt.

2. `Syscall` überprüft, ob die Parameter auf gültigen Adressen im Adreßraum der User-Ebene liegen. Ist dies der Fall, werden die Parameter in den Kern kopiert. Diese Überprüfung findet statt, um zu verhindern, daß ein Prozeß mit Hilfe eines Systemaufrufs Bereiche des Adreßraums auf User-Ebene manipuliert, zu denen er normalerweise keinen Zugang hat. Da die Speicherzugriffe während der Abarbeitung eines Systemaufrufs mit Kernrechten erfolgen, wäre es z.B. möglich, daß ein Programmierer den User-Bereich des eigenen Prozesses verändert und so vom System vorgegebene Beschränkungen umgehen kann.

3. Für den Fall, daß der Systemaufruf unterbrochen wird, wird festgelegt, wie auf diese Unterbrechung reagiert werden soll (siehe unten).

4. Als letztes wird eine Routine im Kern aufgerufen, die den gewünschten Systemaufruf ausführt. Der Name dieser Routine entspricht meistens dem Namen des Systemaufrufs.

Wenn ein Systemaufruf erfolgreich war, ist nach der Abarbeitung des Systemaufrufs das Carry-Bit im Statusregister des Prozessors nicht gesetzt. Das erste Allzweckregister des Prozessors enthält den Wert, den der Systemaufruf als Ergebnis liefert, z.B. beim Systemaufruf `read` wie viele Byte tatsächlich gelesen wurden. Tritt ein Fehler während der Abarbeitung des Systemaufrufs auf, ist das Carry-Bit des Statusregisters gesetzt, und der Kern schreibt in das erste Register des Prozessors eine Nummer, die den Fehler genauer bezeichnet. Die Ursache des Fehlers entnimmt der Kern einer Variablen aus dem User-Bereich des Prozesses, wo sie von den Kernroutinen, die den Systemaufruf abarbeiten, abgelegt worden ist. Dies alles geschieht noch innerhalb des Systemkerns. Danach verläßt der Prozeß wieder den Systemkern.
Die Funktion der Standardbibliothek, die den eigentlichen Systemaufruf ausgeführt hat, überprüft das Carry-Bit des Statusregisters des Prozessors. Ist dieses Bit gesetzt, trat während der Abarbeitung des Systemaufrufs ein Fehler auf. Die Funktion überträgt dann den Inhalt des ersten Prozessorregisters in die globale Variable `errno` und schreibt den Wert -1 in das erste Allzweckregister. Ist das Carry-Bit nicht gesetzt, kam es zu keinem Fehler während des Systemaufrufs, und das erste Prozessorregister enthält das Ergebnis des Systemaufrufs.
Hat ein Systemaufruf in einem C-Programm als Ergebnis -1, kann die Ursache des Fehlers aus der globalen Variablen `errno` entnommen werden, bzw. mit Hilfe der Funktion `perror` aus der Standardbibliothek kann eine kurze Erklärung des Fehlers ausgegeben werden. Bevor in einem C-Programm die globale Variable `errno` verwendet werden kann, muß diese als extern deklariert werden:

```
extern int errno;
```

Die Funktion `perror` bezieht sich immer auf den Fehler des letzten fehlerhaften Systemaufrufs.
Für die erfolglose Rückkehr von einem Systemaufruf gibt es zwei prinzipielle Ursachen:

1. Die Funktionen, die den Systemaufruf im Kern des Systems abarbeiten, entdecken einen Fehler.

2. Der Systemaufruf wird durch einen Interrupt unterbrochen.

Im ersten Fall wird die Ursache des Fehlers, wie oben beschrieben, dem rufenden Prozeß mitgeteilt. Der zweite Fall tritt ein, wenn ein Systemaufruf durch ein Signal unterbrochen wird. In diesem Fall entscheidet das System zwischen den folgenden zwei Alternativen:

1. der Fehler *interrupted system call* wird als Ergebnis gemeldet

2. der Systemaufruf wird wiederholt

Als Beispiel für einen unterbrochenen Systemaufruf stelle man sich folgendes vor. Ein Prozeß setzt den Systemaufruf `read` ab, um von einem Terminal eine Eingabe zu lesen. Bis die Eingabe erfolgt, legt sich der Prozeß schlafen und andere Prozesse können weiterarbeiten. Während dieser Prozeß schläft, kann er ein Signal empfangen und wird vom Kern geweckt, um auf dieses Signal zu reagieren. Da der Systemaufruf `read` ein Teil der Eingabe schon gelesen haben könnte, ist es in diesem Fall sicher sinnvoll, den Systemaufruf mit einer Fehlermeldung abzubrechen. Soll der Systemaufruf wiederholt werden, bestimmt die Routine `syscall` den Stand des Programmzählers (*program counter*) vor dem Absetzen des Systemaufrufs. Dies ist notwendig, obwohl der Programmzähler beim Eintritt in den Kern gesichert wurde. Dieser Wert entspricht allerdings der Stelle im Programm, an der nach der Beendigung des Systemaufrufs fortgefahren werden soll, so daß für eine Wiederholung des Systemaufrufs der Wert des Programmzählers bestimmt werden muß, den er vor dem Systemaufruf hatte.
Bei der Rückkehr von einem Systemaufruf, bevor der Prozeß wieder in den User-Modus umgeschaltet wird, muß überprüft werden, ob

- Signale an den Prozeß abgesandt wurden.

- Ein anderer Prozeß eine höhere Priorität erreicht hat.

Bevor der Systemaufruf beendet wird, d.h. der Prozeß wieder in den User-Modus zurückkehrt, werden eventuell vorhandene Signale abgearbeitet, oder es findet ein Kontextwechsel[2] statt, wenn ein anderer Prozeß eine höhere Priorität erreicht hat. Im weiteren Verlauf erlangt der Prozeß, der den Systemaufruf abgesetzt hat, wieder eine genügend hohe Priorität, um die Kontrolle über die CPU zu erlangen und den Systemaufruf zu beenden, d.h. den Kern zu verlassen und mit normaler Aktivität auf der User-Ebene fortzufahren.

3.2.6 Traps

Die Ursachen von Traps gehen immer von einem Prozeß selbst aus. Sie können zum einen in Folge von Fehlern des Programms auftreten, das

[2]siehe 3.6

der Prozeß gerade abarbeitet, wie z.B. ein Verweis durch einen nicht initialisierten Zeiger, das Ausführen einer ungültigen Prozessoranweisung oder einen Zugriff auf verbotene Bereiche des Adreßraums des Prozesses[3]. In einem solchen Fall führt ein Trap zum Abbruch des Prozesses, es sei denn, der Prozeß war auf den Trap vorbereitet und führt einen Traphandler aus.
Ein Trap kann auch auftreten, wenn ein Prozeß auf eine Adresse in seinem virtuellen Adreßraum zugreift, für die z.Z. von der Speicherverwaltung kein physikalischer Speicher bereitgestellt wird. In diesem Fall bewirkt der Trap, daß spezielle Kernfunktionen physikalischen Speicher mit der verlangten virtuellen Adresse verbinden und der Zugriff, der den Trap verursacht hat, wiederholt wird. Der Trap wird in diesem Fall vom Programm nicht bemerkt.
Traps werden wie Systemaufrufe behandelt und laufen, ebenfalls wie Systemaufrufe, synchron zum laufenden Prozeß ab. Nach dem Eintritt in den Kern wird anstelle der Routine `syscall` die Funktion `trap` aufgerufen, die den Trap weiterverarbeitet. Dazu wird zuerst der Typ des Traps bestimmt und eine Routine aufgerufen, die auf den Trap reagiert. Dies kann z.B. eine Funktion des virtuellen Speichermanagements sein, oder auch eine Funktion, die ein Signal an den Prozeß liefert. Jedes Signal, das ein Prozeß erhält, löst bei dem Prozeß eine Standardaktion aus, wie z.B. den Abbruch des Prozesses. Das Ignorieren eines Signals zählt zu den Standardaktionen. Ein Prozeß kann jedoch auch andere Reaktionen auf Signale festlegen, wie z.B. den Aufruf einer Programmfunktion bei einem bestimmten Signal. Die Reaktion auf Traps, die ein Prozeß auslöst, kann also vom Prozeß für bestimmte Traps selbst bestimmt werden.

3.2.7 Hardware Interrupts

Interrupts erfolgen im Gegensatz zu Traps asynchron zum aktuellen Prozeß, d.h. sie stehen in keinem Zusammenhang mit dem gerade laufenden Prozeß. Sie können sich nicht auf den Kontext des aktuellen Prozesses beziehen und werden auch nicht im Kontext des aktuellen Prozesses bedient. Das System ruft nach dem Eintritt des aktuellen Prozesses in den Kern eine Interrupt Service Routine auf, die den Interrupt bedient. Dies sind immer Routinen aus der unteren Kernhälfte. Beispiele für Geräte, die Hardware Interrupts auslösen, sind:

[3] z.B. des User-Bereichs

- Die Hardware- oder Echtzeituhr (*real time clock*), die eine wichtige Rolle für die Priorität der Prozesse spielt.
- Der Kontroller eines Netzwerkanschlusses, der ein Datenpaket für den eigenen Rechner auf einem Netzwerk erkannt hat.
- Ein Gerätekontroller, der die Übertragung von Daten aus einem Puffer auf eine Festplatte als beendet meldet.

Die Interrupt Service Routinen haben keinen eigenen Kontext. Da sie sich auch nicht auf den Kontext eines Prozesses beziehen, können sie auch nicht den Kern-Stack eines Prozesses verwenden. Aus diesem Grund halten manche Systeme einen besonderen Interrupt Stack bereit, der nur zur Abarbeitung von Hardware Interrupts verwendet wird. Durch den fehlenden Kontext haben Interrupt Service Routinen nicht die Möglichkeit, sich schlafen zu legen und auf ein Ereignis zu warten. Dazu wäre ein Kontextwechsel notwendig, der auf Grund des fehlenden Kontextes nicht durchgeführt werden kann. Die Interrupt Service Routine muß also nach dem Starten bis zum Ende durchlaufen. Danach kann der Prozeß, der durch Interrupt unterbrochen wurde, wieder in den User-Modus zurückkehren und mit seiner normalen Aktion fortfahren.

3.2.8 Software Interrupts

Software Interrupts treten typischerweise als Folge von Hardware Interrupts auf. Viele zeitkritische Aktionen werden im Kern von Hardware Interrupts mit hoher Priorität gesteuert. Um die Zeit, in der solche Hardware Interrupts abgearbeitet werden, zu minimieren, werden nur wenige zeitkritische Operationen mit hoher Priorität bearbeitet, während das Nachbearbeiten der Aktionen dann auf einer niedrigeren Priorität erfolgen kann. Dieses Nachbearbeiten wird während der Abarbeitung des Hardware Interrupts verursacht, dadurch daß ein Software Interrupt ausgelöst wird.

Als Beispiel für die Zusammenarbeit von Hardware und Software Interrupts sei der Kontroller eines Netzwerkadapters eines Rechners genannt. Erkennt der Kontroller auf dem Netzwerk Pakete für den eigenen Rechner, löst er einen Hardware Interrupt aus. Die Routine, die diesen Interrupt bedient, sammelt die Pakete vom Netzwerk ein, stellt diese in einer Arbeitsliste zusammen und löst einen Software Interrupt aus.

Der Hardware Interrupt muß schnell wieder frei sein, damit kein Paket auf dem Netz versäumt wird. Die Routine, die den Software Interrupt bedient, liefert die Pakete dann an die Prozesse, die auf diese Pakete warten.

3.2.9 Clock Interrupts

Die Clock Interrupts sind die häufigste Ursache für das Eintreten von Prozessen in den Kern des Systems. Sie laufen auf einer sehr hohen Interrupt Prioritätsebene. Ein einzelner dieser Interrupts wird als *tick* bezeichnet. Typischerweise löst die Hardware eines Rechners je nach Hersteller entweder 60 oder 100 dieser Interrupts in der Sekunde aus. Nach dem Eintritt des gerade laufenden Prozesses in den Kern und dem damit verbundenem Sichern des Prozeßkontextes, ruft der Kern die Routine `hardclock` auf.

3.2.9.1 Hardclock

Die Routine `hardclock` der unteren Kernhälfte wird bei jedem Tick des Systems aufgerufen. Mit ihr sammelt das System Informationen über seinen augenblicklichen Zustand. Die einzelnen Aufgaben von `hardclock` sind:

- Der Prozeß, der gerade lief, als der Interrupt auftrat, wird mit einem Tick belastet. Wenn der Prozeß vier Ticks gesammelt hat, muß seine Priorität neu berechnet werden.

- Falls der aktuelle Prozeß einen Echtzeit- oder Profil-Timer laufen hat, wird der Wert des Timers vermindert und ein Signal an den Prozeß geschickt, falls der Timer den Wert 0 erreicht.

- Wird ein evtl. vorhandenes CPU-Limit überschritten, wird das Signal `SIGXCPU` an den laufenden Prozeß geschickt.

- Die Tageszeit-Uhr wird erhöht.

- Sammeln von Informationen über den aktuellen Zustand des Systems zur Zeit des Ticks (Stillstand, Arbeiten im User- oder Kern-Modus).

Da die Interrupts der Uhr mit einer sehr hohen Priorität bedient werden, während der Abarbeitung der Interrupt Service Routine also keine weiteren Interrupts bedient werden können, ist es wichtig, daß die Funktion `hardclock` ihre Aufgabe schnell erledigt, da

- falls `hardclock` länger als 0.01 Sekunden läuft, der nächste Interrupt verpaßt wird.
- durch `hardclock` die Tageszeit aktualisiert wird, bedeuten verlorene Ticks ein Nachgehen der Systemzeit.
- wegen der hohen Priorität andere Aktivitäten blockiert werden $\Rightarrow$ z.B. Verpassen von Paketen auf einem Netzwerk.

Alle sonstigen, zeitabhängigen Aufgaben, die im System anfallen, werden von der Funktion `softclock` bearbeitet. Diese sind das neue Berechnen der Priorität aller lauffähigen Prozesse oder das Überwachen von Timern einzelner Prozesse. Wenn die Routine `hardclock` endet, prüft sie, ob `softclock`-Funktionen zu erledigen sind. Falls dies der Fall ist, wird ein Software Interrupt ausgelöst, der die Routine `softclock` startet.

3.2.9.2 Softclock

Die wichtigsten Aufgaben der Funktion `softclock` bestehen darin, die Ausführung der folgenden periodischen Ereignisse zu verwalten:

- Netzwerk Retransmission-Timer
- Timer für die Überwachung von Peripheriegeräten
- Planen der nächsten Prozesse (Scheduling)
- Ablaufen von Timern überwachen

Die zu verwaltenden Ereignisse werden in einer Datenstruktur gehalten, die *Callout-Queue* heißt. Das erste Element dieser Datenstruktur ist das Ereignis, das als nächstes vom System bedient werden muß.

3.2.10 Timing

Der Kern bietet den Prozessen verschiedene Timing-Dienste an. Diese Dienste beinhalten Timer, die in Echtzeit laufen und Timer, die nur laufen, wenn ein Prozeß ausgeführt wird.
Mit einem besonderen Zähler im Kern des Systems können das aktuelle Datum und die aktuelle Uhrzeit bestimmt werden. Der Wert dieses Timers, der in Echtzeit läuft, gibt die Anzahl der Mikrosekunden an, die seit dem 1.1.1970 vergangen sind.
Sollte die Uhr eines Systems nachgehen, kann sie jederzeit auf den richtigen Wert angepaßt werden. Problematischer ist der Fall, wenn die Systemuhr der aktuellen Zeit vorauseilt. Ein Zurückstellen der Uhr würde bewirken, daß die Zeit auf einem Rechner nicht monoton wächst. So könnte z.B. die Zeit für bestimmte Systemereignisse den gleichen Wert haben, obwohl die Ereignisse zeitlich getrennt auftraten. Dies würde bei Programmen, die auf einen monotonen Zeitverlauf, also eine eindeutige Zuordnung von älteren und jüngeren Ereignissen bauen, zu großen Schwierigkeiten führen. Ein Beispiel für ein solches Programm ist `make`. Um diesen Problemen aus dem Weg zu gehen, wird die Systemuhr nicht zurückgestellt, sondern kann solange gebremst werden, bis ihr Wert mit der aktuellen Zeit übereinstimmt.
Um die gleiche Zeit auf allen Rechnern eines Netzwerks zu erreichen, können sich diese Maschinen synchronisieren, d.h. den Wert ihrer Systemuhren dem eines ausgezeichneten Rechners anpassen. Zu diesem Zweck wurde das *Network Time Protocol* eingeführt.
Der Kern stellt jedem Prozeß drei Timer zur Verfügung. Alle diese Timer können vom Prozeß auf bestimmte Werte gesetzt werden. Der Kern vermindert diese Timer bei verschiedenen Anlässen und schickt ein für jeden Timer spezifisches Signal an den Prozeß, wenn der Timer abgelaufen ist. Die drei Timer sind

- Echtzeit Timer
- virtueller Timer
- Profil Timer

Der Echtzeit Timer wird, wie der Name vermuten läßt, in echten Zeiteinheiten vermindert. Erreicht der Timer den Wert 0, wird das Signal `SIGALRM` an den Prozeß geschickt. Mit dem Systemaufruf `alarm` wird der Timer auf einen bestimmten Wert gesetzt.

Der virtuelle Timer wird nur vermindert, wenn der Prozeß im User-Modus läuft. Beim Ablaufen dieses Timers wird das Signal `SIGVALRM` an den Prozeß geschickt.
Im Gegensatz zum virtuellen Timer läuft der Profil Timer, auch wenn der Prozeß im Kern-Modus arbeitet. Wenn das System für einen Prozeß tätig ist, sowohl im Kern- als auch im User-Modus, wird dieser Timer vermindert. Das Signal `SIGPROF` zeigt einem Prozeß das Ablaufen des Profil Timers an.
Die drei Timer, die jedem Prozeß zur Verfügung stehen, können mit den Systemaufrufen `getitimer` und `setitimer` abgefragt, bzw. eingestellt werden.

3.2.11 Benutzer- und Gruppennummer; S-Bits

Ein weiterer wichtiger Dienst, den das System anbietet, bezieht sich auf den Schutz von Objekten eines Benutzers vor unerlaubten Zugriffen. Diese Objekte sind die Dateien und Prozesse eines Benutzers.
In einem UNIX-System ist es notwendig, Objekte oder Rechte einzelnen Benutzern genau zuordnen zu können. Zu diesem Zweck hat jeder Benutzer eines Systems eine Identifikationsnummer, die der Systemadministrator jedem Benutzer zuordnet. Diese Benutzernummer (engl. *user identifier, UID*) gibt dem System die Möglichkeit, Prozesse, Files, Verwaltungsinformation, etc. einem Benutzer zuzuordnen.
Der Systemadministrator kann mehrere Benutzer zu einer Gruppe zusammenfassen. Alle Benutzer einer Gruppe haben eine gemeinsame Gruppennummer (engl. *group identifier, GID*). Ein einzelner Benutzer kann auch zu mehreren Gruppen gehören und hat in diesem Fall mehrere Gruppennummern. Die Gruppennummer eines Benutzers verwendet das System nur, um die Zugriffsrechte auf Files zu überprüfen. Mit dem Kommando `id` erhält ein Benutzer seine UID und GIDs.
Die besondere Benutzernummer UID=0 kennzeichnet den Superuser eines Systems. Üblicherweise hat der Superuser den Loginnamen *root* oder *admin*. Jedoch sind nicht die Namen, sondern allein die UID Null für den Superuser kennzeichnend.
Jeder UNIX Prozeß ist genau einem Benutzer zugeordnet und trägt dessen UID und alle GIDs. Beim Anmelden eines Benutzers an das System startet das System einen Prozeß mit den Kennnummern des Benutzers. Mit Hilfe dieses Prozesses, der eine Shell ausführt, kommuniziert der Benutzer mit dem System. Alle nachfolgenden Prozesse

des Benutzers erben die UID und die GIDs von diesem Prozeß. Diese Nummern können während der Lebensdauer eines Prozesses vom Benutzer nicht verändert werden. Eine Ausnahme stellt der Superuser dar, der die UID seiner Prozesse verändern kann. Mit Hilfe der UID eines Prozesses kann das System feststellen, ob ein Prozeß Zugriff auf ein bestimmtes Objekt hat. Nur wenn die UID des Prozesses mit der UID des Objekts übereinstimmt, kann auf das Objekt zugegriffen werden. Bei den Objekten kann es sich um Prozesse handeln, und in diesem Fall beim Zugriff z.B. um das Senden eines Signals an einen Prozeß. Objekte können aber auch Files sein, und der Zugriff kann das Lesen oder Schreiben des Files sein.
Mit jedem File sind drei Gruppen von Rechten verbunden. Die Rechte

1. des Besitzers des Files

2. einer Gruppe des Besitzers

3. die restlichen Benutzer.

Jede Gruppe umfaßt das Lese-, Schreib- und Ausführungsrecht des Files.
Versucht ein Prozeß auf ein File zuzugreifen, überprüft der Kern, ob der Prozeß die entsprechenden Rechte hat, um den Zugriff ausführen zu dürfen. Stimmt die UID des Prozesses mit der UID des Files überein, kommt nur der Satz der Rechte des Besitzers des Files zur Anwendung. Stimmen diese UIDs nicht überein, überprüft das System, ob die Gruppennummer des Files einer GID des Prozesses entspricht. In diesem Fall kommen die Rechte der Gruppe des Besitzers des Files zur Anwendung. Nur wenn die UIDs und GIDs nicht passen, müssen die Rechte der anderen Benutzer die verlangte Operation erlauben.
Die Rechte (engl. *permissions*) eines Files sind im Inode des Files abgespeichert. Sie können mit dem Kommando `ls -l <filename>` aufgelistet werden.
Mit dieser strikten Überprüfung der Rechte eines Objektes beim Zugriff durch einen Benutzer kann es zu Problemen kommen.
Beim Ausführen des Kommandos `passwd`, zum Ändern des eigenen Paßworts, werden diese Probleme deutlich:
Der Prozeß, der das Kommando `passwd` ausführt, trägt die UID desjenigen, der das Kommando `passwd` aufgerufen hat. Dieser Prozeß muß eine Datei (`/etc/passwd`) ändern können, die als Besitzer einen anderen Benutzer eingetragen hat (Besitzer: *root, uid = O*). Das System

würde also für den Zugriff die Rechte, die das File für die restlichen Benutzer hat, zur Überprüfung heranziehen.
Eine Lösung wäre es also, allen Benutzern ein Schreibrecht auf dieses File zu gewähren. Dies hätte allerdings den Nachteil, daß jeder Benutzer dieses File nach Belieben verändern könnte und z.B das Paßwort des Superusers löschen dürfte.
Um dieses Problem zu lösen, erlaubt der Kern das Erzeugen von Prozessen, denen beim Laufen andere Privilegien eingeräumt werden als die, die durch die UID oder GIDs festgelegt sind. Nachfolgend wird dieser Mechanismus am Beispiel einer veränderten UID besprochen. Analoges gilt für GIDs.
Im System bekommt jeder Prozeß zwei UIDs:

- *real UID*
- *effective UID.*

Die *real* UID eines Prozesses entspricht immer der UID seines Vaterprozesses, also der UID des Benutzers, der den Prozeß gestartet hat. Die Rechte eines Prozesses werden allerdings durch die *effective* UID festgelegt. Normalerweise stimmen *effective* und *real* UID eines Prozesses überein, so daß die Rechte des Prozesses mit den Rechten des Benutzers übereinstimmen.
Durch einen speziellen Mechanismus ist es möglich, Programme so zu markieren[4], daß zwar die *real* UID vom Vaterprozeß übernommen wird, jedoch die *effektive* UID der des Besitzers des Files entspricht, das das Programm enthält. Somit hat ein solcher Prozeß nicht die Rechte des Benutzers, der diesen Prozeß gestartet hat, sondern die Privilegien des Besitzers des ausführbaren Files. Dies allerdings nur für die Dauer des Prozesses, der ein solches Programm ausführt.
Programme, bei denen die beiden UIDs des Prozesses, der sie ausführt, nicht übereinstimmen, werden *set-user-identifier (setuid)* Programme genannt. Analog dazu werden Programme, die mit anderen Gruppenrechten als die des Benutzers laufen, *set-group-identifier (setgid)* Programme genannt.
Um ein Programm als *setuid* zu markieren, müssen die Rechte der Datei, die das Programm enthält, mit dem Kommando `chmod` verändert werden. Die Rechte eines Files bestehen nicht nur, wie bisher bekannt, aus drei Gruppen, von denen jede durch eine Oktalzahl repräsentiert

[4]genauer: die Files in denen die Programme abgespeichert sind

werden kann, sondern aus vier. Die Rechte einer Datei können mit dem Kommando chmod, durch Angabe der Oktalzahlen für jede Gruppe, gesetzt werden. Üblicherweise gibt man beim Aufruf des Kommandos drei Oktalzahlen an, die den Rechten des Besitzers, der Gruppe des Besitzers und den restlichen Benutzern entsprechen. Eine zusätzliche vierte Ziffer beim Aufruf des Kommandos chmod zeigt an, ob es sich bei dem Programm, um ein *setuid* oder *setgid* Programm handelt. Mit

```
chmod 4ugo <filename>
chmod 2ugo <filename>
```

wird das UID-Bit, bzw. das GID-Bit gesetzt, wobei ugo für die bisher bekannten Rechte des Files (user, group, others) steht. Ist bei einem File eines der UID- oder GID-Bits gesetzt, werden bei einem Programmstart nicht die UID oder GID des Benutzers, sondern die UID oder GID des Besitzers des Programmfiles übernommen. Ist bei einem File das UID-Bit gesetzt, sieht man bei der Auflistung des Verzeichnisses des Files mit `ls -l` bei den Rechten für den Besitzer des Files, anstelle des Ausführungsbits (normalerweise mit 'x' gekennzeichnet) ein 's' oder 'S'. Analoges gilt für das GID-Bit in den Gruppenrechten des Files. Aus diesem Grund werden solche Dateien auch s-Bit Files genannt. Ist das Ausführungsbit bei einem s-Bit File zusätzlich gesetzt, sieht man bei den Rechten ein s, im anderen Falle ein S.
Eine genauere Beschreibung des Kommandos chmod und der dazugehörigen Parameter entnehme der Leser dem Handbuch eines UNIX-Systems.
Unter Umständen kann der s-Bit Mechanismus auch zu einem Verlust von Rechten führen. Bei einem Prozeß kann nur ein Satz von Rechten gültig sein, der durch die *effective* UID festgelegt ist. Ein Prozeß hat entweder die Rechte des Benutzers, der den Prozeß startet, oder die Rechte des Besitzers des Programms, das der Benutzer startet, aber keine Addition von beiden Rechten.
Das Programm /bin/passwd ist ein Beipiel für ein *setuid* Programm. Die Datei, in dem das Programm vorliegt, hat als Besitzer root (UID = 0) eingetragen. Die Rechte des Files haben das Aussehen

```
-rwsr-xr-x 1 root  32768 Dec 30 1988 /bin/passwd
```

Ein Benutzer, der dieses Programm startet, um sein Paßwort zu ändern, hat als *effective* UID nicht seine eigene UID, sondern die von root und damit auch alle Rechte von root. Mit diesen root-Rechten ist

es ohne Probleme möglich, das File `/etc/passwd` zu verändern. Der Benutzer hat die Rootrechte allerdings nur innerhalb des Prozesses, der das Kommando `/bin/passwd` ausführt.
Bei den Rechten des Kommandos `/bin/passwd` wurde mit

```
chmod 4755 /bin/passwd
```

das UID-Bit gesetzt.
Um die UID (GID) während der Laufzeit eines Prozesses verändern zu können, stehen in einem C-Programm die beiden Funktionen `setuid` und `setgid` aus der Standardbibliothek zur Verfügung. Beide können aber nur in Programmen, die mit Rootrechten laufen, erfolgreich verwendet werden.

3.2.12 Sonstige Kerndienste

Neben den bisher beschriebenen Funktionen bietet der Kern des Systems einem Prozeß noch folgende Dienste an:

- Host Identifikation
- Ressourcen Steuerung
- Ressourcen Ausnutzung (Statistik)
- Ressourcen Beschränkungen (Limits)
- Quotas; Beschränkungen des Plattenplatzes eines Benutzers
- Accounting (Abrechnung)
- Kommunikationsdienste

Die Ressource-Limits unterteilen sich in *hard limits* und *soft limits.* Die *hard limits* werden vom Superuser des Systems festgelegt und sind absolute Schranken (z.B. Filegröße, Größe des Daten-, Text-, und Stacksegments eines Prozesses, Anzahl der Prozesse pro User, etc.). *Soft limits* können von jedem Benutzer selbst gesetzt werden, innerhalb der Grenzen der *hard limits.* Die verschiedenen Limits eines Benutzers können mit dem Befehl `limit` abgefragt werden.
Mit Quotas kann der Systemverwalter festlegen, wieviel Plattenplatz jeder Benutzer belegen darf. Dies wird mit einem Quota-Editor in einem speziellen File vermerkt. Die Algorithmen für das Filesystem überprüfen diese Grenzen.

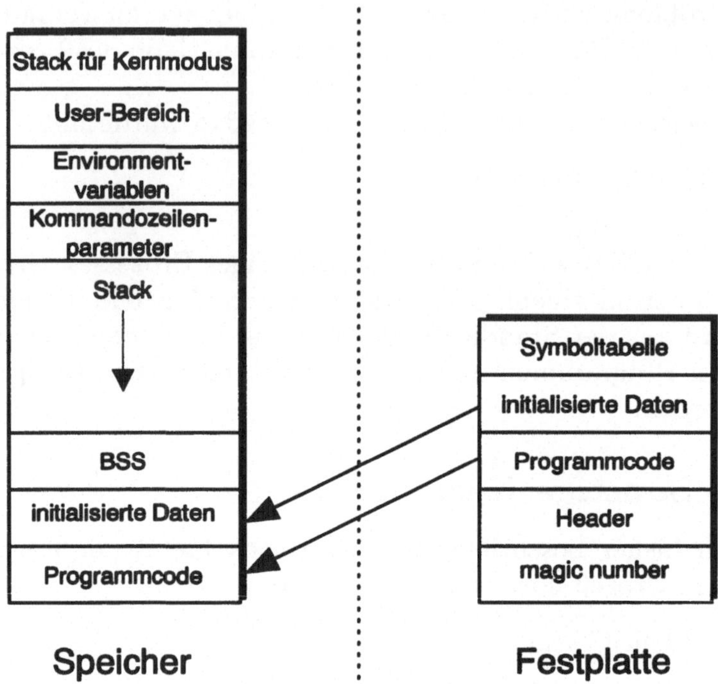

Abbildung 3.3: Layout eines UNIX-Prozesses

3.3 Der Aufbau eines Prozesses

Die Abbildung 3.3 zeigt die Speicherorganisation und das Layout eines Prozesses. Jeder Prozeß besteht zur Laufzeit aus drei Speichersegmenten:

- Text
- Daten
- Stack.

Das Datensegment unterteilt sich in einen Bereich für initialisierte Daten und einen Bereich für nicht initialisierte Daten[5]. Die initialisierten Daten eines Prozesses sind z.B. alle Strings oder Stringkonstanten des zugehörigen Programms. Für alle globalen Variablen eines Programms werden vom Compiler Adressen im Bereich der nichtinitialisierten Daten vergeben. Werden in einem C-Programm Variablen bei der Deklaration gleich initialisiert, weist der Compiler diesen Variablen trotzdem

[5]in der Zeichnung mit bss bezeichnet

Speicher aus dem Bereich der nichtinitialisierten Daten zu. Diese Variablen laufen also nicht unter der Bezeichnung initialisierte Daten.
Das Textsegment eines Prozesses ist unter UNIX typischerweise nur lesbar (engl. *read only*) und kann von mehreren Prozessen gleichzeitig genutzt werden (engl. shared text). Dies geschieht, wenn mehrere Prozesse das gleiche Programm ausführen. In diesem Fall wird der Code des Programms nur einmal in den Speicher des Rechners geladen. Die virtuelle Speicherverwaltung sorgt dafür, daß der Code in jedem Prozeß als Textsegment erscheint. Ein Prozeß kann nicht feststellen, ob er sein Textsegment mit anderen Prozessen teilt. Jeder Prozeß, der sein Textsegment mit anderen Prozessen teilt, hat ein eigenes Daten- und Stacksegment.
Unter UNIX ist es jedoch auch möglich, das Textsegment einem Prozeß exklusiv zuzuordnen. Dies kann durch das Setzen einer Option beim Linken eines Programms erreicht werden. In diesem Fall kann der Prozeß auch schreibend auf sein Textsegment zugreifen. Welche Art von Textsegment bei einem Prozeß zur Anwendung kommt, erkennt das System bei einem Programmstart an der *magic number* des Programms.

Beim Start eines Prozesses durch das Aufrufen eines Programms werden der Inhalt des Textsegmentes und der initialisierte Datenbereich direkt aus der Datei übernommen, die das ausführbare Programm enthält. Das System erkennt ein ausführbares Programm am Ausführungs-Bit in den Rechten der Datei, die das Programm enthält. Außerdem enthalten die ersten Bytes einer Datei, in der ein ausführbares Programm steht, eine besondere Kennung, die *magic number*[6]. Meistens sind dies die ersten zwei oder vier Bytes eines Files, die gleichzeitig angeben, wie das System das Programm auszuführen hat (Textsegment teilbar oder exklusiv, Datei benötigt einen Interpreter).
Ausführbare Programme werden in zwei Klassen eingeteilt:

1. Programme, die das System direkt ausführen kann.

2. Programme, die nur mit Hilfe eines Interpreters ablauffähig gemacht werden können.

Dateien, die einen Interpreter zum Ablaufen benötigen, erkennt das System an der *magic number* mit der Form `#!`, direkt gefolgt von einer

[6]Eine Übersetzung dieses Begriffs mit magischer Zahl hält der Autor für nicht angebracht und wird deshalb weiter die Bezeichnung *magic number* verwenden

Zeichenkette, die den Interpreter angibt. Eine Datei, die interpretiert wird, besteht nur aus Text (ASCII-Zeichen). Die Zeichnung aus dem rechten Teil des Bildes 3.3, über den Aufbau einer ausführbaren Datei, trifft in diesem Fall mit Ausnahme der *magic number* nicht zu.
Sehr oft findet man am Anfang eines Shellskripts die Zeile `#!/bin/sh`. Durch sie wird das System angewiesen, den Inhalt der Datei mit Hilfe der Bourne-Shell zu interpretieren. Das gleiche Verfahren kann auch mit der C-Shell, dem Programm `awk` oder jedem anderen Interpreter angewendet werden.
Die Datei `xyz` enthalte folgendes Skript für das Programm `awk`:

```
#!/bin/awk -f
{ lines++; words += NF; chars += length ($0) + 1; }
END { printf ("%d %d %d\n", lines, words, chars); }
```

Nach dem Starten des Skripts (das Ausführungsbit sei gesetzt), z.B. durch

```
xyz test_file.txt
```

erkennt das System die erste Zeile `#!/bin/awk` und startet das Programm `awk` mit obiger Kommandozeile als Parameter:

```
/bin/awk xyz test_file.txt
```

Um zu verhindern, daß mit diesem Verfahren Schleifen erzeugt werden, erlaubt das System nur eine Interpretationsebene. Der Interpreter einer Datei darf nicht selbst interpretiert werden.
Den Aufbau einer Datei, die ein direkt ablauffähiges Programm enthält, sieht man im rechten Teil des Bildes 3.3. Im *header* der Datei findet das System Angaben über die Größe des Textsegments, der initialisierten Daten und der nichtinitialisierten Daten. Mit diesen Angaben kann das System die einzelnen Bereiche zur Laufzeit des Prozesses anlegen.
Die *magic number* einer solchen Datei bestimmt, wie das System das Textsegment des Prozesses verwalten muß.
Die Symboltabelle einer ausführbaren Datei wird zur Laufzeit eines Prozesses nicht benötigt. Sie kann mit Hilfe des Kommandos `/bin/strip` aus der Datei jederzeit entfernt werden. Dadurch kann sich die Größe einer Programmdatei u.U. erheblich vermindern. Die Informationen aus der Symboltabelle werden nur beim Bearbeiten eines Programms mit einem Debugger benötigt.

Nach dem Header folgen der Code und die initialisierten Daten des Programms, die bei einem Programmstart in den Speicher des Rechners übertragen werden. Die nicht initialisierten Daten sind in der ausführbaren Datei nicht enthalten. Für sie wird vom System beim Programmstart ein entsprechend den Angaben im Header der Datei großer Bereich erzeugt, der mit Nullen gefüllt ist.

Wenn das System mit der Ausführung eines Programms beginnt, überträgt es den Code des Programms in den unteren Teil des Prozeßadreßraumes. Die initialisierten Daten des Programms werden in den Bereich, der dem Textsegment folgt, kopiert. Anschließend erzeugt das System das Segment *bss*[7] für die nicht initialisierten Daten. Die Information über die Größe dieses Bereichs entnimmt das System aus dem Header der Programmdatei. Sowohl dieses Segment als auch das Stacksegment füllt das System beim Prozeßstart mit Nullen (engl. *zero filled*). Dies hat zur Folge, daß alle globalen Variablen eines Programms und auch die lokalen Variablen der Funktion `main` beim Programmstart mit Null initialisiert sind. Obwohl man sich beim Implementieren eines Programms nicht auf solche stark systemabhängigen Initialisierungen verlassen soll, machen viele Programme unter UNIX von dieser Tatsache Gebrauch.

Dies kam deutlich zum Vorschein, als man versucht hat, die Zeit beim Starten eines Prozesses zu verkürzen. Zu diesem Zweck hat man das Füllen des Stacksegments und des Bereichs der nichtinitialisierten Daten mit Nullen übersprungen. Viele Programme liefen nach diesem Optimierungsschritt nicht mehr korrekt bzw. gar nicht. Aus diesem Grund wurde das Füllen mit Nullen wieder eingeführt.

Wird der Datenbereich eines Prozesses durch den Systemaufruf `sbrk` erweitert, ist der neu gewonnene Speicherbereich auch mit Nullen gefüllt.

Das Kopieren des gesamten Codes und des initialisierten Datenteils eines großen Programms in den Speicher würde eine relativ lange Zeit benötigen. Um dies zu vermeiden, hat man das Konzept des Kopierens auf Anforderung (engl. *demand paging*) ins System eingeführt. Beim *demand paging* wird das Programm vor seiner Ausführung nicht komplett in den Speicher geladen (engl. *preloading*), sondern in kleinen Teilen nach Bedarf geladen. Das System führt *demand paging* durch, indem es den Adreßraum eines Prozesses in gleich große Seiten (engl. *pages*) aufteilt. Für jede Seite des Textsegments berechnet das System

[7]Die Bezeichnung *bss* bedeutet *block started by symbol*. Sie entstammt dem Assembler eines IBM Großrechners

nur das Offset des zugehörigen Codes im Codebereich der ablaufenden Datei. Wird zum ersten Mal auf eine Seite des Codesegmentes zugegriffen, um z.B. die nächste Instruktion des Programms zu lesen, löst das System einen *page fault trap* im Kern aus. Die Routine, die das System als Reaktion auf diesen Trap aufruft, überträgt mit Hilfe der vorher berechneten Information die richtige Seite der Datei des laufenden Programms in den Speicher des Rechners und veranlaßt, daß der Zugriff, der den Trap auslöste, wiederholt wird. Auf diese Weise lädt das System nur die Teile eines Programms, die wirklich gebraucht werden. Der ganze Vorgang des *demand paging* erfolgt unsichtbar für den Benutzer.

Direkt über dem Bereich des Stacks legt das System beim Prozeßstart die Zahl der Parameter (`argc`) ab, mit der das Programm aufgerufen wurde. Eine entsprechende Anzahl von Zeigern auf diese Parameter (der Vektor `argv`), gefolgt von Zeigern auf die Environmentvariablen des Programms, schließt den Bereich des Prozesses ab, auf den ein Benutzer zugreifen darf.

Die restlichen Teile des Adreßraums eines Prozesses werden vom System zur Verwaltung des Prozesses benötigt. In diesen Teilen befindet sich der Stack, den der Prozeß verwendet, wenn er im Kern-Modus abläuft. Daneben legt das System dort den schon mehrfach erwähnten User-Bereich des Prozesses ab. Ein Prozeß kann nur im Kern-Modus auf diesen Bereich zugreifen. Die Information aus dem User-Bereich benötigt das System nur, wenn der Prozeß aktuell läuft. Aus diesem Grund kann dieser Prozeßbereich vom *Pager* oder *Swapper* jederzeit auf den Hintergrundspeicher ausgelagert werden. Die Informationen, die das System über einen Prozeß braucht, auch wenn dieser nicht läuft, wie z.B. die Prozeßnummer oder die Prozeßpriorität für das Scheduling der Prozesse, werden in einer getrennten Datenstruktur in der Prozeßtabelle gehalten. Der User-Bereich eines Prozesses enthält einen Zeiger auf den Eintrag des Prozesses in der Prozeßtabelle. Eine genaue Erläuterung dieser Datenstrukturen für jeden Prozeß findet der Leser im Abschnitt 3.5.1.

3.4 Systemprozesse

Mit Systemprozessen bezeichnet man unter UNIX Prozesse, deren Code vollständig im Kern enthalten ist und die nur im Kern-Modus arbeiten. Unter dem Betriebssystem UNIX gibt es zwei Prozesse, die als Systemprozesse arbeiten. Sie werden beim Hochfahren (engl. *boot*) des Systems direkt vom Kern gestartet.
Diese beiden Kernprozesse sind

- *swapper* (Prozeßnummer 0)
- *pagedaemon* (Prozeßnummer 2)

Beide Prozesse verwalten den virtuellen Speicher eines UNIX-Systems. Bei den ersten UNIX-Systemen war nur der erste dieser beiden Systemprozesse, der Swapper, vorhanden. Auf Grund der Weiterentwicklung der Hardware und der damit möglichen aufwendigeren Betriebssysteme kam unter UNIX der zweite Systemprozeß, der Pagedaemon, noch zu der virtuellen Speicherverwaltung hinzu.
Der gesamte Speicher aller Prozesse eines Systems wird in Seiten (Kacheln oder Pages) eingeteilt, von denen einige im physikalischen Hauptspeicher gehalten werden, während andere im Hintergrundspeicher, auf einer besonderen Plattenpartition (engl. *swap partition*) liegen. Will man auf solche ausgelagerten Seiten zugreifen, müssen diese Seiten in den Hauptspeicher geladen und evtl. andere Seiten aus dem Hauptspeicher dafür ausgelagert werden. Diesen Vorgang nennt man *Paging*.

Solange das System in der Lage ist, einzelne Seiten schnell genug auszulagern, so daß die Nachfrage nach neuen Seiten erfüllt werden kann, d.h. das System ist nicht überlastet, ist dieser Mechanismus ausreichend. Wenn das System nicht in ausreichendem Maße einzelne Seiten schnell genug auslagern kann, kommt es in einen kritischen Zustand, d.h. es ist nur noch damit beschäftigt, Seiten aus dem Hauptspeicher auszulagern bzw. wieder einzulesen. In diesem Fall kommt der Swapper zum Einsatz. Der Swapper lagert einen kompletten Prozeß, d.h. alle Seiten des Prozesses, auf einmal aus dem Speicher auf das *swap device* aus. Ist das System danach immer noch überlastet, wird der nächste Prozeß ganz ausgelagert usw. Der Swapper eines Systems ist aktiv, solange das Paging allein nicht mehr ausreicht, um eine gewisse Systemleistung zu gewährleisten.

Ein dritter Prozeß wird auch vom Kern gestartet. Sein Code ist allerdings nicht im Kern enthalten, sondern liegt als ausführbares Programm auf der Platte vor. Er läuft nach dem Starten im User-Modus und dient als Vater-Prozeß für alle nachfolgenden Prozesse im Betriebssystem. Dieser Urvater aller Prozesse eines Systems ist der Prozeß

- *init* (Prozeßnummer 1)

Der Code des init-Prozesses steht bei einem UNIX-System üblicherweise in der Datei `/etc/init`. Dieser Prozeß übernimmt das weitere Hochfahren des Betriebssystems bis zum Starten der einzelnen Login-Prozesse auf der Konsole des Rechners und den angeschlossenen Terminals. Neben diesen Aufgaben hat der init-Prozeß noch eine Vielzahl weiterer Aufgaben, wie z.B. das Überwachen von Ereignissen, die in einem System periodisch ablaufen sollen. Der Systemverwalter kann durch ein Signal an den init-Prozeß das System vom Multi-User- in den Single-User-Modus überführen.

3.5 Prozeßmanagement

Das UNIX Betriebssystem kann als ein *multiuser* und *multitasking* Betriebssystem charakterisiert werden. Das System erlaubt es, mehrere Prozesse gleichzeitig, aus der Sicht eines Benutzers parallel, auszuführen. Dies wird ermöglicht durch die Aufteilung der CPU zwischen den Prozessen. Jeder Prozeß darf für eine bestimmte Zeit auf der CPU ablaufen, bevor das System diesen Prozeß verdrängt und einen anderen Prozeß laufen läßt. Dieses Umschalten von einem Prozeß zum nächsten nennt man Kontextwechsel (engl. *context switching*), da der aktive Prozeß gleichzeitig mit seiner ganzen Umgebung gegen einen anderen Prozeß mit Umgebung ausgetauscht wird. Die Entscheidung und das Planen, welcher Prozeß den gerade aktiven Prozeß verdrängen darf, übernimmt im System der *Scheduler*. Den Vorgang des Planens bezeichnet man, in Ermangelung einer geeigneten deutschen Übersetzung, mit *Scheduling*.
Bei der Verwaltung eines Prozesses spielen zwei Datenstrukturen eine zentrale Rolle:

- User-Struktur (*u-dot*)
- Proc-Struktur (*proc-table*)

Die Information aus der Proc-Struktur benötigt das System beständig, auch wenn ein Prozeß nicht aktiv ist, um einen Prozeß verwalten zu können. Aus diesem Grund liegt diese Datenstruktur ständig im Speicher des Systems vor. Die Proc-Struktur eines Prozesses enthält u.a. Informationen für das Scheduling, die Speicherverwaltung und für die Prozeßidentifikation.
Im Gegensatz dazu stehen in der User-Struktur Informationen, die nur benötigt werden, wenn der Prozeß läuft, d.h. nur die User-Struktur des aktuellen Prozesses muß im Hauptspeicher des Rechners vorliegen. Besteht kein Engpaß an Hauptspeicher, können auch User-Strukturen anderer Prozesse im Speicher vorhanden sein.
Die Speicherverwaltungseinheit (MMU) des Rechners sorgt dafür, daß die User-Struktur des aktuell laufenden Prozesses immer an einer festen Adresse im virtuellen Adreßraum des Kerns liegt. Benötigt der Kern Informationen aus der User-Struktur, greift er auf diese feste Adresse im Adreßraum zu und kann sicher sein, daß sich dort die User-Struktur des aktuellen Prozesses befindet.
Der Aufbau der User-Struktur und die feste Adresse im Adreßraum des Kerns sind im File `/usr/include/sys/user.h` beschrieben.
Bei einem Kontextwechsel, d.h. ein anderer Prozeß darf weiterlaufen, muß die User-Struktur des alten Prozesses gegen die User-Struktur des neuen Prozesses ausgetauscht werden. Dazu findet im System kein Kopieren der User-Strukturen statt, sondern die MMU ändert nur ihre Tabellen für die Abbildung des virtuellen Adreßraums des Kerns auf den physikalischen Speicher des Rechners.
Die Proc-Strukturen der einzelnen Prozesse werden in einer Tabelle im Kern gehalten. Da diese Tabelle eine feste Größe hat, sind in einem UNIX-System nicht beliebig viele Prozesse möglich. Auf die Proc-Struktur eines Prozesses wird durch einen Zeiger in der User-Struktur des Prozesses verwiesen. Die genaue Definition der Proc-Struktur kann man im File `/usr/include/sys/proc.h` finden.
Im Anhang findet man zwei Programme, mit denen man die User-Struktur des eigenen Prozesses und die Prozeßtabelle ausgeben kann.

3.5.1 Prozeßstatus

Die Abbildung 3.4 zeigt die Datenstrukturen, die den Status eines Prozesses beschreiben. In der Abbildung sieht man auch die Verweise zwischen den einzelnen Strukturen.

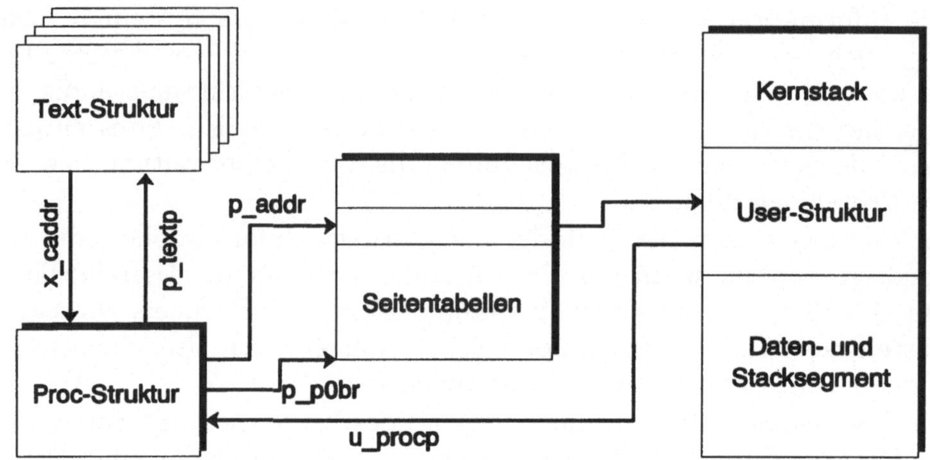

Abbildung 3.4: Datenstrukturen, die einen Prozeß beschreiben

Die Datenstrukturen, die das System für einen Prozeß anlegt, sind im einzelnen:

- Proc-Struktur (immer im Speicher resident)
- User-Struktur
- Text-Struktur (Programmcode-Tabellen, im Speicher resident)
- Seitentabellen

In den nachfolgenden Abschnitten werden die beiden ersten Datenstrukturen und deren Aufgaben eingehender vorgestellt. Eine Erläuterung der übrigen Datenstrukturen findet der Leser im Kapitel über die Speicherverwaltung des Systems.

3.5.1.1 Proc-Struktur

Unter UNIX hat jeder Prozeß einen Eintrag in der Prozeßtafel des Systems. Dieser Eintrag, die Proc-Struktur des Prozesses, enthält Informationen für verschiedene Teile des Systems. Die Proc-Struktur unterteilt sich in mehrere, logisch zusammengehörige Einheiten für:

- Scheduling
- Prozeßidentifikation
- Speichermanagement

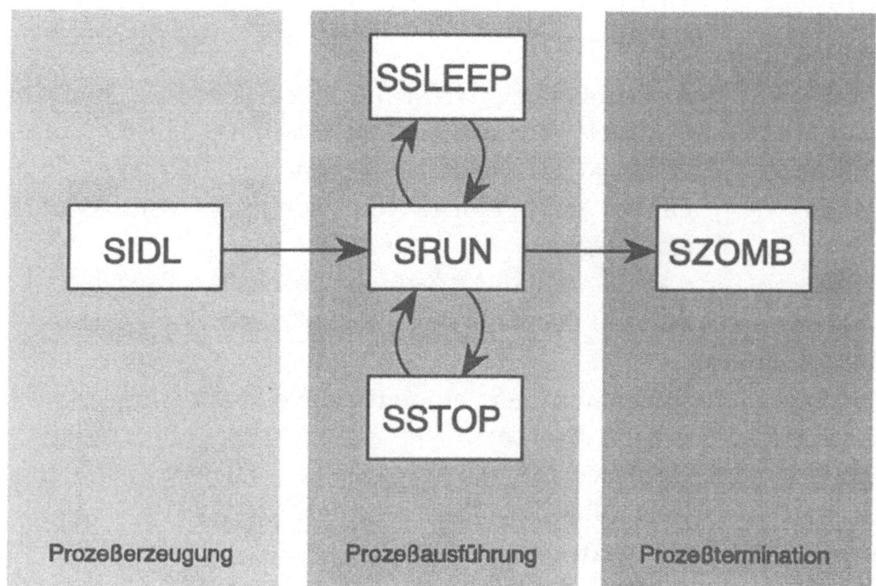

Abbildung 3.5: Die Phasen eines Prozesses

- Synchronisation
- Signale
- Ressource-Abrechnung
- Timer-Management

Jede dieser Kategorien wird in der Proc-Struktur durch eine oder mehrere Komponenten beschrieben. Die Tabelle 3.1 zeigt die einzelnen Teile der Proc-Struktur eines Prozesses im BSD 4.3 UNIX. Die aktuellen Werte vieler Komponenten der Proc-Struktur von Prozessen können mit Hilfe des Kommandos `ps` von einem Benutzer des Systems abgefragt werden.
In der Komponente `p_stat` der Proc-Struktur ist der aktuelle Zustand des Prozesses festgehalten. Das Bild 3.5 zeigt die einzelnen Phasen eines Prozesses während seiner Existenz. In der Tabelle 3.2 findet man die zu den einzelnen Phasen gehörigen Zustände, wie sie in `p_stat` vermerkt sind.
Alle Proc-Strukturen, die in einem System vorhanden sind, werden in drei Listen verwaltet. Der Status eines Prozesses entscheidet, auf welche

Scheduling	
p_pri	Augenblickliche Priorität des Prozesses; je kleiner der Wert, umso höher die Priorität.
p_userpri	Priorität für den User-Modus.
p_nice	Faktor zur Prioritätverminderung, vom Benutzer festgelegt.
p_cpu	Aktuelle CPU-Auslastung durch den Prozeß.
p_slptime	Summe der Ruhezeit des Prozesses (Inaktivität).
Identifikation	
p_pid	Prozeßnummer; eindeutige Kennung für jeden Prozeß des Systems.
p_ppid	Nummer des Vaterprozesses.
p_uid	User-Identifier des Prozesses.
Speichermanagement	
p_textp	Adresse der Datenstruktur, die den Code des Prozesses beschreibt.
p_szpt	Umfang der Seitentabellen des Prozesses.
p_addr	Lage der User-Struktur im Kern.
p_swaddr	Lage der User-Struktur auf der Platte bei einem *swap out*.
Synchronisation	
p_wchan	Ereignis, auf das der Prozeß wartet.
Signalverarbeitung	
p_sig	Maske der *hängenden* Signale.
p_sigignore	Maske für Signale, die abgelehnt werden.
p_sigcatch	Maske für *gefangene* Signale.
p_pgrp	Prozeßgruppennummer.
Ressourcenabrechnung	
p_rusage	Zeiger auf *Rusage*-Struktur.
p_quota	Zeiger auf eine Datenstruktur zur Beschreibung der Plattenlimits.
Timer-Management	
p_time	Verbrauchte CPU Zeit.

Tabelle 3.1: Komponenten der Proc-Struktur

Status	Beschreibung
`SIDL`	Während der Erzeugung mit *fork*; nicht lauffähig
`SRUN`	Prozeß ist lauffähig
`SSTOP`	Prozeß wurde durch ein Signal oder den Vaterprozeß angehalten
`SSLEEP`	Prozeß wartet auf ein Ereignis
`SZOMB`	Prozeß beendet, Status vom Vaterprozeß noch nicht abgefragt.

Tabelle 3.2: Prozeßzustände

Liste seine Proc-Struktur gelangt. Die drei Listen werden bezeichnet mit

- zombproc
- allproc
- freeproc

Die Elemente der einzelnen Listen sind über den `p_nxt`-Zeiger der Proc-Strukturen verbunden. Die Proc-Strukturen aus der Prozeßtabelle, die belegt sind, befinden sich entweder auf der *zombproc* Liste (wenn der Prozeß sich im `SZOMB`-Zustand befindet) oder auf der *allproc* Liste. Einträge in der Prozeßtabelle, die nicht in Gebrauch sind, befinden sich auf der *freeproc* Liste.
Daneben findet man alle Prozesse, mit Ausnahme des aktuellen Prozesses, entweder auf einer

- *run queue* (lauffähige Prozesse) oder
- *sleep queue* (Prozesse, die auf ein Ereignis warten).

Prozesse, die im Zustand `SSTOP` sind, befinden sich auf keiner der beiden Listen. Ein System enthält mehrere *run queues*. Eine *run queue* enthält Prozesse, deren Prioritäten in einem bestimmten Bereich liegen. Alle diese Queues sind als doppelt verkettete Listen organisiert, die über die Zeiger `p_link` und `p_rlink` der Proc-Struktur verbunden sind.
Zusätzliche Informationen über den Status eines Prozesses werden in der Komponente `p_flag` der Proc-Struktur gehalten. Die möglichen

Flag	Beschreibung
SLOAD	in den Hauptspeicher geladener Prozeß
SSYS	Systemprozeß (Swapper oder Pagedaemon)
SLOCK	Prozeß, der ausgelagert wird
SSWAP	Rückkehr nach einem Swap
STRC	ein Prozeß, der von einem Debugger kontrolliert wird
SPAGE	Prozeß, der auf eine Seite wartet, die gesucht wird
SWEXIT	Prozeß wird beendet
SPHYSIO	Prozeß führt gerade physik. I/O aus
SVFORK	Prozeß als Ergebnis von `vfork`
SNOVM	Prozeß wegen `vfork` ohne virtuellen Speicher
SVFDONE	`vfork` beendet, virtueller Speicher wird an den Vaterprozeß zurückgegeben
SLOGIN	Login Prozeß, direkter Sohn von *init*

Tabelle 3.3: Werte von `p_flag` der Proc-Struktur

Werte von `p_flag` können der Tabelle 3.3 entnommen werden. Ein Prozeß kann gleichzeitig mehrere dieser Werte haben. Das Kommando `ps -axl` gibt in der Spalte `FLAGS` den Inhalt von `p_flag` für alle Prozesse des Systems aus. Eine genauere Beschreibung kann im Handbucheintrag des Kommandos `ps` gefunden werden.

Prozeßgruppen

Eine Prozeßgruppe ist eine Sammlung von Prozessen, die in einer bestimmten Beziehung zueinander stehen, wie z.B. mehrere Kommandos, die mit einer Pipe verbunden sind. Die Prozesse dieser Kommandos gehören alle der gleichen Prozeßgruppe an. Die Prozesse einer Gruppe sind gekennzeichnet durch eine einheitliche Prozeßgruppennummer (engl.*process group identifier*), die in der Komponente `p_pgrp` der Proc-Struktur der Prozesse steht.

Eine Prozeßgruppe kann vom System als Ganzes angesprochen werden, z.B. für Signaleinrichtungen. Hat ein Benutzer auf einem Terminal mehrere Kommandos, die durch eine Pipe verbunden sind, gestartet und gibt an der Tastatur die Tastenkombination `<CTRL>-C` ein, um die

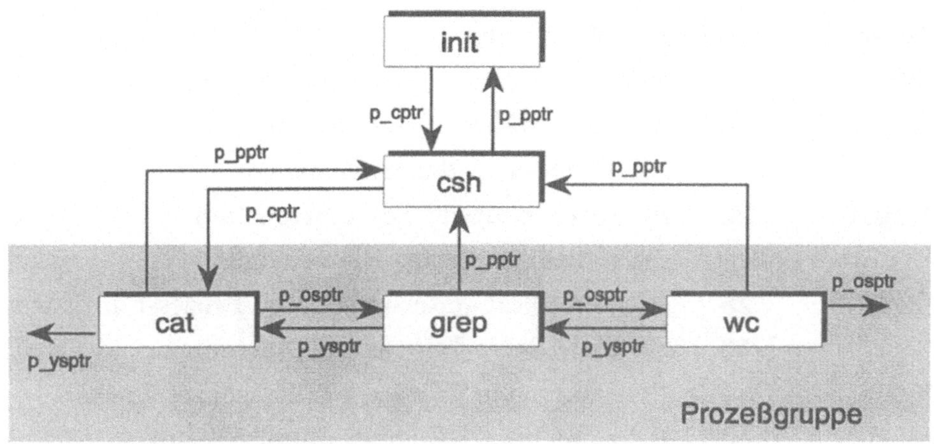

Abbildung 3.6: Prozeßgruppen

Pipe abzubrechen, muß das System jeden Prozeß der Pipe terminieren. Zu diesem Zweck schickt die Shell ein entsprechendes Signal an die Prozeßgruppe, die durch die Pipe gebildet wurde. Die Signaleinrichtungen des Systems leiten dieses Signal an jeden Prozeß der Gruppe weiter.

Das Terminal-I/O-System synchronisiert den Zugriff zu einem Terminal, indem es nur einer einzigen Prozeßgruppe erlaubt, Daten auf das Terminal auszugeben.

Die Abbildung 3.6 zeigt ein Beipiel für eine Prozeßgruppe, die durch die Prozesse `cat`, `grep` und `wc` gebildet wird. Diese Prozesse sind unabhängig vom Prozeß `csh` oder `init`. Diese Trennung ermöglicht es, die drei Prozesse der Gruppe zu starten oder anzuhalten, als Gruppe in den Vordergrund oder Hintergrund zu setzen.

Neben der Prozeßgruppe sind in der Abbildung 3.6 noch die Zeiger aus der Proc-Struktur der Prozesse zu erkennen, über die die Prozesse verbunden sind. Die Zeiger `p_cptr` und `p_pptr` verweisen auf den jeweiligen Sohn- bzw. Vaterprozeß. Mit den Zeigern `p_osptr` und `p_ysptr` sind die Prozesse einer Prozeßgruppe verbunden.

Der Systemprozeß `init` ist der Urvater aller Prozesse des Systems. Eine seiner Aufgaben ist die Steuerung der Login-Prozesse des Systems, d.h. alle Login-Prozesse sind direkte Söhne des init-Prozesses. Meldet sich ein Benutzer beim System an, wird sein Login-Prozeß, wie im Bild zu sehen, durch eine Shell ersetzt. Der init-Prozeß hat jetzt anstelle des Login die Shell als Sohnprozeß. Von der Shell aus kann der Benutzer die im Bild zu sehende Kommandopipe starten.

Priorität	Wert	Beschreibung
PSWP	0	Priorität während des Swapping-Prozesses
PINOD	10	Priorität während des Ladens eines Inodes in den Speicher
PRIBIO	20	Priorität während des Wartens auf die Erledigung eines Platten-I/O
PZERO	25	Basispriorität unterbrechbarer Prozesse im Kern
PWAIT	30	Priorität beim Warten auf Ressourcen
PLOCK	35	Priorität beim Warten auf Ressource-Locks
PSLEEP	40	Priorität beim Warten auf ein Ereignis
PUSER	50	Basispriorität für Ausführung im User-Modus

Tabelle 3.4: Prozeßprioritäten

Prioritäten

Jedem Prozeß im System sind zwei Prioritäten zugeordnet, deren Wert und Bedeutung unterschiedlich ist:

- *user priority*
- *kernel priority*

Die beiden Werte beziehen sich jeweils auf die Priorität im User- und Kern-Modus, d.h. nur wenn sich der Prozeß im jeweiligen Modus befindet, ist die entsprechende Priorität gültig. Der Wertebereich der Prioritäten erstreckt sich von 0 bis 127. Je kleiner der Wert der Priorität ist, umso höher ist die Priorität des Prozesses im System. Die Werte kleiner als 50 sind für die Kernprioritäten, die über 50 für die Prioritäten im User-Modus reserviert.
Befindet sich ein Prozeß im Kern-Modus und muß auf ein Ereignis warten, legt er sich mit einer bestimmten Priorität schlafen. Die Tabelle 3.4 zeigt die verschiedenen Ereignisse mit den zugehörigen Prioritäten, auf deren Beendigung ein Prozeß warten kann.
Hat ein Prozeß eine Priorität im Bereich PZERO bis PUSER, kann er durch Signale geweckt werden. Im Bereich unterhalb von PZERO ist keine Unterbrechung möglich, der Prozeß kann nur durch das Ereignis selbst geweckt werden.

Die aktuelle Priorität eines Prozesses kann mit dem ps-Kommando ermittelt werden. Die Spalte PRI in der Ausgabe des Kommandos zeigt den Wert der Priorität an. Dabei wird die Basispriorität PZERO mit 0 angegeben. Negative Prioritäten bedeuten also, daß der Prozeß auf ein Ereignis wartet und nicht durch ein Signal unterbrochen werden kann.

3.5.1.2 User-Struktur

Neben der Proc-Struktur gibt es im System eine weitere Datenstruktur, die wichtige Informationen über einen Prozeß enthält, die User-Struktur. Die User-Struktur ist im Gegensatz zur Proc-Struktur Teil des virtuellen Adreßraums eines Prozesses. Der Prozeß kann allerdings im User-Modus nicht auf sie zugreifen. Tritt der Prozeß in den Kern ein, d.h. er wechselt in den Kern-Modus, kann er auf seine User-Struktur über eine feste Adresse im virtuellen Adreßraum des Kerns zugreifen. Die MMU übernimmt die Aufgabe, die User-Struktur des aktuellen Prozesses auf diese feste Kernadresse abzubilden.
Die Informationen aus der User-Struktur braucht das System nur, wenn der Prozeß aktiv ist. Aus diesem Grund muß die User-Struktur nicht beständig im Hauptspeicher des Rechners vorliegen, sondern kann wie jeder andere Teil des virtuellen Adreßraums des Prozesses auf einen Hintergrundspeicher ausgelagert werden.
Die User-Struktur eines Prozesses enthält Informationen zu folgenden Bereichen:

- Den Ausführungsstatus im Kern- und User-Mode.
- Das Ergebnis von Systemaufrufen.
- Die Prozeß-File-Tabelle.
- Abrechnungsinformationen
- Die Ressource-Steuerung.
- Den Kern-Stack des Prozesses für den Kern-Modus.

Für die User-Struktur sind z.B. auf einer VAX[8] der Firma Digital Equipment mit dem Betriebssystem 4.3.BSD zehn Seiten mit 512 Bytes reserviert. Die statische Information in der User-Struktur belegt 2.5

[8] Auf diesem Rechner wurde 4.3 BSD UNIX entwickelt

KB. Die restlichen 2.5 KB stehen für den Kern-Stack zur Verfügung. Deshalb können keine tief verschachtelten Routinen im Kern-Modus laufen, da der Kern-Stack sonst sehr schnell *überläuft.*

3.6 Kontextwechsel

Wie bereits erwähnt, versteht man unter einem Kontextwechsel das Austauschen des aktuellen Prozesses mit seinem Kontext gegen einen anderen Prozeß mit dessen Kontext. Durch einen Kontextwechsel wird also die Kontrolle über die CPU an einen neuen Prozeß übergeben.
Eine besondere Art des Kontextwechsels stellt der Kontextwechsel innerhalb eines Prozesses dar, der im Abschnitt 3.6.3 besprochen wird.
Im System gibt es zwei Arten von Kontextwechseln zwischen Prozessen:

1. absichtlich oder freiwillig (d.h. vom Prozeß gewollt, um z.B. auf ein Ereignis zu warten)

2. unabsichtlich oder unfreiwillig (wenn z.B. die Zeitscheibe des Prozesses abgelaufen ist).

Ein absichtlicher Kontextwechsel wird durch die Kernroutine `sleep` realisiert. Diese Routine ist nicht zu verwechseln mit der gleichnamigen Funktion aus der Standardbibliothek des Systems.
Bei einem unfreiwilligen Kontextwechsel wird der aktuelle Prozeß vom System gezwungen, die *low-level*-Context-Switch Routinen aufzurufen. Dies sind die Funktionen

- `swtch`

- `resume`

Die Implementation beider Routinen ist stark vom System und der Hardware abhängig. Wegen dieser Hardwarenähe sind beide Routinen typischerweise in Assembler geschrieben und gehören zur unteren Kernhälfte.
Hardware Interrupts bewirken keinen Kontextwechsel. Da die Interrupt Service Routinen ohne eigenen Kontext laufen, ist kein Kontextwechsel notwendig, wenn das System auf einen Interrupt reagiert. Die Interrupts werden vom System unsichtbar für den Benutzer bedient.

3.6.1 Kontextwechsel auf niedriger Systemebene

Bei einem Kontextwechsel muß die User-Struktur des aktuellen Prozesses gegen die User-Struktur des neuen Prozesses ausgewechselt werden. Dies geschieht durch Abbilden (engl. *mappen*) des physikalischen Speichers der neuen User-Struktur an eine bestimmte Stelle im virtuellen Adreßraum des Kerns. Dies wird erreicht durch den Austausch des Prozeß-Kontroll-Blocks (PCB), der mit Hilfe spezieller Prozessorinstruktionen effizient durchgeführt werden kann.
Eine zentrale Rolle beim Kontextwechsel kommt den beiden Routinen `swtch` und `resume` zu. Beide laufen mit höchster Interruptpriorität im Kern des Systems ab, d.h. während sich das System in einer der beiden Routinen befindet, können keine Interrupts bedient werden.
Die Routine `swtch` hat die Aufgabe, einen Prozeß auszuwählen, der als nächstes ablaufen darf (Scheduling). Zu diesem Zweck wählt sie aus allen lauffähigen Prozessen denjenigen mit der gerade höchsten Priorität aus und startet die Funktion `resume`. Die Funktion `resume` führt dann den eigentlichen Kontextwechsel durch und läßt den neuen Prozeß laufen.

3.6.2 Freiwilliger Kontextwechsel

Ein absichtlicher (freiwilliger) Kontextwechsel ist notwendig, wenn ein Prozeß auf den Zugriff auf eine Ressource oder das Eintreten eines Ereignisses warten muß. Dazu ruft der Prozeß im Kern des Systems die Routine `sleep` auf. An die Routine `sleep` werden zwei Parameter übergeben, die Adresse einer Datenstruktur (engl. *wait channel*) und eine Priorität. Die Datenstruktur identifiziert die Ressource oder das Ereignis, auf das der Prozeß wartet. Die Priorität wird dem Prozeß zugeteilt, wenn er wieder lauffähig ist (entspricht nicht der Priorität im User-Modus), d.h. wenn die Ressource, auf die der Prozeß gewartet hat, verfügbar ist oder das gewünschte Ereignis eingetreten ist. Die Priorität bestimmt die Run-Queue, in die der Prozeß eingereiht wird.

Die Funktion sleep

Ein Prozeß ruft die Funktion `sleep` auf, um einen freiwilligen Kontextwechsel durchführen zu lassen. Zu diesem Zweck führt die Funktion `sleep` folgende Schritte aus:

1. Verhindern von Interrupts, die Prozeßstatusübergänge auslösen könnten, indem die Interruptprioritätsebene des Prozessors auf den Wert `splhigh`[9] angehoben wird.

2. Die Adresse der Datenstruktur (*wait channel*), die das Ereignis kennzeichnet, auf das der Prozeß wartet, wird in der Komponente `p_wchan` der Proc-Struktur des Prozesses erfaßt und damit eine Sleep-Queue ermittelt, in die der Prozeß eingereiht wird.

3. Die Priorität des Prozesses wird auf die übergebene Priorität gesetzt.

4. Den Prozeß am Ende der ermittelten Sleep-Queue einreihen.

5. `Swtch` aufrufen, damit ein neuer Prozeß eingeplant und der Kontextwechsel durchgeführt wird.

Ein Prozeß, der sich *schlafen legt*, kann geweckt werden durch:

- das Ereignis, auf das er wartet oder
- ein Signal, das an den Prozeß geschickt wurde.

Ein Prozeß, der sich mit einer Priorität zwischen `PUSER` und `PZERO` zum Schlafen bringt, kann durch ein Signal geweckt werden und als lauffähig markiert werden. Dies ist der Fall, wenn ein Prozeß auf Eingaben von einem Terminal wartet. Ein Prozeß mit einer Priorität kleiner `PZERO` ist nicht unterbrechbar, d.h. er behält auch alle seine Ressourcen solange, bis das Ereignis eintritt, auf das er wartet. Ein Prozeß legt sich z.B. mit einer Priorität kleiner als `PZERO` schlafen, wenn er auf das Ende einer Übertragung von Daten zur Festplatte warten muß.
Für jedes Ereignis gibt es im System eine Liste, die alle Prozesse enthält, die auf dieses Ereignis warten. Tritt ein bestimmtes Ereignis ein, werden alle Prozesse, die auf dieses Ereignis gewartet haben, also alle Prozesse einer bestimmten Liste, durch einen Aufruf der Funktion `wakeup` geweckt. Da die Ressource, auf die die Prozesse gewartet haben, typischerweise nur exklusiv, d.h. von einem Prozeß verwendet werden kann, entsteht ein Wettrennen um das Belegen der Ressource. Der Prozeß, der dieses Rennen gewinnt, belegt die Ressource, während alle anderen Prozesse sich wieder schlafen legen.

[9]siehe 3.6.4

Ein typisches Beispiel für ein solches Warten auf eine Ressource zeigt der Algorithmus `ialloc` des Filesystems (siehe 2.21). Wenn mehrere Prozesse gleichzeitig versuchen, einen Inode zu allozieren, legen sich diese Prozesse durch den Aufruf von `sleep` schlafen, wenn der Superblock des Filesystems blockiert ist. Wird der Superblock wieder frei, werden diese Prozesse alle geweckt und beginnen, die while-Schleife erneut zu durchlaufen. Einer dieser Prozesse wird der erste sein, der die Anweisung zum Sperren des Superblocks ausführt und damit alle anderen Prozesse zwingt, sich wieder schlafen zu legen. Dieses Verfahren mag auf den ersten Blick unfair erscheinen, da es möglich ist, Ereignisreihenfolgen zu konstruieren, die einen Prozeß sehr lange aufhalten. Da jedoch nach einem `wakeup` alle Prozesse die gleichen Chancen haben, die Ressource zu erlangen, ist das Verfahren durchaus fair. Die Wahrscheinlichkeit spricht gegen das Auftreten von Ereignisfolgen, die einen Prozeß unnötig lange am Laufen hindern.

Wakeup-Algorithmus

Wenn auf einem *wait channel* ein Ereignis eintritt, weckt `wakeup` der Reihe nach alle Prozesse, die auf der Liste des Ereignisses schlafen. Für jeden Prozeß müssen dazu folgende Schritte ausgeführt werden.

1. Der Prozeß wird aus der Sleep-Queue entfernt.

2. Die Priorität des User-Modus wird neu berechnet, falls der Prozeß länger als eine Sekunde geschlafen hat[10].

3. Der Prozeß wird als lauffähig markiert und auf der Run-Queue plaziert, die seiner Priorität entspricht, wenn er in der Zwischenzeit nicht ausgelagert wurde. In diesem Fall wird der Prozeß erst eingelagert und anschließend in die seiner Priorität entsprechenden Liste eingehängt.

Eine weitere wichtige Aufgabe der Routinen `sleep` und `wakeup` ist die Synchronisation der Zugriffe von Routinen der oberen und unteren Kernhälfte auf gemeinsam genutzte Datenstrukturen. Der Abschnit 3.6.4 erläutert diese Aufgabe genauer.

[10]siehe 3.6.6.1

3.6.3 Kontextwechsel innerhalb eines Prozesses

Der Kontextwechsel innerhalb eines Prozesses stellt eine Sonderform des Kontextwechsels dar. Durch ihn wird kein anderer Prozeß zum Laufen gebracht, vielmehr bleibt der gerade aktive Prozeß am Laufen. Der Kontextwechsel innerhalb eines Prozesses (engl. *intraprocess context switch*) wird auch *nonlocal-goto* genannt.
Er wird im Kern durch die Routinen

- `setjmp(env)`
- `longjmp(env,val)`

realisiert.
Die beiden Routinen sind auch in der Standardbibliothek des Systems enthalten und können für *non-local gotos* im User-Modus eingesetzt werden. Beide Funktionen agieren in diesem Fall komplett außerhalb des Systemkerns.
Mit einem Aufruf der Funktion `setjmp` wird in einem Prozeß ein Punkt festgelegt, an den danach von beliebiger Stelle aus mit einem `longjmp`-Aufruf gesprungen werden kann. Die Routine `setjmp` liefert beim erfolgreichen ersten Aufruf immer 0 als Ergebnis zurück. Als Parameter bekommt `setjmp` eine Datenstruktur übergeben, in der der aktuelle Programmzustand festgehalten wird. Nach einem Aufruf von `longjmp`, mit dieser Datenstruktur als Parameter, wird an der Stelle im Prozeß fortgefahren, an der zuvor `setjmp` aufgerufen wurde und zwar genau so, als wäre die Funktion `setjmp` gerade aufgerufen worden. An die Funktion `longjmp` wird ein zweiter Parameter `val` übergeben, dessen Wert als Ergebnis dieses `setjmp` Aufrufs zurückgegeben wird. Globale Variablen bzw. lokale Variablen, die im Stack über dem Stand des Stackzeigers lagen, als die Funktion `setjmp` aufgerufen wurde, behalten ihren Wert.
Da durch einen Aufruf von `longjmp` der aktuelle Kontext in einen früher gültigen Kontext verwandelt wird, aber der gleiche Prozeß am Laufen bleibt, nennt man diesen Kontextwechsel auch ein *nonlocal goto* oder einen *intraprocess context switch.*
Im nachfolgenden Programmfragment sieht man einen Kontextwechsel innerhalb eines Prozesses:

```
if ((v=setjmp(env)) != 0)
 {
```

```
    printf ("longjmp ausgefuehrt. Wert -> %d", v);
    exit (0);
}
    ...
    ...
/* spaeter im Programm */
longjmp (env,val);
```

Der erste Aufruf von `setjmp` liefert 0 als Ergebnis, und demzufolge werden die Anweisungen in den geschweiften Klammern nicht ausgeführt. Im weiteren Verlauf des Programms, wenn `longjmp` aufgerufen wird, springt das Programm an die Stelle des `setjmp`-Aufrufs und gibt den Wert `val` als Ergebnis zurück, der zur Abarbeitung der beiden Anweisungen `printf` und `exit` führt.
Bisher wurde die Funktion der Routinen `setjmp` und `longjmp` aus der Standardbibliothek erläutert. Für die beiden Kernfunktionen mit gleichem Namen gelten alle Ausführungen in gleicher Weise. Die Funktion `setjmp` sichert ihren Kontext in einem Teil der User-Struktur.
Nonlocal-gotos werden im Systemkern nur sehr sparsam eingesetzt und nie verschachtelt. Sie finden ihre Anwendung, wenn z.B. ein Signal einen Systemaufruf unterbricht und dieser Systemaufruf wiederholt werden muß. Aus diesem Grund wird in der Funktion `syscall`, vor der Abarbeitung des eigentlichen Systemaufrufs, der aktuelle Kontext durch einen Aufruf von `setjmp` gesichert. Muß der Systemaufruf wiederholt werden, führt der Kern eine `longjmp` Anweisung aus und setzt den Ausführungskontext wieder zurück auf den Zustand vor der Abarbeitung des Systemaufrufs.

3.6.4 Synchronisation

In diesem Abschnitt werden Synchronisationsmechanismen beschrieben, wie sie in einem System zur Anwendung kommen, das genau einen Prozessor enthält. Die meisten heute gebräuchlichen Rechner, auf denen UNIX läuft, sind solche Uniprozessormaschinen[11]. Bei Multiprozessormaschinen sind andere Synchronisationsschemata notwendig. Die meisten großen Systemhersteller bieten Multiprozessormaschinen im oberen Leistungsbereich ihrer Rechnerpalette an. Als Beispiel seien

[11]Der Autor schrieb diesen Satz im Jahr 1992 und wußte nicht, wie schnell die Entwicklung auf dem Workstationbereich voranschreitet.

hier die Firmen Sun Microsystems, Digital Equipment und Data General genannt. Das Betriebssystem auf Multiprozessormaschinen dieser Hersteller ermöglicht ein *symmetrisches Multiprozessing (SMP)*. Dabei werden auf den Prozessoren mehrere Prozesse parallel abgearbeitet. Es kann jedoch kein Prozeß auf mehr als einer CPU gleichzeitig laufen.

Nach diesem Exkurs wieder zurück zu Synchronisationsmechanismen bei Einprozessormaschinen. Normalerweise geschieht eine Prozeßsynchronisation, um z.B. den Zugriff auf eine Ressource zu steuern, mit Hilfe von zwei boolschen Variablen: *locked* und *wanted*. Greift ein Prozeß A auf eine Ressource zu, setzt er die boolsche Variable *locked* auf *true*. Möchte Prozeß B auf die gleiche Ressource zugreifen, überprüft er zuvor die Variable *locked*, stellt fest, daß die Ressource belegt ist, setzt die Variable *wanted* auf *true* und legt sich durch einen Aufruf von `sleep` schlafen. Wenn jetzt Prozeß A die Ressource freigibt, setzt er *locked* auf *false* und weckt, wenn das *wanted*-Flag gesetzt war, alle Prozesse, die auf die Ressource warteten, mit Hilfe der Routine `wakeup`. Gleichzeitig weist er der Variablen `wanted` den Wert *false* zu.

Das gerade beschriebene Verfahren setzt allerdings voraus, daß alle beteiligten Prozesse einen eigenen Kontext haben und demzufolge einen freiwilligen Kontextwechsel durchführen können. Dies trifft jedoch nur für die Funktionen aus der oberen Kernhälfte zu, die tatsächlich einen derartigen Mechanismus zur Synchronisation verwenden. Die Routinen aus der unteren Kernhälfte haben keinen Prozeßkontext und sind deshalb nicht in der Lage, mit einem `sleep`-Aufruf auf eine Ressource zu warten. Aus diesem Grund kann der Systemkern die Zugriffe von Routinen der oberen und unteren Kernhälfte auf gemeinsam genutzte Datenstrukturen nicht durch den zuvor beschriebenen Mechanismus synchronisieren.

Unter UNIX wird ein sicherer Zugriff von Funktionen aus beiden Kernhälften auf gemeinsame Ressourcen dadurch erreicht, daß die Routinen aus der unteren Kernhälfte während der Nutzung einer Ressource durch die obere Hälfte am Laufen gehindert werden. Es ist nicht notwendig, alle Funktionen der unteren Kernhälfte am Laufen zu hindern, zumindest aber die Funktionen, die die benutzte Ressource benötigen könnten. Da die Routinen der unteren Kernhälfte durch Interrupts gestartet werden, können diese Funktionen am Laufen gehindert werden, wenn man bestimmte Interrupts nicht zuläßt. Dies kann erreicht werden durch ein Anheben der Interruptpriorität des Prozessors. Nach

Name	Wert	blockiert
spl0	0	nichts (normaler Betriebs-Modus)
splsoftclock	8	Clock-Processing niedriger Priorität
splnet	12	Netzwerk-Protokoll-Processing
spl4	20	Geräte mit niedriger Priorität
spltty	21	Terminal-Multiplexer
splbio	21	Platten-, Magnetbandcontroller
splimp	22	Netzwerk-Device-Controller
splclock	24	Clock-Processing hoher Priorität
splhigh	31	jede Interrupt-Aktivität

Tabelle 3.5: Interruptebenen unter UNIX

einem solchen Anheben werden nur noch Interrupts mit einer höheren Priorität als die gerade gültige Interruptpriorität bedient.

Interruptprioritäten

Die Tabelle 3.5 zeigt die verschiedenen Ebenen der Interruptprioritäten, wie sie typischerweise in UNIX-Systemen verwendet werden. Die Namen der Funktionen setzen sich zusammen aus den Anfangsbuchstaben von *set priority level* und dem Namen der Gruppe von Interrupts, die verhindert werden sollen.
Das nachfolgende Beispiel zeigt, wie die Funktionen aus der Tabelle 3.5 eingesetzt werden, um den Zugriff auf die Datenstrukturen einer Schnittstelle zu einem Terminal zu synchronisieren.

```
s = spltty(); /* Interruptprioritaet anheben */
....          /* Daten des Terminals aendern*/
splx (s);     /* Interruptprioritaet zuruecksetzen */
```

Um zu verhindern, daß Routinen aus der unteren Kernhälfte die Datenblöcke eines Terminals verändern, müssen alle Aufrufe von Routinen, die diese Datenstrukturen verwenden, verhindert werden. Zu diesem Zweck wird die Interruptpriorität so hoch gesetzt, daß keine Interrupts, die eine Terminalroutine starten würden, bedient werden. In der Variablen `s` wurde die Interruptpriorität gespeichert, die vor dem Aufruf von `spltty` gültig war.

3.6.5 Prozeßscheduling

Unter dem Scheduler eines Betriebssystems versteht man eine Funktion, die die Aufeinanderfolge der Prozesse eines Systems plant, d.h. entscheidet, welches der aktive Prozeß ist, und welcher Prozeß als nächster aktiv wird. Der Scheduler ist dafür verantwortlich, jeden Prozeß für die Ablaufkontrolle einzuplanen.
An ein Schedulingverfahren werden bestimmte Ansprüche gestellt:

Fairneß Der Scheduler muß alle Prozesse fair behandeln. Ein Prozeß muß vom Scheduler innerhalb vernünftiger Grenzen zum Laufen eingeplant werden. Kein Prozeß darf benachteiligt werden.

Starvation Kein Prozeß darf bei der Planung der Verarbeitungsreihenfolge ausgeschlossen werden.

Verklemmungsfrei Das System muß die Prozesse so einplanen, daß keine Prozesse zyklisch auf Ereignisse warten, die nur von einem anderen Prozeß des Zyklus ausgelöst werden können.

Die Wahl einer Schedulingstrategie hängt von zwei Faktoren ab:

- von der Art der Programme, die das System unterstützen soll, und
- von den Planungszielen des Systems.

Programme werden charakterisiert durch:

- Laufzeit
- I/0-Aufkommen
- Speicherbedarf

Die Laufzeit und das I/O-Aufkommen von Prozessen bestimmen, im Rahmen der Planungsziele des Systems, die Reihenfolge der Abarbeitung von Prozessen in einem System. Da beide Parameter nicht im voraus bestimmt werden können, ist die Typisierung von Prozessen noch vor dem Programmstart sehr schwierig. Schedulingverfahren versuchen normalerweise, die Ausnutzung der Systemressourcen mit der Zeit auszugleichen, die bis zur Beendigung des Prozesses noch vergeht.

UNIX benutzt ein prioritätsgesteuertes Schedulingverfahren, das interaktive Programme gegenüber lang laufenden Batch-Jobs bevorzugt. Interaktive Programme neigen dazu, kurze Ausbrüche von Berechnungen zu zeigen, gefolgt von Perioden an Inaktivität oder I/O. Ein typisches Beispiel für solche Programme sind Editoren. Ein Prozeß, mit dem ein Editor ausgeführt wird, wartet die meiste Zeit auf einen Tastendruck am Terminal, verarbeitet den Tastendruck in relativ kurzer Zeit und wartet auf den nächsten Tastendruck.
Die in UNIX-Systemen verwendete Schedulingstrategie läßt sich folgendermaßen beschreiben:

- Jeder Prozeß hat beim Start eine hohe Priorität und darf in einer festen Zeitscheibe ablaufen.
- Prozesse, die in ihrer Zeitscheibe laufen, verringern ihre Priorität kontinuierlich.
- Prozesse, die die CPU freiwillig abgeben (z.B. um auf das Ergebnis von I/O-Operationen zu warten) behalten ihre Priorität.
- Die Priorität von inaktiven Prozessen, die aber laufen könnten, wird erhöht.

Dieses Verfahren bevorzugt eindeutig interaktive Prozesse, die meist inaktiv sind und deshalb ihre hohe Priorität behalten, wohingegen CPU-intensive Prozesse schnell eine niedrigere Priorität erreichen.
Der Systemverwalter, aber auch jeder Benutzer, hat die Möglichkeit, auf die Veränderung der Prozeßpriorität Einfluß zu nehmen. Beide können mit Hilfe des Systemaufrufs `nice` das Wachstum der Priorität eines Prozesses während seiner Laufzeit beschleunigen und dadurch eine geringere Belastung des Systems durch einen Prozeß erreichen. Der Superuser hat auch die Möglichkeit, das Anwachsen der Priorität eines Prozesses zu verlangsamen oder gar zu unterbinden. Auf diese Weise kann er Prozesse erzeugen, die vom System häufiger als andere Prozesse zum Laufen eingeplant werden.
Eine weitere wichtige Aufgabe der Schedulingstrategie eines Systems ist die Überwachung und Verwaltung des Speicherbedarfs aller Prozesse, um einen Zustand zu verhindern, den man mit *Thrashing* bezeichnet. Das System versucht mit Hilfe des Paging-Verfahrens[12] immer genügend freie Speicherseiten vorrätig zu halten, um Anforderungen nach freien

[12]siehe 4.4

Speicherseiten unverzüglich erfüllen zu können. Sinkt die Menge der freien, nicht benutzten Speicherseiten, unter eine gewisse Marke, ist das System nur noch mit Paging beschäftigt, um die Anforderungen nach Speicherseiten zu erfüllen. Diesen Zustand nennt man Thrashing. Wenn die Menge der freien Speicherseiten unter diese Marke sinkt, sucht das System die vier Prozesse, die den meisten Speicher belegen. Aus diesen wird derjenige ausgewählt, der die längste Zeit im Speicher war. Dieser Prozeß wird komplett aus dem Hauptspeicher auf den Hintergrundspeicher ausgelagert. Der dadurch frei gewordene Speicher kann an die übrigen Prozesse verteilt werden. Wenn das Thrashing anhält, werden weitere Prozesse ausgewählt und ausgelagert, bis genügend Speicher für andere Prozesse frei ist, so daß diese effektiv laufen können.

Die Priorität der ausgelagerten Prozesse wird mit der Zeit wieder genügend wachsen, so daß sie wieder vom Scheduler zum Laufen eingeplant werden und Seite für Seite wieder zurück in den Hauptspeicher kommen. Eventuell kehrt der Zustand des Thrashing wieder zurück. In diesem Fall ist der gerade eingelagerte Prozeß aber nicht mehr die längste Zeit speicherresident, und andere Prozesse werden für das Auslagern ausgewählt.

Bei anderen Arten von Betriebssystemen, z.B. batchorientierte oder Echtzeitbetriebssysteme sind andere Strategien für das Scheduling notwendig. Das unter UNIX verwendete Verfahren erlaubt es nicht, Anwendungen zu implementieren, die unter Echtzeitbedingungen ablaufen können, da vom System nicht garantiert werden kann, daß ein Prozeß innerhalb vorgegebener Zeitschranken wieder die Kontrolle über die CPU erlangt. Es gibt jedoch auch unter den UNIX-Systemen Varianten, die Echtzeiteigenschaften besitzen. Bei diesen Systemen wird eine grundsätzlich andere Schedulingstrategie verwendet als bei den herkömmlichen UNIX-Systemen.

3.6.6 Der Prozeßscheduler

Wie bereits gezeigt, hat der Scheduler des Systems die Aufgabe, den Speicherbedarf aller Prozesse zu überwachen und die Reihenfolge der Prozesse festzulegen, in der sie ablaufen dürfen. Unter UNIX wird dazu ein Algorithmus verwendet, dem *multilevel feedback queues* zugrunde liegen. Zur Verwaltung aller Prozesse gibt es im System mehrere Listen (engl. *run queues*), in denen alle lauffähigen Prozesse aufgeführt

sind. Jeder lauffähige Prozeß hat im System eine Priorität, die festlegt, auf welcher Liste er plaziert wird. Jede Liste entspricht einer Prioritätsstufe.
Zur Auswahl des Prozesses, der als nächstes ablaufen soll, durchsucht der Scheduler diese Listen von der höchsten bis zur niedrigsten Priorität und wählt den ersten Prozeß aus der Liste mit der höchsten Priorität aus.
Wenn mehrere Prozesse auf einer Liste vorhanden sind, werden diese vom System der Reihe nach ausgeführt. Jeder Prozeß darf für eine bestimmte Dauer (Zeitscheibe) laufen und muß nach Ablauf seiner Zeitscheibe die Kontrolle über die CPU abgeben. Hat ein Prozeß seine Zeitscheibe aufgebraucht, wird er an das Ende einer *run queue* gesetzt, die seiner aktuellen Priorität entspricht. Der Prozeß, der am Anfang der Liste mit der höchsten Priorität steht, wird gestartet.
Je kleiner die Zeitscheibe für jeden Prozeß ist, umso besser ist das interaktive Antwortverhalten der Prozesse. Lange Zeitintervalle gewähren einen höheren Durchsatz von Prozessen, weil weniger Zeit für Kontextwechsel benötigt wird.
Die Zeitscheibe, die von 4.3 BSD UNIX verwendet wird, beläuft sich auf 0.1 Sekunden. Dieser Wert wurde empirisch ermittelt und entspricht dem maximalen Quantum, das die Antwortzeiten von interaktiven Programmen in erträglichen Grenzen hält.
Die Priorität eines Prozesses ändert sich während der Lebensdauer des Prozesses fortwährend. Demzufolge wird ein Prozeß während seiner Laufzeit zwischen den verschiedenen *run queues* hin- und hergeschoben. Auf Grund dieser Tatsache werden diese Listen *feedback queues* genannt.
Wenn ein Prozeß, der gerade nicht läuft, eine höhere Priorität erreicht als der aktuelle Prozeß, schaltet das System auf diesen Prozeß, wenn das Zeitquantum des aktuellen Prozesses abgelaufen ist.

3.6.6.1 Berechnung der Prozeßpriorität

Die Priorität eines Prozesses wird durch zwei Faktoren, die in der Proc-Struktur des Prozesses stehen, beeinflußt.

p_cpu Wert für die Auslastung der CPU durch den Prozeß.

p_nice ist ein Faktor, der direkt vom Benutzer beim Start des Prozesses festgelegt werden kann. Sein Wert liegt im Bereich zwischen -20 und 20, wobei 0 angenommen wird, wenn der Benutzer keinen Wert spezifiziert. Die negativen Werte darf nur der Superuser des Systems verwenden. Der Wert kann mit dem Kommando `nice` beim Prozeßstart festgelegt werden oder mit dem Kommando `renice` während der Laufzeit des Prozesses verändert werden.

Für die Berechnung der Prozeßprioritäten werden folgende Gleichungen verwendet:

$$p\_usrpri = PUSER + \left\lfloor \frac{p\_cpu}{4} \right\rfloor + 2 * p\_nice \tag{3.1}$$

$$p\_cpu = \frac{(2 * load)}{(2 * load + 1)} * p\_cpu + p\_nice \tag{3.2}$$

$$p\_cpu = \left(\frac{(2 * load)}{(2 * load + 1)} \right)^{p\_slptime} * p\_cpu \tag{3.3}$$

Die Priorität für den User-Modus eines Prozesses wird alle 4 Clock-Ticks mit der Formel 3.1 neu berechnet. Dies bedeutet bei einer Frequenz der Hardwareuhr von 100 Ticks in der Sekunde, daß alle 40 ms die Priorität des Prozesses im User-Modus neu bestimmt wird. Der Wert von PUSER ist 50, die Basispriorität eines Prozesses im User-Modus. Der maximale Wert von `p_usrpri` ist 127. Ergeben sich durch die Formel Werte, die größer als 127 sind, werden sie auf 127 festgesetzt. Der vom Benutzer kontrollierbare Parameter `p_nice` wirkt als Wichtungsfaktor. Ein negativer Wert bewirkt ein langsameres Steigen des Prioritätswertes und damit langsameres Sinken der Priorität des Prozesses.
Die CPU Auslastung eines Prozesses `p_cpu` wird bei jedem Clock-Tick der Hardwareuhr erhöht[13]. Einmal pro Sekunde wird dieser Wert mit der Formel 3.2 korrigiert. Da diese Formel normalerweise eine Verminderung des Faktors `p_cpu` bewirkt, bezeichnet man sie als Zerfallsfilter (engl. *decay filter*).
Der Parameter `load` ist die durchschnittliche Länge der *run queues* während der letzten Minute, also ein Maß für die Anzahl der Prozesse und damit für die Auslastung des Systems.
Das nachfolgende Beispiel verdeutlicht die Wirkung dieses Filters. In einem System sei nur ein Prozeß lauffähig, was zur Folge hat, daß der Wert für `load` genau 1 ist. Dadurch vereinfacht sich die Formel 3.2 zu

$$p\_cpu = 0.66 * p\_cpu + p\_nice$$

[13] siehe auch 3.2.9.1

Desweiteren sei `p_nice` $= 0$ und T_i die Anzahl der Ticks, die ein Prozeß über ein Zeitintervall i sammelt:

$$\begin{aligned}
p_cpu &= 0.66 * T_0 \\
p_cpu &= 0.66 * (T_1 + 0.66 * T_0) \\
p_cpu &= 0.66 * T_2 + 0.44 * T_1 + 0.30 * T_0 \\
p_cpu &= 0.66 * T_3 + \cdots + 0.20 * T_0 \\
p_cpu &= 0.66 * T_4 + \cdots + 0.13 * T_0
\end{aligned}$$

Die letzte Zeile zeigt die Auslastung der CPU durch den Prozeß nach fünfmaliger Anwendung des Decayfilters. Aus dem Faktor 0.13 des letzten Summanden sieht man, daß 90% der CPU-Belastung nach 5 Sekunden vergessen sind. Der Filter verhindert also, daß langlaufende Prozesse während ihrer Lebensdauer beständig für ihre lange Laufzeit bestraft werden.
Prozesse, die auf ein Ereignis warten oder angehalten (Status des Prozesses ist `SSTOP`) sind, sind nicht lauffähig und können demzufolge keine CPU Auslastung akkumulieren. Ihre CPU-Auslastung wird nicht mit der Formel 3.2 jede Sekunde bestimmt. Die CPU-Auslastung eines nichtlauffähigen Prozesses wird in einem Schritt durch die Formel 3.3 berechnet, wenn der Prozeß wieder lauffähig wird. Wenn ein Prozeß sich mit `sleep` schlafen legt, setzt das System die Komponente `p_slptime` seiner Proc-Struktur auf 0 und erhöht einmal pro Sekunde diesen Wert um 1, solange der Prozeß im Zustand `SSLEEP oder \verb`SSTOP+ verbleibt.
Daß die CPU-Auslastung von Prozessen, die nicht lauffähig sind, nur einmal berechnet wird, wenn die Prozesse wieder lauffähig sind, kann zu einer erheblichen Verminderung der Zeit führen, die das System für das Scheduling aufwenden muß.
Im Kern des Systems sind diese Formeln in folgenden Routinen realisiert:

- In `schedcpu` wird die Formel 3.2 einmal pro Sekunde berechnet und der Wert von `p_slptime` für jeden Prozeß, der schläft, erhöht.
- `roundrobin` läuft 10 Mal pro Sekunde (auf einer Maschine mit 100 Hz Uhr, im Falle einer 60 Hz Uhr ca. 6 mal pro Sekunde) und veranlaßt das System, die Prozesse in der *run queue* mit der höchsten Priorität der Reihe nach in ihrer Zeitscheibe laufen zu lassen.

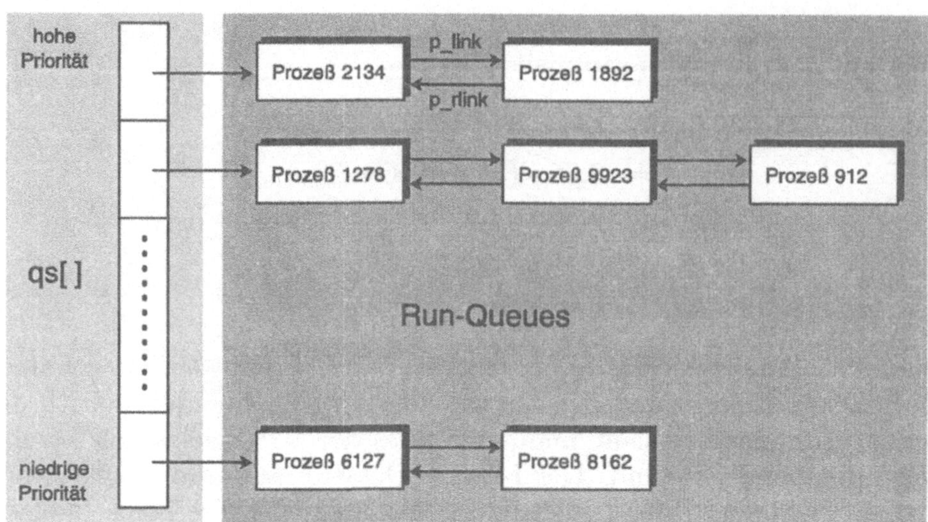

Abbildung 3.7: Organisation der *run queues*

- Bei jedem Aufruf der Routine `hardclock` wird die CPU Auslastung p_cpu des aktuellen Prozesses erhöht.
- Wenn ein Prozeß vier Ticks gesammelt hat, wird mit der Routine `setpri` (Formel 3.1) seine Priorität neu berechnet.
- Die Routine `wakeup` ruft für einen Prozeß, der geweckt wird, die Prozedur `updatepri` auf, um p_cpu nach Formel 3.3 neu zu berechnen.

3.6.7 Prozeßlisten und Kontextwechsel

Die Berechnungen der Prozeßprioritäten werden gebraucht, um die Reihenfolge der lauffähigen Prozesse festzulegen, in der sie zum Laufen eingeplant werden. Die Anzahl der Listen, in denen die lauffähigen Prozesse eines Systems verwaltet werden, beeinflußt in erheblichem Maße den Aufwand für das Auffinden des nächsten Prozesses. Wenn nur eine einzige (geordnete) Liste verwendet wird, ist es einfach, den nächsten lauffähigen Prozeß auszuwählen, aber andere Arbeiten werden aufwendig. Wird für jede der 128 verschiedenen Prioritäten eine eigene Liste benutzt, kann das erheblich den Aufwand zum Finden des nächsten lauffähigen Prozesses erhöhen.

In einem 4.3BSD System werden typischerweise 32 Listen für die lauffähigen Prozesse verwendet. Das System ermittelt die Liste, auf die ein Prozeß gehört, durch den ganzzahligen Anteil der Division der Prozeßpriorität durch 4. Die Wahl der Zahl 32 stellt einen Kompromiß dar zwischen dem Aufwand für das Auffinden des nächsten Prozesses und der Verwaltungsarbeiten, die das System für jeden Prozeß erledigen muß. Ein weiterer Grund für diese Wahl waren besondere Instruktionen aus den Befehlen des VAX-Assemblers, die eine effiziente Implementierung der unteren Ebenen des Scheduler-Algorithmus ermöglichten.
Alle lauffähigen Prozesse des Systems, mit Ausnahme des aktuellen Prozesses, befinden sich auf einer der 32 Listen. Die Abbildung 3.7 zeigt die Organisation der Listen im Speicher des Rechners. Die Datenstruktur `qs[]` ist ein Feld mit 32 Zeigern, von denen jeder auf den Anfang einer *run queue* zeigt. Die einzelnen Elemente der Listen sind die Proc-Strukturen der Prozesse, die über die Zeiger `p_link` und `p_rlink` verbunden sind. Neben diesem Feld gibt es noch einen Bit-Vektor `_whichqs` mit der Größe eines Maschinenwortes 32 Bit. Jedes Bit in diesem Vektor steht für eine *run queue* und zeigt an, wenn das Bit gesetzt ist, daß sich auf dieser Liste ein Prozeß befindet.
Zur Verwaltung der Prozesse auf den Listen verwendet das System zwei Routinen, `setrq` und `remrq`, die einen Prozeß am Ende einer Liste einhängen bzw. vom Anfang der Liste entfernen.
Wie bereits erwähnt, stellt die Funktion `swtch` das Herzstück des Prozeßschedulers dar. Die Routine `swtch` ist für das Auswählen eines Prozesses, der als nächstes laufen darf, zuständig. Dazu werden in `swtch` folgende Schritte durchgeführt:

1. Mit Hilfe spezieller Assembleranweisungen und dem Inhalt des Bitvektors `_whichqs` bestimmt das System eine Liste, aus der der nächste lauffähige Prozeß entnommen werden soll. Die Assembleranweisungen bestimmen die Nummer des ersten gesetzten Bits im Bitvektor `_whichqs`. Diese Nummer entspricht der Liste, die den Prozeß mit der gerade höchsten Priorität enthält.

2. Entfernen des ersten Prozesses dieser Liste mit Hilfe der Funktion `remrq`.

3. Falls diese Liste jetzt leer ist, das korrespondierende Bit des Vektors `_whichqs` zurücksetzen.

4. Zurücksetzen des `noproc` und Setzen des `runrun` Flags.

5. Aufruf der Funktion `resume`, die den eigentlichen Kontextwechsel durchführt.

Das Flag `noproc` wird im Kern des Systems verwendet, um anzuzeigen, daß gerade kein Prozeß läuft. Die Aufgabe der Variablen `runrun` zeigen wir im nächsten Abschnitt.

Ein Listing der Funktion `swtch` findet der Leser im Anhang des Buchs. Bei einem freiwilligen Kontextwechsel ruft der Prozeß in der Funktion `sleep` die Routine `swtch` auf, um den Kontextwechsel einzuleiten. Wie aber kann ein Prozeß im Fall des unfreiwilligen Kontextwechsels gezwungen werden, die Funktion `swtch` aufzurufen? Bisher wissen wir nur, wie das System die Prioritäten der Prozesse berechnet, und wie der Scheduler im System arbeitet. Das System startet die Funktion `roundrobin` 10 mal in der Sekunde, die anzeigt, daß die Zeitscheibe des aktuellen Prozesses abgelaufen ist und ein anderer Prozeß weiterarbeiten darf. Da die Routine `roundrobin` als Folge eines Interrupts läuft und damit auf dem Interruptstack arbeitet, kann von ihr `swtch` nicht direkt aufgerufen werden.

Stattdessen setzt die Funktion `roundrobin` das globale *reschedule request* Flag `runrun` und löst einen Softwaretrap aus. Der Trap wird auch als *asynchronous system trap (AST)* bezeichnet und wie jeder Trap im Kontext des aktuellen Prozesses bedient. Dies geschieht, wenn der Prozeß wieder den Kern verläßt und in den User-Modus zurückkehrt. Wenn zu diesem Zeitpunkt ein AST ausgelöst war, überprüft das System die Variable `runrun` und ruft, wenn diese den Wert *true* hat, die Funktion `swtch` auf.

Daneben überprüft jeder Prozeß das `runrun-Flag` und startet die Funktion `swtch` in einer der folgenden Situationen:

- nach der Rückkehr von einem Interrupt
- am Ende eines Systemaufrufs oder Traps

Im Kern des Systems setzen die Funktionen

```
wakeup, setpri, roundrobin, schedcpu, setrun
```

alle das `runrun`-Flag. Sie senden gleichzeitig ein AST an den aktuellen Prozeß, um eine Neuplanung (Rescheduling) und möglicherweise einen unfreiwilligen Kontextwechsel zu erzwingen.

Da UNIX einem Prozeß, der im Kern-Modus läuft, nicht die Kontrolle über die CPU entzieht, ist das tatsächliche Antwortverhalten bei einem erzwungenen Kontextwechsel abhängig von der Zeit, die auf jede Systemaktivität verwendet wird. Hinzu kommt, daß Prozesse nicht bestimmen können, welche ihrer Speicherseiten resident sind. Deshalb kann nicht sichergestellt werden, daß Prozesse eine Folge von Instruktionen ohne einen Seitenfehler durchlaufen können und damit die Dauer einer Systemaktivität verzögert werden kann. Aus diesen Gründen ist ein UNIX-System in dieser Form kein Betriebssystem für Echtzeitverarbeitung. Es gibt allerdings UNIX Varianten, die mit einer anderen Schedulingstrategie arbeiten und Echtzeiteigenschaften haben.

3.7 Der Lebenszyklus eines Prozesses

Der Lebenszyklus eines Prozesses läßt sich in drei Phasen einteilen:

- Die Erzeugung des Prozesses
- Die Ausführung eines Programms
- Das Terminieren des Prozesses

Aus der Sicht des Prozeßmanagements sind davon nur die erste und letzte Phase interessant, die beide in diesem Abschnitt besprochen werden sollen. Das Ausführen eines Programms und die Aktionen des Speichermanagements für die drei Phasen werden im nächsten Kapitel eingehender erläutert.

3.7.1 Das Erzeugen eines Prozesses

In UNIX werden neue Prozesse mit dem Systemaufruf `fork` erzeugt. Bei einem solchen Aufruf verzweigt sich der Prozeß in einen jeweils eigenständigen Vater- und Sohnprozeß. Der Sohnprozeß ist ein genaues Duplikat des Vaterprozesses, mit Ausnahme von zwei Werten, die in der Proc-Struktur der Prozesse stehen:

- die Prozeßnummer `PID`
- die Nummer des Vaterprozesses `PPID` (*parent PID*)

Mit Ausnahme dieser beiden Werte ist der Inhalt aller Datenstrukturen, die das System zur Verwaltung der Prozesse verwendet, identisch.
Der erfolgreiche Systemaufruf `fork` liefert als Ergebnis an den Vaterprozeß die Prozeßnummer des Sohnes und Null an den Sohnprozeß. Man kann sich dies so vorstellen, daß ein Prozeß den Systemaufruf `fork` startet, der Prozeß sich innerhalb des Systemaufrufs verzweigt und beide Prozesse das Ergebnis des Systemaufrufs zurückbekommen. Durch Prüfen dieses Rückkehrwertes kann ein Programm identifizieren, ob es sich nach einem `fork` im Vater- oder Sohnprozeß befindet.
Die Abarbeitung des Systemaufrufs `fork` besteht im wesentlichen aus den drei nachfolgenden Schritten:

1. Zuordnen und Initialisieren einer neuen Proc-Struktur für den Sohnprozeß.

2. Duplizieren des Kontextes des Vaterprozesses, inklusive der User-Struktur und allen Ressourcen der virtuellen Speicherverwaltung.

3. Den Sohnprozeß in eine *run queue* einordnen und damit für die Ablaufreihenfolge der Prozesse einplanen.

Da alle Datenstrukturen des Sohnprozesses ein Duplikat des Vaterprozesses sind, erbt der Sohnprozess alle Privilegien und Beschränkungen seines Vaters. Dies sind u.a. die UID, p_nice, Quotas, Signal-Status, offene Dateien und vieles mehr.
Um einen Prozeß und seinen Kontext zu duplizieren, verwendet das System die Funktion `procdup`. Sie übernimmt mit Hilfe der virtuellen Speicherverwaltung das Duplizieren des Prozeßkontextes.

3.7.2 Das Terminieren eines Prozesses

Prozesse terminieren entweder freiwillig, durch einen Aufruf des Systemaufrufs `exit` oder unfreiwillig als Folge von bestimmten Signalen. Beim Übersetzen eines C-Programms[14] erzeugt der Compiler, wenn er das Ende der Funktion `main` erkennt, automatisch den Aufruf von `exit`, auch wenn dies im Programm nicht explizit gefordert ist. Unter UNIX gibt es keine andere Möglichkeit, einen Prozeß zu beenden, als die beiden vorgenannten.

[14] aber auch bei allen anderen Programmiersprachen

In beiden Fällen erzeugt die Prozeßtermination einen Statuscode, der an den Vater des terminierten Prozesses zurückgegeben werden muß[15]. Dieser Beendigungsstatus wird an den Vaterprozeß übertragen und kann dort durch die Systemaufrufe `wait` oder `wait3` entgegengenommen werden. Der Systemaufruf `wait` blockiert einen Prozeß solange, bis ein Sohn dieses Prozesses terminiert und seinen Exit-Status abliefert. Bei der Abarbeitung des Systemaufrufs `exit` ruft das System innerhalb des Kerns die Funktion `exit` auf, die folgende Schritte ausführt:

- Abbrechen aller unerledigten Timer.
- Freigabe aller Ressourcen des virtuellen Speichers.
- Schließen aller offenen Dateien durch den Systemaufruf `close`.
- Bearbeitung gestoppter oder von einem Debugger überwachter Sohnprozesse.
- Umsetzen des Prozesses von der *allproc*- auf die *zombie*-Liste.
- Prozeßstatus sichern und *noproc*-Flag setzen.
- Beendigungsstatus in der Komponente `p_exit` der Proc-Struktur speichern.
- Statistiken der Ressourcenausnutzung zusammenfassen.
- Dem Vaterprozeß das Terminieren des Sohnprozesses mitteilen.
- Die Funktion `swtch` aufrufen, um den nächten Prozeß zu starten (Kontextwechsel durchführen).

Wie bereits erwähnt, werden alle Proc-Strukturen des Systems in drei Listen verwaltet. Jeder aktive Prozeß, ob lauffähig oder nicht, befindet sich auf der *allproc*-Liste. Ein Prozeß, der durch den Aufruf von `exit` oder durch ein Signal terminiert wird, wird von der *allproc*-Liste auf die *zombie*-Liste umgesetzt. Einen Prozeß, der gerade terminiert hat, dessen Status aber noch nicht vom Vaterprozeß abgefragt wurde, nennt man Zombieprozeß. Nachdem der Vaterprozeß den Status des Sohnprozesses abgefragt hat, kann das System die Proc-Struktur des Sohnprozesses freigeben und am Ende der *freeproc*-Liste einhängen. Das Diagramm aus der Abbildung 3.8 zeigt die Verschiebung der Proc-Struktur eines Prozesses bei einer Prozeßtermination.

[15]falls dieser noch existiert

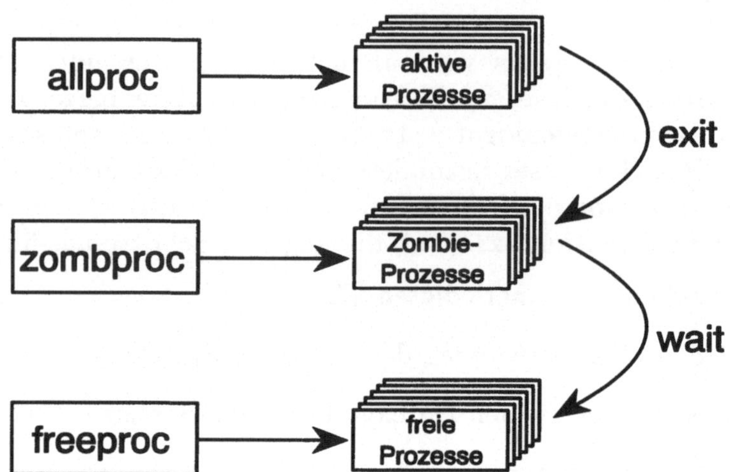

Abbildung 3.8: Verwaltung der Proc-Struktur bei Prozeßtermination

3.8 Signale

Signale bilden unter UNIX eine Möglichkeit zur Kommunikation eines Benutzers mit Prozessen oder von Prozessen untereinander. Auch der Kern des Systems kann Signale an Prozesse schicken, um diese über bestimmte Ereignisse zu informieren. Unter UNIX gibt es zu diesem Zweck eine Menge unterschiedlicher Signale. Die Anzahl der Signale ist bei jeder Systemvariante unterschiedlich, übersteigt aber in keinem Fall die Zahl 32. Da Signale immer im Kontext eines Prozesses bedient werden, kann jeder Prozeß verschieden auf diese Signale reagieren.

Wenn die Hardware des Systems ein Ereignis erkennt, wie z.B. eine illegale Instruktion, die ausgeführt werden soll, oder ein Softwareereignis, wie z.B. das Anhalten eines Prozesses von einem Terminal aus, werden Signale vom System an einen Prozeß gesandt.

Jedem Signal ist unter UNIX immer eine Aktion zugeordnet. Diese Aktionen können das

- Ignorieren des Signals
- Beenden des Prozesses
- Beenden des Prozesses, nachdem ein *core*-File erzeugt wurde
- Anhalten (stoppen) des Prozesses

- Aufrufen einer Funktion als Signal-Serviceroutine

sein.
Beim Start jedes Prozesses ist jedem Signal eine *Default*-Aktion zugeordnet. Die Tabelle 3.6 zeigt diese Default-Aktionen für alle Signale, die im 4.3 BSD UNIX definiert sind. Als Default-Aktionen werden nur die ersten drei Möglichkeiten aus obiger Aufzählung verwendet. Terminiert ein Prozeß wegen eines Signals, schreibt er in manchen Fällen ein *core*-File, das ein Abbild des virtuellen Adreßraums des Prozesses darstellt und die Ursache für die Termination enthält. Mit Hilfe eines Debuggers kann ein solches *core*-File interpretiert werden, und ein Programmierer kann wertvolle Hinweise erhalten, an welcher Stelle und wieso sein Programm abgestürzt ist.
Ein Anwenderprogramm kann mit dem Systemaufruf `sigvec` die Aktion, die ein Signal auslösen soll, festlegen. Zu diesem Zweck kann fast jedem Signal eine der folgenden Aktionen zugeordnet werden:

- Aufnehmen der Default-Aktion.
- Ignorieren des Signals.
- Starten einer Funktion als *Signalhandler*.

Im letzten Fall spricht man auch vom Fangen des Signals (engl. *catch the signal*).
Die Signale `SIGSTOP` und `SIGKILL` können nicht gefangen oder ignoriert werden, da es sonst im System keine Möglichkeit mehr gäbe, solche Prozesse zu terminieren.
Ein *Signalhandler* ist eine Routine, die das System aufruft, wenn das entsprechende Signal vom Prozeß empfangen worden ist. Diese Funktion läuft vollständig im User-Modus ab und kann auf alle Daten des Programms, in dem sie aufgerufen wurde, zugreifen.
Signale können von einem Programm aus an einen Prozeß gesandt werden durch die Systemaufrufe `kill` und `killpg`.
Mit dem Systemkommando `kill` können von einer interaktiven Shell aus Signale an Prozesse gesendet werden. Das Systemkommando `kill` ruft intern den Systemaufruf `kill` auf. Mit Hilfe dieses Kommandos können auch Signale an eine Prozeßgruppe oder an alle Prozesse eines Benutzers geschickt werden. Da die Einzelheiten des `kill`-Kommandos sich von System zu System unterscheiden, möge der Leser eine genaue

Beschreibung des Kommandos dem Handbuch seines Systems entnehmen.
Im nachfolgenden Beispiel wird gezeigt, wie man von einer Shell aus Signale an Prozesse schickt.

```
$ kill -9 <pid>
$ kill -2 <pid>
$ kill -kill <pid>
```

Im ersten und dritten Fall (beide Fälle schicken das gleiche Signal) kann das Signal vom betroffenen Prozeß nicht ignoriert werden. Er wird in beiden Fällen terminiert.
Im zweiten Fall kann der Entwickler des Programms, das der betroffene Prozeß ausführt, entscheiden, welche Aktion dem Signal zugeordnet ist. Z.B. könnte für das Signal ein Handler vorhanden sein, der ausgeführt wird.
Das gleiche Signal wie im zweiten Fall kann bei einem laufenden Programm durch die Eingabe von `^C` am Terminal an den Prozeß geschickt werden.
Durch das Kommando

```
$ kill -l
```

erhält man eine Liste von Signalen, die mit diesem Kommando verschickt werden können.
Die Tabelle 3.6 zeigt die Signale, die in einem 4.3 BSD System definiert sind, zusammen mit ihren Standardaktionen.
Wie der Leser aus dieser Tabelle ersehen kann, gibt es unter 4.3 BSD UNIX 30 verschiedene Signale. Theoretisch könnte das System 32 verschiedene Signale verwalten. Der Grund für diese Grenze von 32 Signalen liegt in der einfachen Repräsentation von Signalen im Kern. Die Menge der Signale kann in einem Maschinenwort (4 Bytes = 32 Bit) dargestellt werden. Für jedes Signal steht das entsprechende Bit in einem Maschinenwort. Wenn in nachfolgenden Abschnitten von Masken die Rede ist, sind damit immer solche Maschinenworte gemeint.
Ein Prozeß nimmt von einem anderen Prozeß nur Signale entgegen, wenn die effektive UID bei beiden identisch ist. Ein besonderer Status kommt dem Superuser (UID=0) des Systems zu. Ein Signal, das von einem Prozeß mit der UID=0 kommt, wird von jedem Prozeß entgegengenommen. Außerdem können die Signale `SIGTSTP` und `SIGCONT` immer an alle Söhne des sendenden Prozesses geschickt werden. Der

Name	Defaultaktion	Beschreibung
SIGHUP	Termination	Beenden der Terminalverbindung
SIGINT	Termination	Interrupt Programm
SIGQUIT	Core-File	Verlassen des Programms
SIGILL	Core-File	Illegaler Befehl
SIGTRAP	Core-File	Trace Trap
SIGIOT	Core-File	I/O Trap Befehlsausführung
SIGEMT	Core-File	Ausführung von Emulationsbefehlen
SIGFPE	Core-File	Fehler bei Gleitkommarechnung
SIGKILL	Termination	absolutes Beenden eines Prozesses
SIGBUS	Core-File	Fehler beim Zugriff auf den Bus
SIGSEGV	Core-File	Nicht-Einhalten der Segmentierung
SIGSYS	Core-File	Bei einem Systemaufruf war ein ungültiges Argument vorhanden
SIGPIPE	Termination	Schreiben auf nichtgelesener Pipe
SIGALARM	Termination	Ablaufen des Echtzeit-Timers
SIGTERM	Termination	Signal für Beenden des Prozesses
SIGURG	Ignorieren	Wichtige Bedingung am I/O Kanal
SIGSTOP	Anhalten	Stopsignal, nicht vom Terminal
SIGTSTP	Anhalten	Stopsignal vom Terminal
SIGCONT	Ignorieren	Wiederaufnahme eines angehaltenen Prozesses
SIGCHLD	Ignorieren	Mitteilung an Vaterprozeß, daß Sohnprozeß gestoppt oder beendet
SIGTTIN	Anhalten	Lesen von einem Terminal durch einen Hintergrundprozeß
SIGTTOU	Anhalten	Schreiben auf ein Terminal durch einen Hintergrundprozeß
SIGIO	Ignorieren	I/O auf Deskriptor möglich
SIGXCPU	Termination	Überschreiten des CPU Zeitlimits
SIGXFSZ	Termination	Überschreiten der max. Filegröße
SIGVTALARM	Termination	Ablauf des virtuellen Timers
SIGPROF	Termination	Überschreiten des Profil Timers
SIGWINCH	Ignorieren	Änderung der Fenstergröße
SIGUSR1	Termination	Benutzerdefiniertes Signal 1
SIGUSR2	Termination	Benutzerdefiniertes Signal 2

Tabelle 3.6: Die unter 4.3 BSD UNIX definierten Signale

Grund für diese Ausnahme liegt darin, es einem Benutzer zu ermöglichen, ein Setuid-Programm[16] von seinem Terminal aus anzuhalten und wieder aufzunehmen.
Das System kann das Bedienen von bestimmten Interrupts durch Anheben der Interruptpriorität verhindern. Auch Prozessen steht ein Mechanismus zur Vefügung, der es ihnen ermöglicht, bestimmte Signale vorübergehend nicht zu bedienen. Zu diesem Zweck maskiert ein Prozeß bestimmte Signale, so daß diese Signale zwar an den Prozeß geliefert werden können, aber nicht bedient werden. Die Proc-Struktur eines Prozesses enthält eine Liste von Signalen, die der Prozeß zur Zeit nicht bedient. Wenn ein Signal, das an einen Prozeß abgesandt wurde, maskiert ist, wird das Signal in der Menge der unerledigten Signale des Prozesses gespeichert, aber keine Aktion in Gang gesetzt, ehe dieses Signal nicht demaskiert wird. Zu diesem Zweck wird einfach das entsprechende Bit in einer Maske, die in der Proc-Struktur abgespeichert ist, gesetzt.
Erhält ein Prozeß mehrmals das gleiche Signal, während dieses Signal maskiert ist, vermerkt das System dieses Signal nur einmal in der Menge der nicht bedienten Signale, und demzufolge wird dieses Signal auch nur einmal bedient, wenn es demaskiert wird.
Es besteht ein grundlegender Unterschied zwischen dem Maskieren und Ignorieren von Signalen. Ein Signal, das maskiert ist, wird vorübergehend nicht bedient, aber vom Prozeß vermerkt. Dagegen bleiben Signale, die ignoriert werden, ohne jede Aktion. Der Sender eines Signals kann nicht feststellen, ob und wie auf ein Signal reagiert wurde.
Um die Aktion zu bestimmen, die ein Prozeß als Folge eines Signals durchführen soll, verwendet der Kern drei Felder aus der Proc-Struktur des empfangenden Prozesses:

- `p_sigignore` Signale, die der Prozeß ignoriert.
- `p_sigmask` Signale, die nicht bedient werden.
- `p_sigcatch` Signale, für die ein Signalhandler vorhanden ist.

Mit Hilfe der Systemaufrufe `sigblock` und `sigsetmask` kann ein Programm die Masken der Signale für einen Prozeß manipulieren. Durch einen Aufruf von `sigblock` kann ein bestimmtes Signal maskiert werden, also die Menge der maskierten Signale vergrößert werden. Das

[16]andere UID als der Aufrufer des Programms

System setzt zu diesem Zweck nur ein Bit in der Maske `p_sigmask` in der Proc-Struktur des Prozesses. Der Systemaufruf `sigsetmask` kann diese Maske durch eine andere ersetzen. Das System erlaubt nicht, daß die Signale `SIGKILL`, `SIGSTOP` oder `SIGCONT` maskiert werden.
Die Behandlung von Signalen erfolgt im System in zwei Abschnitten:

1. Das Absenden eines Signals an einen Prozeß.

2. Das Erkennen und Bedienen eines Signals durch einen Prozeß.

Wenn das System einen Prozeß weckt oder ein Prozeß in den Kern eintritt oder diesen verläßt, überprüft das System, ob für diesen Prozeß Signale vorliegen. Wenn ja, werden diese Signale bedient oder es wird auf diese Signale reagiert, wenn der Prozeß den Kern verläßt. Erkennt das System, daß bei einem Prozeß ein Signalhandler für ein bestimmtes Signal vorhanden ist, sorgt das System dafür, daß der Prozeß diesen Handler ausführt, sobald er den Kern verläßt. Die Abarbeitung des Signalhandlers findet im User-Modus statt.

3.8.1 Senden eines Signals

Schickt ein Prozeß ein Signal an einen anderen Prozeß, wird im Systemkern die Funktion `psignal` verwendet, um einem bestimmten Prozeß das Signal zu senden. Soll an eine Prozeßgruppe ein Signal übertragen werden, wird die Funktion `gsignal` aufgerufen, die für jeden einzelnen Prozeß der Prozeßgruppe die Routine `psignal` aufruft.
Für das Abarbeiten von Signalen sind zwei Komponenten der Proc-Struktur des empfangenden Prozesses wichtig:

- `p_sig`

- `p_cursig`

Die Variable `p_sig` stellt die Menge der Signale dar, die vom Prozeß noch bedient werden müssen. Diese Menge wird durch ein Maschinenwort dargestellt, in dem für jedes Signal das entsprechende Bit gesetzt wird, wenn das Signal noch nicht abgearbeitet wurde. Die Komponente `p_cursig` enthält die Nummer des Signals, das als nächstes vom Prozeß bearbeitet werden soll. Hat die Variable `p_cursig` den Wert 0, steht kein Signal zur Weiterverarbeitung an.
Aus der Erklärung der Funktion dieser beiden Variablen könnte man schließen, daß die Aufgabe der Routine `psignal` einfach zu erledigen

wäre. Ein Signal muß nur zur Menge der nicht erledigten Signale p_sig des Empfängerprozesses hinzugefügt werden. Falls p_cursig den Wert 0 hat, die Nummer des Signals dort eintragen, den Prozeß eventuell wecken (wenn möglich) und zum Laufen einplanen. Dies ist allerdings nur der theoretische Rahmen der Funktion psignal.
In Wirklichkeit muß psignal sehr viele spezielle Fälle sowie spezifische Eigenheiten, die mit den Signalen zusammenhängen, beachten.
Die Arbeit von psignal erfolgt in folgenden Schritten:

1. Das System bestimmt die Aktion, die der empfangende Prozeß ausführen soll. Mit Hilfe der einzelnen Bits der Komponenten p_sigignore, p_sigmask und p_sigcatch der Proc-Struktur des Prozesses legt das System fest, ob der Prozeß das Signal ignorieren soll, ob die Standardaktion aufgenommen werden soll, oder ob für das Signal ein Signalhandler vorhanden ist, der aufgerufen werden muß. Wird das Signal ignoriert, ist die Arbeit von psignal beendet. Ist der Empfangsprozeß der Sohnprozeß eines Debuggers, d.h. ein Benutzer hat ein Programm unter der Kontrolle eines Debuggers gestartet, erhält der Debuggerprozeß hier die Möglichkeit, noch vor der Übertragung des Signals einzugreifen. Ob ein Prozeß unter der Kontrolle eines Debuggers läuft, sieht man am STRC-Bit im Feld p_flags der Proc-Struktur[17].

2. Falls das Signal nicht ignoriert wird, fügt das System das Signal zur Menge der noch unbearbeitenden Signale (p_sig) hinzu und führt Aktionen aus, die für jedes Signal spezifisch sind. Stehen bei dem Prozeß noch Signale zur Verarbeitung an (engl. *pending*), die den Prozeß stoppen würden (SIGSTOP, SIGTTIN), und das gerade gelieferte Signal ist SIGCONT, werden alle Signale, die den Prozeß anhalten würden, aus p_sig entfernt.

3. Prüfen, ob das Signal maskiert ist. Ist das entsprechende Bit in der Maske p_sigmask gesetzt, ist die Arbeit von psignal beendet.

4. Falls das Signal nicht maskiert ist, führt psignal die Reaktion auf das Signal direkt aus oder sorgt dafür, daß der Prozeß ausgeführt wird, um das Signal bedienen zu können. Der genaue Ablauf dieser Aktionen hängt vom derzeitigen Status des Empfangsprozesses ab.

[17] siehe Tabelle 3.3

(a) Befindet sich der Prozeß im Status SSLEEP, wartet er auf ein Ereignis. Schläft der Prozeß auf einer Priorität kleiner als PZERO, kann er nicht unterbrochen werden, und die Arbeit von psignal ist zu Ende. Im anderen Fall wird der Prozeß geweckt. Ist das Signal ein Signal, das den Prozeß anhält, wird er direkt in den Zustand SSTOP gebracht und der Vaterprozeß über die Zustandsänderung des Sohns informiert. Ist für das gerade gelieferte Signal die Defaultaktion *Ignorieren* gültig, wird das Signal aus p_sig wieder entfernt. Signale, deren Standardaktion ablaufen soll, und diese Aktion ist Ignorieren, sind nicht in psigignore vermerkt, da dort nur Signale stehen, für die das Programm dies explizit gefordert hat. Aus diesem Grund fallen Signale, die standardmäßig ignoriert werden, nicht bei der Prüfung im Schritt 1 durch. Bei allen anderen Signalen bekommt der Prozeß den Status SRUN und wird auf einer *run queue* plaziert.

(b) Ist der aktuelle Zustand des Prozesses SSTOP, zeigt dies an, daß der Prozeß durch ein Signal angehalten oder von einem Debugger unterbrochen wurde. Im letzten Fall kann nichts weiter unternommen werden, bis der Debugger den Prozeß wieder laufen läßt. Ein Signal, das den Prozeß ein zweites Mal anhalten würde, wird ignoriert. Bei einem Signal SIGCONT wird der Prozeß in den Zustand SRUN gesetzt, falls er nicht auf ein Ereignis wartet. In diesem Fall ist der neue Zustand SSLEEP. Das Signal SIGKILL führt dazu, daß der Prozeß in jedem Fall den Status SRUN bekommt und auf eine *run queue* plaziert wird. Sobald er dann laufen darf, terminiert er. In allen anderen Fällen kann keine Aktion ausgeführt werden, da zuerst auf ein Signal zum Weiterlaufen gewartet werden muß.

(c) Befindet sich der Empfangsprozeß in einem der Zustände SRUN, SIDL oder SZOMB, und ist dies nicht der aktuelle Prozeß, löst das System für den Empfangsprozeß ein AST (*asynchronous system trap*) aus. Wenn der Empfangsprozeß dieses bedient, erkennt er das gerade gelieferte Signal.

3.8.2 Bedienen eines Signals

Die bisher beschriebenen Aktionen der Signalübertragung veränderten zwar den Kontext des Empfangsprozesses, liefen aber im Kontext des Senderprozesses ab. Die Reaktionen des Empfangsprozesses auf ein Signal werden in diesem Abschnitt erläutert.
Jedesmal, wenn ein Prozeß von einem Aufruf von `sleep` zurückkehrt (mit einer Prozeßpriorität kleiner als mit `PZERO`) oder wenn er sich vorbereitet, den Kern-Modus zu verlassen, nachdem er einen Systemaufruf oder ein Trap ausgeführt hat, überprüft er, ob ein Signal vorhanden ist, das noch nicht bearbeitet wurde. Das gleiche geschieht auch, wenn ein Prozeß in den Systemkern eintritt. Zu diesem Zweck wird folgendes Programmstück im Kern ausgeführt:

```
if (issig())
   psig();
```

Die Funktion `issig` überprüft die Menge der noch nicht bearbeiteten Signale `p_sig`. Findet sie dort ein Signal, schreibt sie die Nummer des Signals in die Komponente `p_cursig` und löscht das entsprechende Bit in `p_sig`. Im Falle, daß ein Signal gefunden wurde, hat `issig` einen Rückgabewert ungleich Null, und die Funktion `psig` wird aufgerufen. `Psig` führt eine der beiden folgenden Aktionen durch:

1. Das Erstellen eines Speicherabzugs (engl. *core*) durch Aufrufen der Routine `core`, gefolgt von einem Aufruf von `exit`.

2. Das Aufrufen eines Signal-Handlers.

Ist mit einem Signal keine der beiden vorgenannten Aktionen verbunden, wird das Signal direkt in `issig` bearbeitet. Zu diesem Zweck führt `issig` ähnliche Aktionen wie die Funktion `psignal` durch, die im letzten Abschnitt beschrieben wurden.
Wenn `psig` einen Signalhandler aufrufen muß, wird zuerst die Menge der maskierten Signale berechnet und diese in der dafür vorgesehenen Komponente `p_sigmask` der Proc-Struktur des Prozesses vermerkt. Diese Menge enthält auch das gerade bearbeitete Signal, so daß während der Abarbeitung des Signalhandlers nicht noch einmal das gleiche Signal bedient werden muß. `Psig` ruft dann die Funktion `sendsig` auf, die dafür sorgt, daß der Signalhandler sofort ausgeführt wird, nachdem

der Prozeß in den User-Modus zurückgekehrt ist. Als letzte Aktion setzt `psig` noch die Variable `p_cursig` auf Null.
Die Signalhandler der einzelnen Signale sind in einem Feld von 32 Zeigern in der User-Struktur im Feld `u.u_catch` gespeichert.

Kapitel 4

Speichermanagement

Eine der Aufgaben eines Betriebssystems ist die Verwaltung der Ressourcen eines Rechners. Dies sind z.B. Festplatten, Drucker, Bandgeräte, Terminals, aber auch der physikalische Hauptspeicher (engl. *random access memory RAM*). Diese Ressourcen müssen den Prozessen des Systems auf deren Anforderung hin zugänglich gemacht werden. Der Speicher auf den Festplatten eines Systems wird in Form von Dateisystemen verwaltet, auf denen viele Prozesse gleichzeitig arbeiten können. Bei Druckern oder Bandgeräten muß das System nur auf einen exklusiven Zugriff eines Prozesses achten, d.h. solange ein Prozeß auf ein Gerät schreibt, darf kein anderer auf das gleiche Gerät zugreifen. Die Ressource Hauptspeicher stellt wegen ihrer zentralen Rolle im System an das Betriebssystem sehr viel höhere Anforderungen.

- Ein Zugriff auf den Speicher muß sehr schnell erfolgen können.
- Der Speicher muß Prozessen exklusiv zugeteilt werden.
- Prozesse dürfen nur ihren eigenen Speicher bearbeiten.
- Unterschiedliche Zugriffsrechte für die verschiedenen Prozeßmodi müssen vorhanden sein.
- Ein effizienter Kontextwechsel muß unterstützt werden.
- Die Größe des Speichers sollte nicht durch die Größe des vorhandenen physikalischen Speichers begrenzt sein.

Alle diese Aufgaben werden vom Speichermanagement eines UNIX-Systems unterstützt oder erledigt.
Da in einem UNIX Betriebssystem viele Prozesse gleichzeitig aktiv sind, muß der vorhandene Hauptspeicher des Rechners unter allen Prozessen

aufgeteilt werden. Darüber hinaus stellt das System Hintergrundspeicher (Sekundärspeicher) zur Verfügung, der die Grenzen des physikalischen Speichers erweitert.
Es ist nicht notwendig, daß der gesamte Adreßraum eines Prozesses im physikalischen Speicher des Rechners vorhanden ist. Vielmehr braucht der Prozeß nur bestimmte Teile seines virtuellen Adreßraums im Speicher, die er gerade bearbeitet. Die übrigen Teile kann das System auf den Sekundärspeicher auslagern und erst bei Bedarf in den Hauptspeicher übertragen. Im Gegenzug können dafür nicht mehr benötigte Teile in den Hintergrundspeicher verschoben werden.
Die Vergabe des Hauptspeichers an Prozesse, das Übertragen von Teilen des virtuellen Adreßraums von Prozessen in den Sekundärspeicher und zurück übernimmt die Speicherverwaltung des Betriebssystems. Das Speichermanagement des Systems benötigt Strategien für die Verwaltung von

- Hauptspeicher
- Hintergrundspeicher

Die Algorithmen für beide Strategien sind teilweise sehr kompliziert und verlangen verschiedene Verfahrensweisen für die Anforderungen von Hauptspeicher und Hintergrundspeicher (Platte).
Sehr wichtig für eine effektive Speicherverwaltung ist eine Unterstützung durch die Hardware des Rechners. Die dazu notwendigen Teile der Hardware sind die *memory managing unit (MMU).* Früher wurde die MMU in eigenen Bauteilen (ICs) in der Hardware realisiert, was jedoch für heutige Anforderungen nicht mehr leistungsfähig genug ist. Aus diesem Grund enthalten die Prozessoren in heutigen Workstations die MMU direkt auf dem Prozessorchip.

4.1 Speicherhierarchie

Die Abbildung 4.1 zeigt die unter UNIX typischerweise verwendete Speicherhierarchie. Bei einem konkreten System können einzelne Teile dieser Pyramide fehlen. So kann z.B. auf den Cache oder auf Sekundärspeicher auf Festplatten verzichtet werden.
An oberster Stelle in dieser Hierarchie stehen die Cache-Speicher, die nicht vom Betriebssystem, sondern von der Hardware direkt verwaltet werden. Der physikalische Hauptspeicher stellt die nächste Stufe dar.

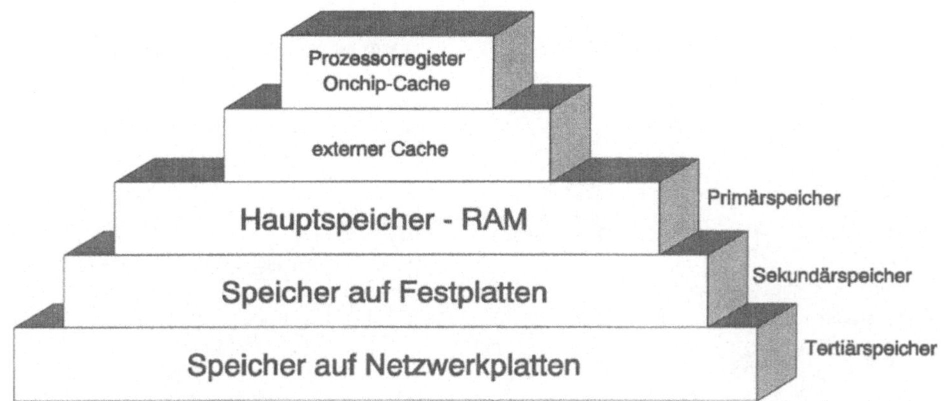

Abbildung 4.1: Die Speicherhierarchie unter UNIX

Da ein Prozessor Daten nur im RAM verarbeiten kann, ist dieser unverzichtbar. Die Menge an physikalischem Speicher, die in einem Rechner enthalten ist, hat sich bis zur heutigen Zeit dramatisch entwickelt. Während früher Workstations typischerweise 4 oder 8 MB RAM enthielten, sind heute bei Arbeitsplatzrechnern Größenordnungen bis zu einem halben Gigabyte üblich. In zentralen Servermaschinen können die Speichermengen auch die Gigabytegrenze weit überschreiten.
Der Hintergrundspeicher beginnt mit der dritten Stufe der Speicherhierarchie. Sekundärspeicher wird üblicherweise auf Festplatten realisiert. Auf weiteren Hintergrundspeicher, sog. Tertiärspeicher, kann über ein Netzwerk zugegriffen werden. Auch kann der Hintergrundspeicher auf einem Rechner durchaus nur aus Tertiärspeicher bestehen. In diesem Fall bezeichnet man einen solchen Rechner als *diskless*.

4.2 Begriffe

Bevor die Arbeitsweise des Speichermanagements eines UNIX Betriebssystems genauer erläutert werden kann, ist es notwendig, einige zentrale Begriffe aus dem Bereich der Speicherverwaltung zu definieren:

virtuelle Maschine Aus der Sicht eines Prozesses hat dieser die alleinige Kontrolle über den ganzen Rechner. Er hat keine Kenntnis davon, daß auch andere Prozesse im System vorhanden sind. Der Prozeß läuft auf einer virtuellen Maschine. Das Betriebssystem und die Hardware eines Rechners bieten jedem Prozeß eine virtuelle Maschine an, auf der der Prozeß ablaufen kann.

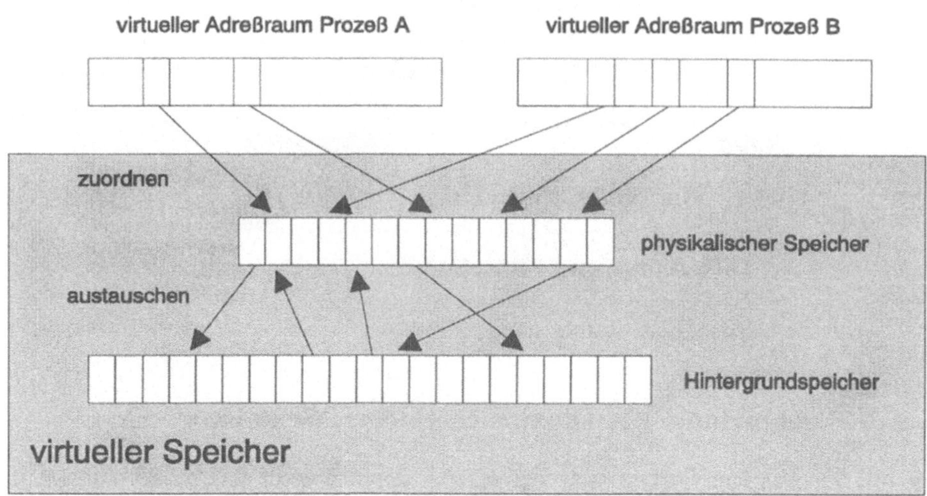

Abbildung 4.2: Arbeitsweise der MMU

virtueller Adreßraum ist der Bereich, den ein Prozeß adressieren kann, unabhängig von der wirklich vorhandenen physikalischen Speichergröße. Z.B. ist der virtuelle Adreßraum eines Prozesses bei 32-bit Adressen 4 GByte, d.h. jeder Prozeß kann theoretisch diese 4 GByte verwenden. Die MMU sorgt dafür, daß bei jeder Adresse, auf die ein Prozeß zugreifen möchte, auch physikalischer Speicher liegt.

virtueller Speicher bezeichnet die Summe aus physikalischem Speicher (RAM) und Hintergrundspeicher (*swap space*). Dies entspricht der Speichermenge, die dem System zur Verfügung steht, um für Prozesse Speicher bereitzustellen. Da Prozesse nur in physikalischem RAM arbeiten können, sorgt die Speicherverwaltung des Systems dafür, daß jeder Prozeß in absehbarer Zeit einen Teil des physikalischen Speichers erhält und Teile von Prozessen, die keinen physikalischen Speicher benötigen, auf Hintergrundspeicher ausgelagert werden.

virtuelle Adressen sind Verweise in den virtuellen Adreßraum eines Prozesses. Sie werden von der Hardware (MMU) in Verweise auf den physikalischen Speicher übersetzt.

Die Abbildung 4.2 zeigt die Aufgaben der virtuellen Speicherverwaltung eines UNIX Betriebssystems.

- Abbildung der virtuellen Adressen von Prozessen in den physikalischen Speicher.
- Verwalten des virtuellen Speichers eines Systems.

4.3 Swapping

Die zwei grundlegenden Strategien zur Verwaltung des virtuellen Speichers eines Rechners sind

- Swapping
- Paging

Der Unterschied zwischen beiden besteht in der Art und Weise, mit der sie die Speicheranforderungen von Prozessen behandeln. Beim Swapping werden Prozesse komplett zwischen dem physikalischen Speicher und dem Hintergrundspeicher verschoben. Beim Paging dagegen werden nur Teile von Prozessen in den Hintergrundspeicher ausgelagert. Moderne UNIX Betriebssysteme verwenden beide Strategien kombiniert. Sie versuchen, solange wie möglich mit Paging die Speicheranforderungen zu erfüllen. Gelingt dies nicht mehr in ausreichendem Maße, greift das System zum Swapping und lagert ganze Prozesse aus dem Hauptspeicher in den Hintergrundspeicher aus, so daß auf einmal alle Speicherseiten, die diese Prozesse hatten, frei werden.
Aus historischen Gründen behandeln wir zuerst das Swapping. Da bei früheren Systemen der Hauptspeicher sehr begrenzt war, konnte nur ein Prozeß im Speicher aktiv sein. Dieser wurde komplett aus dem Hauptspeicher in den Hintergrundspeicher verschoben, wenn ein anderer Prozeß laufen sollte, der vom Hintergrundspeicher in den Hauptspeicher geladen wurde.
Für das Swapping bei einem Betriebssystem sind drei Teile relevant:

1. das Verwalten des Platzes auf dem Swap-Device
2. das Auslagern eines Prozesses (engl. *swapout*)
3. das Einlagern eines Prozesses (engl. *swapin*)

Der Prozeß im System, der das Swapping überwacht, ist der sogenannte *swapper*. Er hat die Prozeßnummer (PID) 0, läuft als Systemprozeß und kann folgende Zustände haben:

Nicht in Betrieb (blockiert) Keiner der ausgelagerten Prozesse ist laufbereit und es ist nichts auszulagern (Normalzustand).

Swapping in Mindestens ein startbereiter Prozeß wird eingelagert. Der Swapper versucht, Speicher für ihn zu finden.

Swapping out Das System ist knapp an Speicher. Es werden Prozesse ausgewählt und ausgelagert, bis die Speicherknappheit verringert ist.

Gründe dafür, daß der Swapper aktiv werden kann, sind:

1. Das System ist so knapp an Speicher, daß der Paging-Prozeß nicht schnell genug Speicher freisetzen kann, um Anfragen zu bedienen.
2. Die Seitentabellen des Systems werden zusammenhanglos. Dadurch werden neue oder wachsende Prozesse gehindert, Raum für ihre Seitentabellen zu belegen.
3. Es sind Prozesse vorhanden, die mehr als 20 Sekunden inaktiv sind.

In den Fällen 1 und 3 wird der Prozeß unfreiwillig ausgelagert, während er im Fall 2 das Auslagern selbst initiiert.
Der virtuelle Speicher eines Systems ist in Blöcke gleicher Größe, sog. *Pages* unterteilt. Die Verwaltung dieser Seiten geschieht mit Hilfe von Seitentabellen, in denen ein Prozeß jeweils fortlaufende Einträge belegt. Diese Tabellen können so stark fragmentiert sein, daß die freien Stücke nicht groß genug sind, um für neue Prozesse freie Bereiche zu finden. Durch ein Auslagern auf Hintergrundspeicher und anschließendem Einlagern wird der Speicher neu geladen und die Tabellen neu organisiert.

4.3.1 Verwaltung des Hintergrundspeichers

Das System alloziert für jeden Prozeß Bereiche auf dem Hintergrundspeicher (*swap space*) zum Auslagern der physikalischen Speicherseiten, die zu einem Prozeß gehören. Für die Verwaltung dieser Bereiche sind andere Strategien notwendig, als bei der Verwaltung von Plattenblöcken für die Datenbereiche von Files. Die Datenblöcke eines Files können über die ganze Festplatte verteilt liegen. Im Gegensatz dazu alloziert das System für einen Prozeß nur Blöcke, die auf der Plattenpartition des Hintergrundspeichers fortlaufend liegen.

Beim Belegen von Plattenblöcken für Dateien sind folgende Kriterien erfüllt:

- Die Belegung erfolgt für längere Zeit.
- Eine Minimalisierung der Fragmentation des Plattenplatzes soll erreicht werden.

Bei der Verwaltung des Plattenbereichs für den Hintergrundspeicher werden aus Effizienzgründen nur Bereiche mit fortlaufenden Blöcken alloziert. Um einen Speicherbereich vom physikalischen RAM in den Sekundärspeicher zu kopieren und umgekehrt, kann das System einen Multi-Block-Transfer verwenden. Wie bereits bei der Funktion `breada` des Filesystems erwähnt, ist das einmalige Übertragen von zwei Blöcken auf oder von einer Festplatte schneller, als zweimal einen Block zu übertragen. Bei größeren Mengen kann sich dadurch ein beträchtlicher Zeitgewinn ergeben.
Informationen über die Belegung einer Swappartition werden in der *incore map* des Systems gehalten. Diese *incore map* ist ein Feld von Einträgen, bestehend aus:

1. einer Startadresse
2. einer Anzahl von Einheiten, die ab dieser Startadresse zur Verfügung stehen.

In älteren Versionen des UNIX Betriebssystems war nur eine Plattenpartition als *swap device* möglich. In neueren Versionen sind mehrere solche Partitionen möglich, die der Reihe nach zum Auslagern verwendet werden. Wenn ausgelagert werden soll, ist also ein paralleles Arbeiten möglich, da mehrere Plattenkontroller gleichzeitig arbeiten können.

4.3.2 Das Auslagern von Prozessen

Neben den bereits genannten Gründen für das Auslagern von Prozessen liegt die Hauptursache für dieses Auslagern in den Speicheranforderungen, die vom System bedient werden müssen. Prozesse benötigen neuen Speicher, weil

1. durch einen `fork` Platz für einen neuen Prozeß benötigt wird
2. durch den Systemaufruf `brk` der Prozeß vergrößert wird

3. ein Prozeß durch das Wachsen des Stacks größer wird

4. für einen anderen Prozeß, der eingelagert werden soll, Speicherplatz alloziert werden muß (die Dringlichkeit hierfür wird an Hand der Prozeßpriorität beurteilt)

Bevor das System Prozesse auslagern kann, muß zuerst ein Prozeß bestimmt werden, der ausgelagert werden soll. Die Auswahl eines Prozesses für das Auslagern trifft der *Swapper* (PID=0) an Hand von zwei Kriterien:

1. die Prozeßgröße

2. die Aufenthaltsdauer des Prozesses im Speicher.

Wenn der *Swapper* Prozesse finden kann, die länger als eine bestimmte Zeit inaktiv waren, wird derjenige, der am längsten nicht aktiv war, ausgelagert. Die Variable `maxslp` im Systemkern gibt die Dauer an, die ein Prozeß schlafen muß, bevor er zum Kandidaten für das Auslagern wird. Typischerweise ist der Wert dieser Variablen 20 Sekunden, kann aber bei der Konfiguration des Systems verändert werden. Das System nimmt an, daß solche Prozesse noch längere Zeit nicht aktiv werden und somit ihren Hauptspeicher in absehbarer Zeit nicht benötigen.
Findet das System keinen Prozeß, der länger als die festgelegte Zeitspanne inaktiv war, muß ein lauffähiger oder kürzlich gelaufener Prozeß ausgelagert werden. Da es Ziel des Auslagerns ist, möglichst viel Speicher freizusetzen, bildet die Prozeßgröße das Hauptkriterium für die Auswahl des Prozesses, der ausgelagert werden soll. Das System wählt die vier größten Prozesse im Speicher, die für das Auslagern geeignet sind, aus, und von diesen wird derjenige, der die längste Zeit im Speicher aktiv war, für das Swappen ausgewählt. Ist damit nicht genügend Speicher frei geworden, wird das System den nächsten Prozeß der vier größten Prozesse auslagern.
Beim Auslagern werden nur die Teile des virtuellen Adreßraumes eines Prozesses in den Hintergrundspeicher verschoben, mit denen physikalischer Speicher verbunden ist.
Die Abbildung 4.3 zeigt das Auslagern eines Prozesses auf den Hintergrundspeicher. Man sieht, daß nicht der gesamte virtuelle Adreßraum eines Prozesses ausgelagert wird, sondern nur die Teile, die mit physikalischem RAM verbunden waren. Darunter ist auch der Speicherbereich für die User-Struktur des Prozesses. Beim Einlagern des Prozesses (Bild

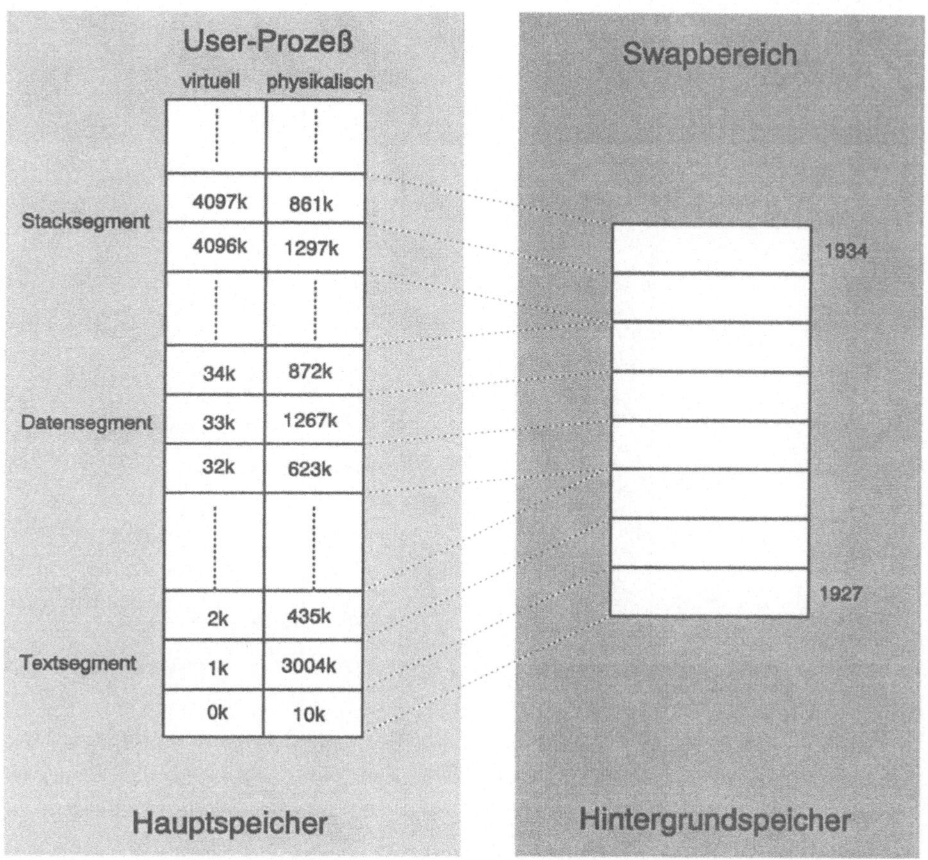

Abbildung 4.3: Auslagern eines Prozesses auf ein Swap Device

4.4) baut das System den virtuellen Adreßraum wieder identisch auf. Den einzelnen Seiten wird vom System allerdings neuer physikalischer Speicher zugewiesen. Da dies aber nur die Seitentabellen des Prozesses betrifft, ergeben sich aus Prozeßsicht keine Änderungen im virtuellen Adreßraum.

4.3.2.1 Swapout

Um einen Prozeß auf den Hintergrundspeicher auszulagern, werden vom System folgende Schritte ausgeführt:

1. Verlegen der User-Struktur in den virtuellen Adreßraum des Systemkerns.

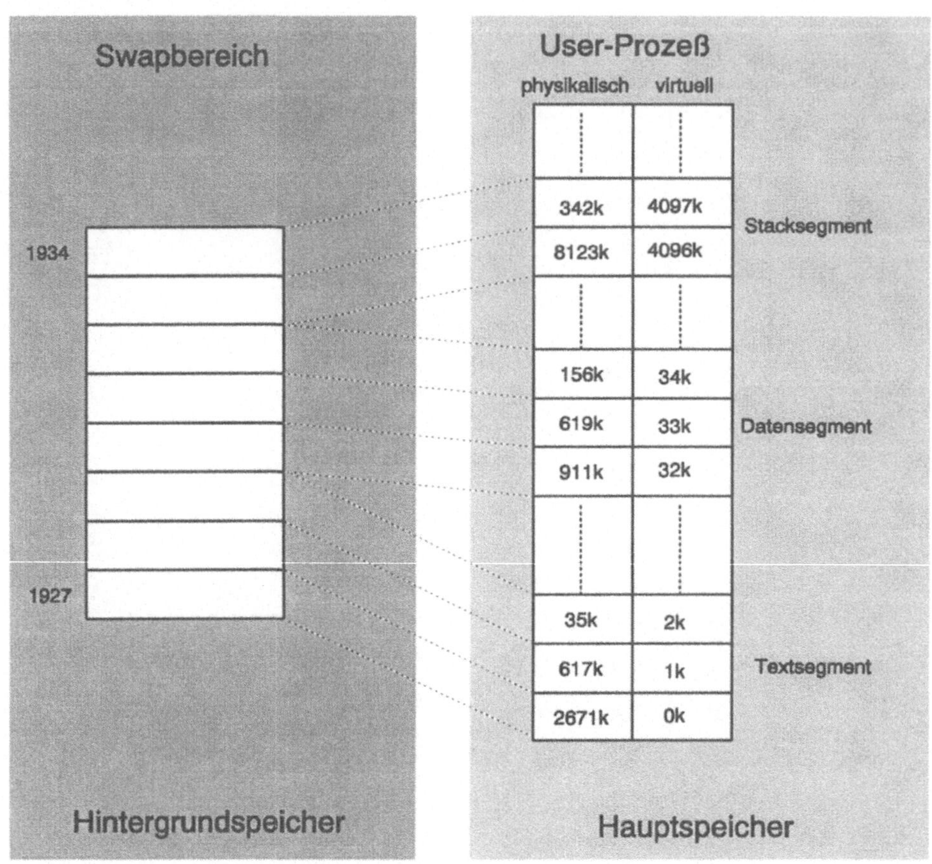

Abbildung 4.4: Einlagern eines Prozesses von einem Swap Device

2. Reservieren (Allozieren) von *swap space* für die User-Struktur.

3. Freigabe (Release) der Referenzen auf die Seiten des Textsegments.

4. Auslagern der Seiten des Daten- und Stacksegments.

5. Auslagern der Seitentabellen für Daten- und Stacksegment.

6. Auslagern und Freigabe der User-Struktur.

7. Freigabe der Seitentabellen.

Das Verlegen der User-Struktur in den Adreßraum des Kerns geschieht ohne physikalisches Kopieren im Speicher des Rechners, nur durch Änderungen der Seitentabellen des Systems (engl. *mappen*).

Die User-Struktur des Prozesses befindet sich nach dem Auslagern am Anfang des Swap-Bereichs auf dem Hintergrundspeicher.

Eine besondere Behandlung beim Auslagern eines Prozesses wird dem Textsegment zuteil. Da der Textteil eines Programms zwischen mehreren Prozessen geteilt werden kann, darf er erst ausgelagert werden, wenn sich kein Prozeß mehr auf ein bestimmtes Textsegment bezieht. Um das zu kontrollieren, gibt es für jedes Textsegment Referenzzahlen (engl. *reference counter*), die die Anzahl der Prozesse zeigen, die noch einen Verweis auf dieses Segment haben. Diese Zähler sind auch für die Seitentabellen des Textsegments gültig. Erst wenn ein solcher Zähler den Wert 0 erreicht, können die Seiten, die das Segment bilden, ausgelagert werden[1].

Durch die Freigabe der User-Struktur wird auch der Kern-Stack eines Prozesses freigegeben, obwohl dieser noch für die restlichen Schritte benötigt wird. Um sicherzustellen, daß der gerade freigegebene Bereich der User-Struktur noch verwendet werden kann, müssen andere Prozesse an der Allozierung von Speicher gehindert werden, indem die Interruptpriorität des Systems angehoben wird.

4.3.2.2 Auslagern des Textsegments

Das Textsegment eines Prozesses, der vom Hauptspeicher in den Hintergrundspeicher übertragen wird oder umgekehrt, muß eine andere Behandlung als das Daten- oder Stacksegment erfahren, da es möglicherweise mit anderen Prozessen geteilt wird. Die Aktionen, die das System beim Auslagern eines Prozesses für das Textsegment durchführt, sind ähnlich zu denen bei den Systemaufrufen `exit` und `execve`.

Wenn ein Prozeß ausgelagert wird, gibt er seine Benutzung des Textsegmentes ab, aber andere Prozesse, die das gleiche Segment noch benutzen, können verhindern, daß dieses Textsegment ausgelagert wird.

Wie bereits beschrieben, gibt es im System für jedes Textsegment eines Prozesses zwei Referenzzähler. Einen für die Anzahl der Prozesse, die einen Verweis auf das Textsegment haben, also den gleichen Programmtext ausführen. Der andere Zähler ist die *incore*-Referenzzahl,

[1] siehe auch 4.3.2.2

die zeigt, wie viele Prozesse aktuell im Hauptspeicher vorhanden sind und auf das Textsegment zugreifen.
Wenn ein Prozeß ausgelagert werden soll, wird die Anzahl der *incore*-Referenzen des Textsegmentes vermindert. Wenn der Wert dieser Referenzzahl nicht den Wert 0 hat, sind noch andere Prozesse im Speicher aktiv, die das gleiche Segment verwenden. Der Prozeß, der in den Hintergrundspeicher verschoben werden soll, muß nur von der Liste der Prozesse, die das Segment benutzen, getrennt werden. Erreicht der Wert des *incore*-Referenzzählers den Wert 0, ist kein Prozeß im Speicher, der das Textsegment verwendet, und es kann ausgelagert werden. Wenn ein Prozeß wieder aus dem Hintergrundspeicher eingelagert wird, hängt das System das Textsegment und die zugehörigen Einträge in der Seitentabelle an den Prozeß an. Entweder ist der Text schon im Speicher vorhanden und die Seitentabellen können einfach kopiert werden, oder die Seitentabellen können von der Kopie auf dem Hintergrundspeicher in den Hauptspeicher übertragen werden. Die Seiten des Textsegmentes werden auf Anforderung des Prozesses einzeln in den Hauptspeicher kopiert (engl. *faulted in*, da ein Zugriff auf eine Seite, die nicht im Hauptspeicher vorliegt, einen *page fault interrupt* auslöst).

4.3.3 Einlagern von Prozessen

Das Einlagern (engl. *swapin*) eines Prozesses vom Hintergrundspeicher in den Hauptspeicher geschieht in der umgekehrten Reihenfolge wie das Auslagern. Allerdings werden keine Seiten des virtuellen Adreßraums mit Ausnahme des Speichers der User-Struktur eingelagert. Diese werden erst auf Anforderung durch Paging in den Hauptspeicher gebracht (siehe 4.4.4.2).

1. Das Textsegment (evtl. schon im Speicher) wird vor Zugriffen geschützt.

2. Belegen von Speicher für die Seitentabellen.

3. Speicherreservierung für die User-Struktur und Einlagern der User-Struktur.

4. Laden der Seitentabellen des Prozesses.

5. Freigabe des Speicherplatzes der User-Struktur und der Seitentabellen auf der Swappartition.

6. Hinzufügen der Textseitentabellen und Lösen des Zugriffschutzes.
7. Der Prozeß wird an das Ende der Liste der lauffähigen Prozesse angehängt, falls er lauffähig ist.

War ein Prozeß zum Zeitpunkt des Auslagerns nicht lauffähig, hat also auf ein Ereignis gewartet, wird er nicht auf einer *run queue* plaziert, falls das Ereignis noch nicht eingetreten ist, das den `sleep`-Aufruf verursacht hat.
Am Ende des Einlagerns ist der Prozeß lauffähig, hat aber keine Seiten seines virtuellen Adreßraums eingelagert. Diese werden erst auf Anforderung einzeln durch Paging in den Hauptspeicher übertragen, d.h. erst wenn der Prozeß auf eine Seite zugreift.

4.4 Paging

Ein UNIX-System, das Paging als Speicherverwaltungsstrategie unterstützt, stellt gewisse Anforderungen an die Hardware des Rechners. Eine wichtige Voraussetzung ist die Fähigkeit des Prozessors, Anweisungen wiederholen zu können, oder die Abarbeitung von Anweisungen anhalten und unterbrechen zu können. Stellt der Prozessor bei der Abarbeitung einer Anweisung fest, daß eine Speicherseite, auf die er zugreifen will, nicht im physikalischen Speicher vorhanden ist, löst der Prozessor einen Interrupt aus, auf den das System die gewünschte Seite in den Hauptspeicher bringt. Ist dies geschehen, muß vom Prozessor die Anweisung, bei deren Abarbeitung der Interrupt ausgelöst wurde, noch einmal gestartet und wiederholt werden, oder deren Abarbeitung wieder aufgenommen werden.
Der virtuelle Speicher eines UNIX-Systems wird eingeteilt in Blöcke fester Größe (maschinenabhängig zwischen 0.5 KByte und 8 KByte), die Seiten, Pages oder Kacheln genannt werden. Diese Seiten sind die Verwaltungseinheit, mit der die virtuelle Speicherverwaltung arbeitet. Auch der virtuelle Adreßraum eines Prozesses wird vom System in Seiten eingeteilt, allerdings ohne daß es der Benutzer merkt. Eine Aufgabe der Speicherverwaltung ist es, die Seiten des virtuellen Adreßraums eines Prozesses mit Seiten im virtuellen Speicher zu verbinden. Eine weitere Aufgabe ist die Verwaltung des virtuellen Speichers, also zu entscheiden, welche Seiten wann und wo im physikalischen Speicher oder im Sekundärspeicher sind.

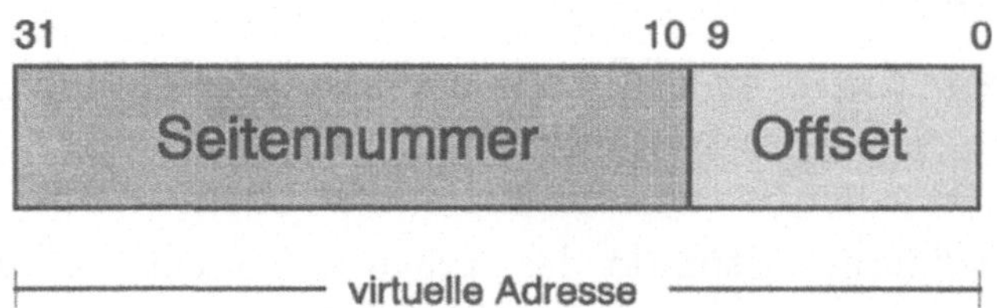

Abbildung 4.5: Interpretation einer Adresse des virtuellen Adreßraumes eines Prozesses

4.4.1 Übersetzung virtueller Adressen

Jede Stelle des virtuellen Adreßraumes ist in einer Seite enthalten und kann durch zwei Zahlen charakterisiert werden:

- die Nummer der Seite (engl. *page number*) und
- einer Adresse innerhalb dieser Seite, auch Offset genannt.

Bei einem System mit 32 Bit Adreßbreite und einer Seitengröße von 1 KByte kann jede Adresse im virtuellen Adreßraum eines Prozesses dargestellt werden als

- eine 22 Bit umfassende Seitennummer und
- einem 10 Bit langen Offset innerhalb dieser Seite.

Die Abbildung 4.5 zeigt die Aufteilung einer Adresse des virtuellen Adreßraums in eine Seitennummer und einen Offset.
Zur Übersetzung von virtuellen Adressen in physikalische Adressen verwendet das System Tabellen (*page tables*), mit deren Hilfe die Seitennummer der virtuellen Adresse auf die Seitennummer einer physikalischen Adresse abgebildet wird. Die eigentliche Übersetzung findet mit Hardwareunterstützung der MMU statt.
Der umgekehrte Vorgang, die Übersetzung physikalischer Adressen in virtuelle Adressen, ist auch möglich und geschieht im Kern mit Hilfe der *core map*. Diese Datenstruktur enthält Informationen über die Belegung des physikalischen Speichers eines Systems.
Die Abbildung 4.6 zeigt schematisch die Umsetzung von virtuellen in physikalische Adressen. Wie bereits beschrieben, besteht jede virtuelle Adresse aus einer Seitennummer und einem Offset. Die höherwertigen Bits der Adresse bilden die Seitennummer, die bei der Übersetzung

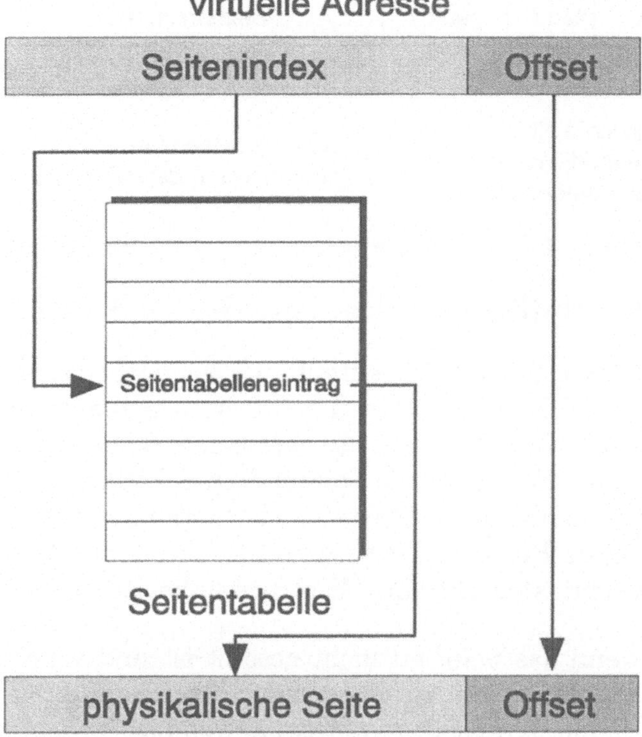

Abbildung 4.6: Übersetzung virtueller Adressen

einen Index ergeben, unter dem in der Seitentabelle die Adresse der physikalischen Seite steht, in der die virtuelle Adresse zu finden ist. An die so ermittelte physikalische Adresse wird noch das Offset angehängt, und das Ergebnis ist die Stelle des physikalischen Speichers, unter der das System den Inhalt der virtuellen Adresse des Prozesses finden kann.

Der nachfolgende Abschnitt zeigt den Aufbau der Einträge der Seitentabelle und deren Wirkungsweise. Zu diesem Zweck werden einige Annahmen gemacht über die Größe der Einträge und deren Aufbau, die für heutige Workstations typisch sind.

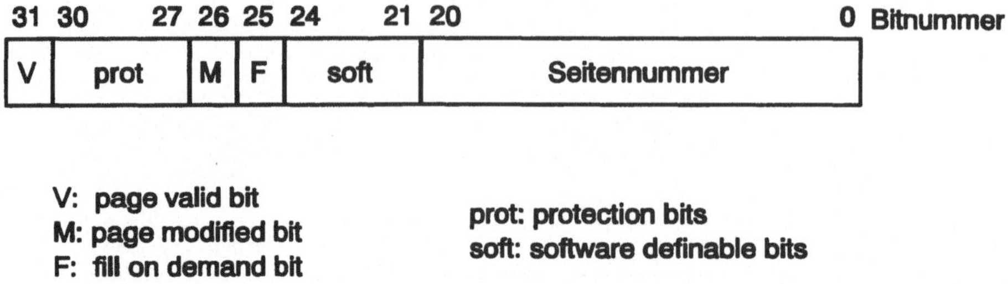

31 30 27 26 25 24 21 20 0 Bitnummer

V	prot	M	F	soft	Seitennummer

V: page valid bit
M: page modified bit
F: fill on demand bit

prot: protection bits
soft: software definable bits

Abbildung 4.7: Format eines Eintrags in der Seitentabelle

4.4.2 Die Seitentabelle und deren Einträge

Bei einem System mit 32-Bit Adreßbreite hat jeder Eintrag in der Seitentabelle die Größe von 4 Byte. Da für die Angabe der physikalischen Seitenadresse weniger Bit benötigt werden, z.B. bei einer Seitengröße von 1 KByte nur 22 Bit für die Seitenadresse, können in den restlichen Bit Informationen über den Zustand der Seite untergebracht werden. Das Format eines Eintrags der Seitentabelle ist in der Abbildung 4.7 zu sehen. Die wichtigsten Bit eines Eintrags haben folgende Bedeutung:

valid bit: wenn das *valid bit* nicht gesetzt ist und versucht wird, mit diesem Eintrag eine Adreßtranslation durchzuführen, führt das zu einem Fehler (*translation not valid*) und das System muß die Seite mit ihrem korrekten Inhalt füllen.

modify bit: wird von der Hardware gesetzt, wenn die Seite modifiziert wird. Dieses Bit zeigt an, ob der Inhalt einer Speicherseite in den Hintergrundspeicher übertragen werden muß, bevor die Seite von anderen Prozessen verwendet werden kann. Wenn das Bit gesetzt ist, stimmt ihr Inhalt nicht mit dem Inhalt im Hintergrundspeicher überein.

Der Aufbau eines Eintrags der Seitentabelle (engl. *page table entry*) ist bei den meisten Betriebssystemen in der Datei `pte.h` aus dem Verzeichnis `/usr/include/machine` beschrieben.
Wenn ein Prozeß erzeugt wird, sind alle seine Seitentabelleneinträge ungültig. Jeder Zugriff auf eine Adresse seines virtuellen Adreßraums erzeugt einen Seitenfehler, wodurch die Seite, die mit dieser Adresse verbunden ist, entweder vom Objektfile auf der Platte, das der Prozeß ausführt, geladen wird oder vom System mit Nullen gefüllt bereitgestellt wird.

Seitenfehler, die ein Laden von der Platte verursachen, nennt man *fill on demand* Seitenfehler, und die zugehörigen Einträge in der Seitentabelle heißen *fill on demand page table entries.* Wenn das *valid* Bit eines Eintrags der Seitentabelle nicht gesetzt ist, wird nur das Protection-Feld des Eintrags von der Hardware überprüft. Dadurch können in den anderen Feldern des Eintrags der Seitentabelle vorher berechnete Informationen, die zum Laden der Seite gebraucht werden, abgelegt sein, z.B. die Nummer des Plattenblocks auf der Festplatte, aus dem die Seite bei Bedarf geladen werden soll. Diese Information wird beim Starten eines Programms vom System mit Hilfe der Funktion `bmap`[2] berechnet.
Da es viele Gründe gibt, das *valid* Bit abzuschalten, gibt es noch ein weiteres Bit, das anzeigt, ob eine Seite *fill on demand* ist. Dieses Bit wird in den Datenstrukturen mit `fod` abgekürzt.
Der Aufbau eines normalen Eintrags der Seitentabelle ist

```
struct pte
{
   unsigned pg_pfnum:21, /* Nummer physk. Seite oder 0 */
            :2,
            pg_vreadm:1, /* Software modified Bit */
            pg_swapm:1,  /* Seite nach Swap uebertragen */
            pg_fod:1,    /* fill on demand (=0) */
            pg_m:1,      /* Hardware modified Bit */
            pg_prot:4,   /* Protection Feld*/
            pg_v:1;      /* valid Bit */
};
```

Diese Struktur ist gültig, wenn das Bit `pg_fod` nicht gesetzt ist, und damit der Eintrag als normaler Eintrag der Seitentabelle interpretiert wird. Ist das Bit `pg_fod` gesetzt, wird nachfolgende Struktur zur Interpretation verwendet:

```
struct fpte
{
   unsigned pg_blkno:24, /* Plattenblocknummer */
            pg_fileno:1, /* Inhalt von Platte oder
                            mit Nullen fuellen */
            pg_fod:1,    /* fill on demand (=1) */
```

[2]siehe 2.2.7.2

```
                :1,
                pg_prot:4,
                pg_v:1;
};
```

Beide Strukturen sind Bitfelder mit der Länge 32 Bit. In beiden Strukturen sind das *valid* Bit und die Protektion-Bits identisch, wie von der Hardware (MMU) gefordert.
Bei Seiten, die als *fill on demand* markiert sind, gibt es zwei verschiedene Typen:

1. *fill from file* (für Text und initialisierte Daten)
2. *fill with zero* (für Stack und BSS)

Im 1. Fall steht in `pg_blkno` die Nummer des Blocks auf der Platte, in dem die entprechende Seite zu finden ist. Im 2. Fall muß die verlangte Seite vom System, mit Nullen gefüllt, bereitgestellt werden.
Ein gültiger Eintrag in der Seitentabelle hat immer eine Seitennummer ungleich Null. Eine ungültige Seite mit einer Seitennummer ungleich Null kann bedeuten, daß

1. der Inhalt der Seite gerade von der Festplatte geladen wird, d.h. eine *pagein*-Operation ist im Gange.
2. der Inhalt der Seite gerade auf die Festplatte übertragen wird, also eine Pageout-Operation läuft.

Wenn eine Seite ungültig ist, gleichzeitig das `pg_fod` Bit nicht gesetzt ist und die Seitennummer gleich Null ist, stellt dieser Zustand einen PTE dar, dessen Seite erzeugt, in den Speicher gebracht worden ist und seither in den Hintergrundspeicher übertragen wurde.
Das *modified bit* wird von der Hardware gesetzt, wenn die Seite verändert wird. Wenn das Bit gesetzt ist, muß die Seite auf den Hintergrundspeicher gesichert werden, bevor sie freigegeben werden kann. Wenn eine Seite erzeugt und das erste Mal gefüllt wird, wird das *modified bit* gesetzt, um zu erzwingen, daß die Seite gesichert wird, wenn sie das erste Mal ausgelagert und freigegeben werden soll. Später kann dann auf ein Auslagern verzichtet werden, wenn sich der Seiteninhalt nicht verändert hat, und die Seite kann direkt freigegeben werden. Bei Textseiten (Seiten mit Programmcode) wäre es nicht zwingend notwendig, sie auf den Hintergrundspeicher zu sichern, da diese wieder direkt vom

Valid (pg_v)	FOD-Bit (pg_fod)	Nummer (pg_pfnum)	Seitenart
0	1	(none)	*struct fpte* Fill-on-Demand Page
1	0	$\neq 0$	*struct pte* gültige, residente Seite
0	0	$\neq 0$	*struct pte* ungültige, residente Seite
0	0	0	*struct pte* ungültige, nichtresidente Seite
1	1	(none)	nicht benutzt

Tabelle 4.1: Mögliche Kombinationen der Werte eines Eintrags in der Seitentabelle

Dateisystem gefüllt werden könnten. Jedoch ist die Adresse des Plattenblocks inzwischen von der physikalischen Seitennummer dieser Seite überschrieben worden. Es ist schneller, diese Seiten im Hintergrundspeicher zu sichern, als die Adresse des Plattenblocks neu zu berechnen, da dazu eventuell indirekte Blocks gelesen werden müßten.
Einen guten Überblick über die verschiedenen Möglichkeiten, die die Komponenten eines Eintrags der Seitentabelle annehmen können, gibt die Tabelle 4.1.

4.4.3 Bewertung der Seitenauswahlstrategie

Neben der Zuordnung von physikalischem Speicher zu Bereichen des virtuellen Adreßraums ist die Verwaltung der Seiten des physikalischen Speichers eine Hauptaufgabe des Paging Systems. Um die Anforderungen der Prozesse nach Speicherseiten erfüllen zu können, muß das System anderen Prozessen Seiten entziehen, deren Inhalt zuvor auf dem Hintergrundspeicher gesichert wurde. Der Paging Algorithmus wählt dazu nach gewissen Kriterien Seiten aus, die Prozessen entzogen werden. Zur Bewertung der Qualität des Algorithmus und Festlegung der Kriterien werden einige Begriffe benötigt.

Referenz-String Der Referenz-String eines Prozesses enthält die Folge von Seiten, auf die der Prozeß während seiner Laufzeit zugegriffen hat. In ihm werden der Reihe nach die Nummern der Seiten vermerkt, die der Prozeß bearbeitet hat.

Seitenfehlerrate Die Seitenfehlerrate (engl. *page fault rate*) ist eine Maßzahl, die benutzt wird, um die Effektivität des *Seitenersetz-Algorithmus* zu bewerten. Die *page fault rate* ist die Anzahl der Seitenfehler eines Prozesses, also wie oft ein Prozeß auf eine virtuelle Adresse zugreift, mit der kein physikalischer Speicher verbunden war, normiert in Bezug auf die Länge des Referenz-Strings.

Working-Set Die Seiten des physikalischen Speichers, die mit einem Prozeß zu einem Zeitpunkt verbunden sind, bilden das Working-Set des Prozesses. Das Working-Set von Prozessen ändert sich nur sehr langsam, da Prozesse meistens eine große Referenz-Lokalität aufweisen. Darunter versteht man, daß die Adressen, die Prozesse in einer bestimmten Zeit referenzieren, nahe zusammenliegen und dieser Bereich nur langsam verlassen wird.

Die Größe des Working-Sets (engl. *window size*) eines Prozesses hängt eng mit der *page fault rate* des Prozesses zusammen:

großes Working Set $\Leftrightarrow$ niedrige *page fault rate*

Steigt die *page fault rate* eines Prozesses über eine bestimmte Grenze, wird das Working-Set des Prozesses vergrößert. Fällt die Seitenfehlerrate unter eine gewisse Marke, wird die Größe des Working-Sets vermindert.

Unter UNIX wird für keinen Prozeß das Working-Set explizit berechnet. Vielmehr ergibt sich das Working-Set durch die Zuordnung der physikalischen Speicherseiten zu Prozessen.

4.4.4 Demand Paging

Will ein Prozeß auf eine virtuelle Adresse zugreifen, mit der kein physikalischer Speicher verbunden ist, löst er einen Seitenfehler (engl. *page fault*) aus und fordert das System damit auf, die gewünschte Seite im physikalischen Speicher bereitzustellen. Eine Speicherverwaltung, die dies unterstützt, nennt man ein *demand paging* System, da hier auf Verlangen (engl. *demand*) Seiten eingelagert werden.
Seitenfehler werden im System durch die Routine `pagein` bedient. Mit Hilfe der virtuellen Adresse, die den Seitenfehler ausgelöst hat, findet

`pagein` einen Eintrag in der Seitentabelle, aus dem Typ und Status der Seite hervorgeht:

1. Die Seite ist im Speicher vorhanden, aber ungültig.

2. Die Seite ist als *fill on demand* markiert.

3. Die Seite ist in den Hintergrundspeicher ausgelagert.

In den beiden letzten Fällen muß das System eine neue Seite im physikalischen Speicher allozieren und diese mit dem gewünschten Inhalt füllen. Der erste Fall tritt auf, wenn einem Prozeß eine Seite entzogen wurde, diese Seite auf die Freiliste kommt, aber noch für keinen anderen Prozeß verwendet wurde. Alle freien Seiten des physikalischen Speichers werden im System in einer Freiliste gehalten. Wird vom System eine freie Seite benötigt, kann es in der Freiliste sehr einfach eine solche finden.
In den nachfolgenden Abschnitten wird beschrieben, wie der Paging-Algorithmus auf die verschiedenen Typen von Seiten reagiert, auf die er bei einem Seitenfehler treffen kann.

4.4.4.1 Fill-on-demand Seiten

Beim Starten eines Prozesses setzt das System alle Seiteneinträge auf *fill on demand.* Bei den Seiteneinträgen, die das Textsegment und die initialisierten Daten beschreiben, wird die Nummer des Plattenblocks berechnet, aus dem der Inhalt der Seite entnommen werden muß, wenn das erste Mal auf die Seite zugegriffen wird. Diese Nummer wird im Eintrag in der Seitentabelle gespeichert, und das Bit für *fill from file* wird gesetzt. Die Einträge der restlichen Seiten werden mit *fill with zero* markiert, so daß, wenn ein Seitenfehler beim Zugriff auf eine solche Seite ausgelöst wird, das System eine Seite aus dem physikalischen Speicher alloziert und diese mit Nullen füllt.
Trifft das System beim Auflösen einer virtuellen Adresse in der Seitentabelle auf einen Eintrag, der mit *fill on demand* markiert ist, führt die Funktion `pagein` nachfolgende Schritte aus:

1. Eine Seite des Hauptspeichers aus der Freiliste reservieren.

2. Ist der Seiteneintrag als *fill from file* markiert, den Inhalt des angegebenen Plattenblocks in die Seite übertragen. Bei einem Eintrag vom Typ *fill with zero* die Seite mit Nullen füllen.

3. Die physikalische Adresse der Seite im Eintrag der Seitentabelle festhalten.

4. Die Seite als gültig und modifiziert kennzeichnen.

Die Seite wird als modifiziert gekennzeichnet, um auszudrücken, daß der zugehörige Bereich auf der Swappartition noch nicht den korrekten Inhalt hat, d.h. der Inhalt der Seite muß, wenn sie vom System dem Prozeß entzogen wird, bevor sie einem anderen Prozeß zugeteilt wird, erst in den Hintergrundspeicher übertragen werden.

4.4.4.2 Einlagern von Seiten

Wird einem Prozeß vom System eine physikalische Speicherseite entzogen, muß deren Inhalt in den Hintergrundspeicher kopiert werden, wenn der Inhalt seit dem letzten Auslagern verändert wurde. Eine Seite, die ausgelagert wird, wird in der Seitentabelle als ungültig markiert und erhält dort als physiklische Seitennummer den Wert Null. Ein Zugriff auf eine solche Seite führt zu einem Seitenfehler, der vom System auf andere Weise bedient wird als ein Seitenfehler beim ersten Zugriff auf die Seite.
Eine Seite, die ungültig ist und nicht als *fill on demand* markiert ist, kann folgende Zustände haben:

1. Die Seite steht auf der Freiliste, ist aber noch an keinen anderen Prozeß vergeben. Die Seitennummer ist demzufolge ungleich Null, und der Eintrag in der *core map* ist nicht gesperrt. Die Seite wird von der Freiliste genommen und als gültig markiert (engl. *reclaim from free*).

2. Eine Seite aus einem Textsegment ist nicht im Speicher. Ein anderer Prozeß, der die gleiche Seite benötigt (*shared text*), hat ein Einlagern der Seite bereits angefordert. Aus diesem Grund ist der Eintrag in der *core map* blockiert. Die Funktion `pagein`, die den Interrupt des Seitenfehlers bedient, muß warten, bis die Seite eingelagert ist und legt sich schlafen auf der Adresse der Textstruktur des Prozesses. Wenn die Seite vom System in den Hauptspeicher gebracht wurde, weckt das System alle Prozesse, die auf diese Seite gewartet haben.

3. Die Seite liegt nicht im physikalischen Speicher vor. Ihre Seitennummer hat den Wert Null. Das System fordert eine neue Seite von der Freiliste an und überträgt den Inhalt vom Hintergrundspeicher in diese Seite.

Einige Varianten von UNIX erlauben eine besondere Behandlung von Seiten, die mit Textsegmenten von Prozessen verbunden sind. Der Systemverwalter hat die Möglichkeit, in den Ausführungsrechten von häufig benutzten Programmen ein bestimmtes Bit zu setzen, das dem System anzeigt, die Seiten, die das Textsegment dieses Programms enthalten, besonders zu behandeln. Das Bit in den Ausführungsrechten kann mit dem Kommando `chmod` gesetzt werden und wird mit *sticky bit* bezeichnet[3]. Terminiert ein Programm, dessen *sticky bit* gesetzt ist, werden die Textseiten des Prozesses vorläufig nicht freigegeben. Führt ein neuer Prozeß das gleiche Programm wieder aus, findet er die Textseiten entweder bereits im Hauptspeicher oder auf dem Hintergrundspeicher. Selbst wenn die Seiten nur auf dem Hintergrundspeicher liegen, kann sie das System von dort effizienter in den Hauptspeicher übertragen als aus einem Filesystem. Unter bestimmten Umständen, z.B. wenn der Hauptspeicher sehr knapp wird, kann das System aber auch Textseiten von Programmen, deren *sticky bit* gesetzt ist, und die gerade nicht aktiv sind, freigeben und für andere Zwecke verwenden.

In einem 4.3 BSD UNIX-System werden Textseiten möglichst lange im Speicher gehalten. Aus diesem Grund kann bei diesen Systemen das *sticky bit* von Programmen zwar gesetzt werden, hat aber keine Auswirkungen.

Wenn das System eine Seite aus dem Hintergrundspeicher einlagern muß, prüft die Funktion `pagein` durch eine Abfrage der Variablen `freemem`, ob genügend freier Speicher vorhanden ist. Kann das System keinen freien physikalischen Speicher für einen Prozeß finden, schläft dieser auf der Variablen `freemem`, bis Speicher frei wird. Nachdem eine freie Seite alloziert wurde, wird die Seite mit den gültigen Daten aus dem Hintergrundspeicher gefüllt, und die physikalische Adresse der Seite wird in die Seitentabelle eingetragen.

4.4.5 Strategie des Seitenersatzes

Kurz nach dem Systemstart befinden sich die meisten Seiten des physikalischen Speichers auf der Freiliste. Für einige Zeit kann das System

[3]sticky = klebrig

die Anforderungen der Prozesse nach freiem Speicher mit Seiten aus dieser Liste bedienen. Prozesse, die terminieren, geben ihren Speicher zurück an die Freiliste, so daß dieser für andere Prozesse verwendet werden kann. Solange das System mit genügend Hauptspeicher ausgerüstet ist und die Summe der Anforderungen aller Prozesse nach Speicher diese Menge nicht übersteigt, kommt das System mit dieser Speicherverwaltungsstrategie aus.
In den meisten Fällen wird aber die vorhandene Menge an physikalischem Speicher nicht ausreichen, alle Prozesse mit genügend Seiten zu versorgen. Das System muß also aktiven Prozessen Speicherseiten entziehen, deren Inhalt in den Sekundärspeicher kopieren und die Seiten auf die Freiliste setzen. Da Prozesse nicht entscheiden können, welche Seiten sie nicht mehr benötigen, muß das System diese Entscheidung mit Hilfe einer Strategie fällen. Im Idealfall würden die Seiten ausgelagert, die die Prozesse in naher Zukunft nicht betreten. Da das System aber keinerlei Hinweise hat, welche Speicherseiten demnächst nicht benötigt werden, wird ein Verfahren verwendet, das die Seiten auslagert, auf die eine bestimmte Zeit nicht mehr zugegriffen wurde. Die Strategie, nach der dieses Verfahren arbeitet, bezeichnet man mit *least recently used (LRU)*.
Das Verfahren unter UNIX, das versucht, die Freiliste des Systems immer genügend gefüllt zu halten, arbeitet in zwei Schritten:

1. Auswählen von Kandidaten (Seiten) für das Auslagern.

2. Auslagern der Seiten.

In den nächsten beiden Abschnitten werden die beiden Stufen des Auslagerns von Seiten besprochen.

4.4.5.1 Globaler CLOCK-Algorithmus

Das unter BSD UNIX verwendete Verfahren zur Auswahl von Seiten, die ausgelagert werden können, ist eine Variante des CLOCK-Algorithmus, der mit Hilfe von Referenzbits feststellt, ob auf Seiten in letzter Zeit zugegriffen wurde. Das Verfahren ist ein Beispiel für einen globalen Ersetzalgorithmus, in dem die Seite, die ersetzt werden soll, entsprechend systemweiten Kriterien ausgewählt wird. Ein lokaler Ersetzalgorithmus würde zuerst einen Prozeß auswählen, dem eine Seite entzogen werden soll, und dann nach lokalen Prozeßkriterien eine Seite auswählen, die der Prozeß abgeben muß.

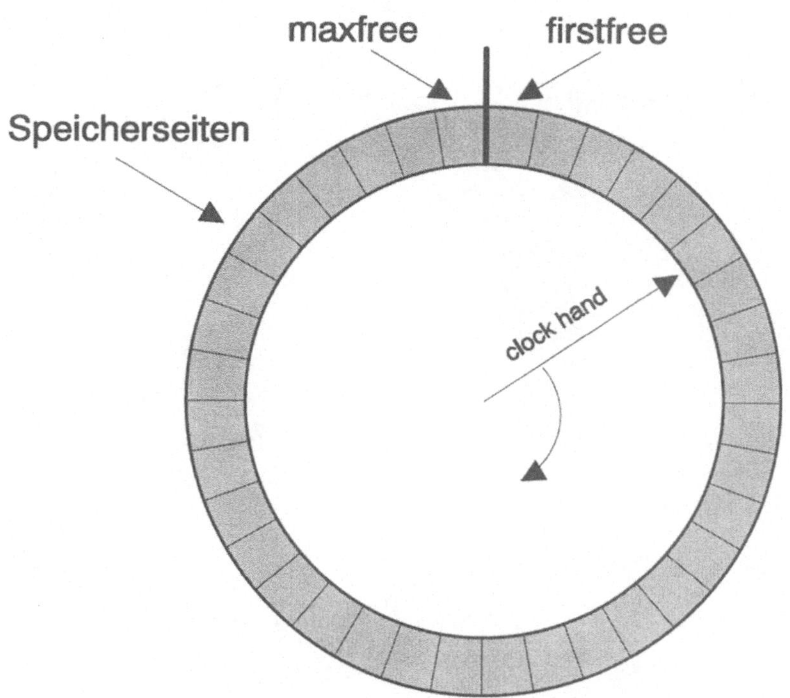

Abbildung 4.8: Speicherloop mit einem Zeiger

Der gesamte physikalische Speicher, der von Prozessen benutzt werden kann, wird beim Clock-Algorithmus als ringförmig verknüpfte Liste (Loop) betrachtet, durch die ein Zeiger (engl. *clock hand*) rotiert, der sich pro Zeiteinheit um eine Seite weiterbewegt. Die Abbildung 4.8 zeigt den physikalischen Speicher als ringförmig verkettete Liste mit einem Zeiger, der durch diese Liste wandert.

Wird eine Seite vom Zeiger das erste Mal erreicht, wird das Referenzbit zurückgesetzt. Ist beim nächsten Durchgang das Referenzbit nicht gesetzt, d.h. auf die Seite wurde in der Zwischenzeit nicht zugegriffen, ist die Seite ein Kandidat für das Auslagern. Die Seite wird, sofern dies nötig ist, auf den Hintergrundspeicher geschrieben und an die Freiliste angehängt.

Bei einer einzigen Loop konkurrieren alle Prozesse gleichmäßig um den vorhandenen physikalischen Speicher. Unter UNIX ist dies allgemein so üblich. Eine Alternative zu diesem Schema besteht darin, den Speicher in mehrere unabhängige Bereiche aufzuteilen und jeden Bereich einer Gruppe von Prozessen zuzuordnen, die untereinander um diesen Spei-

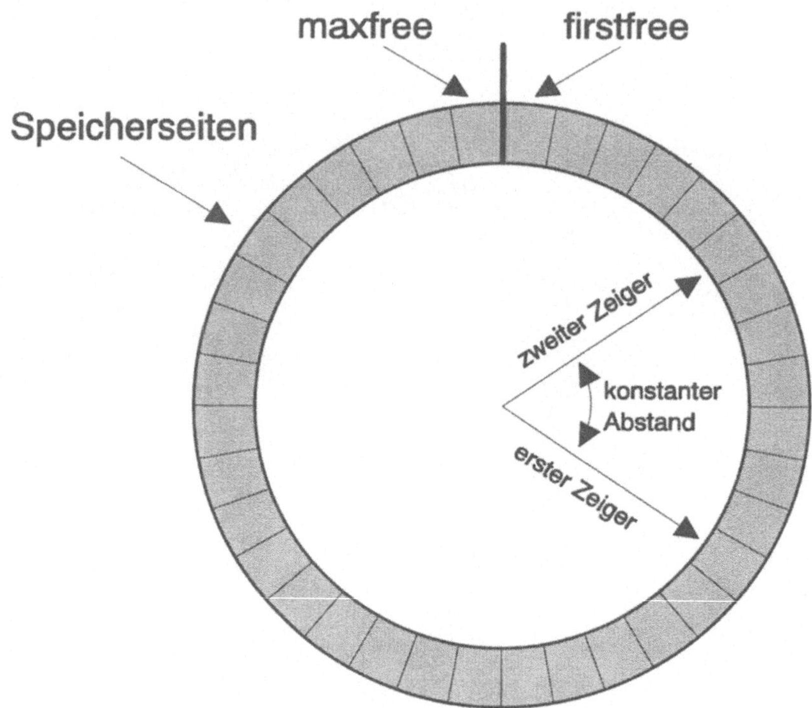

Abbildung 4.9: Speicherloop mit zwei Zeigern

cher konkurrieren. Dieses Verfahren wird z.B. beim Betriebssystem VMS der Firma Digital Equipment eingesetzt. Durch die Aufteilung des Speichers in mehrere Loops kann garantiert werden, daß ein Prozeß oder eine Prozeßgruppe immer einen minimalen Prozentsatz an Speicher hat. Der Nachteil in diesem Verfahren liegt in seiner Komplexität.

4.4.5.2 Verbesserter CLOCK-Algorithmus

Da die Dauer einer Umdrehung des Zeigers durch den Speicher direkt von der Größe des physikalischen Speichers abhängt, kann es bei sehr großen Speichermengen sehr lange dauern, bis bei Speicherknappheit die ersten Seiten zum Auslagern bestimmt werden können. Da der zeitliche Abstand zwischen dem Löschen des Referenzbits und dem Überprüfen sehr groß werden kann, steigt die Wahrscheinlichkeit, daß Prozesse wieder auf die Speicherseiten zugreifen, und dadurch das Referenzbit von der Hardware wieder gesetzt wird. Das System hat es dadurch sehr schwer, schnell geeignete Kandidaten für das Auslagern zu finden. Aus diesem Grund wurde der CLOCK-Algorithmus unter

4.3 BSD UNIX geändert, um von der Speichergröße unabhängig zu sein.
Im neuen Algorithmus werden zwei Zeiger verwendet, die sich in einem konstanten Abstand durch den Speicher bewegen. Der erste (vordere) Zeiger setzt das Referenzbit der einzelnen Seiten zurück, das dann vom zweiten (hinteren) Zeiger überprüft wird. Die Seite ist ein Kandidat für das Auslagern, wenn das Referenzbit bis zum Durchlauf des zweiten Zeigers noch nicht wieder gesetzt wurde.
In der Abbildung 4.9 sieht man die beiden Zeiger, die den Speicher ablaufen.

4.4.5.3 Der Pagedaemon

Das Auslagern von Seiten ist im Kern in der Routine `pageout` realisiert. Da die Funktion `pageout` Ein/Ausgabe Operationen durchführt, muß sie in der Lage sein, die Synchronisationsmechanismen des Kerns zu verwenden (z.B. `sleep`). Daher läuft diese Routine als eigenständiger Prozeß (`pagedaemon`) mit einer Proc- und einer User-Struktur und einem eigenen Kern-Stack. Dieser Prozeß läuft beständig im Kern-Modus und wird wie `init` und `swapper` beim Booten erzeugt. Er betritt nach dem Systemstart die Funktion `pageout` und verbleibt dort in einer Schleife.

Parameter des Pagedaemons

Die Arbeit des Pagedaemons wird von einer Anzahl von Parametern kontrolliert, auf Grund deren Werte das System versucht, den freien Speicherplatz über einem gewissen Schwellwert zu halten.
In bestimmten Intervallen überprüft das System, ob Bedarf an Speicher vorhanden ist, d.h. die Menge des gerade freien Speichers ist unter eine bestimmte Marke gefallen. Ist dies der Fall, berechnet das System eine Paging-Rate und weckt den Pagedaemon. Die Paging-Rate ist die Anzahl der Seiten, die in jedem Testintervall abgefragt werden.
Die Parameter, die den Pagedaemon beeinflussen, sind:

lotsfree gibt die Speichermenge an, die mindestens frei sein muß, wenn der Pagedaemon ruht. Typischerweise ist dies ein Wert in der Größenordnung 512 KByte, jedoch maximal ein Viertel des gesammten physikalischen Speichers, der allen Benutzerprozessen zur Verfügung steht. Solange der freie Speicher über dieser Marke liegt, werden keine Seiten ausgelagert.

desfree gibt die Speichermenge an, die vom System freigehalten werden soll. Wenn der Pagedaemon aktiv wird, versucht er den Betrag an freiem Speicher möglichst in der Nähe des Wertes `desfree` zu halten. Normalerweise ist der Wert dieser Variablen etwa 200 KByte, jedoch maximal ein Achtel des physikalischen Speichers.

minfree ist die Grenze, ab der das System ganze Prozesse auslagert (*swapping*). Sinkt die Menge des freien Speichers unter diese Marke, befindet sich das System in einem Zustand des akuten Speichermangels (engl. *trashed*). Der Wert von `minfree` ist normalerweise 64 KByte, aber höchstens ein Sechzehntel des Speichers für alle Benutzerprozesse.

Die Paging-Rate, die das System berechnet, hängt von diesen Parametern ab. Sie ist gering, wenn sich die Menge des freien Speichers knapp unter der Grenze `lotsfree` bewegt. Die Paging-Rate steigt linear an und erreicht ihr Maximum, wenn der freie Speicher sich nur noch in der Größenordnung von `minfree` bewegt.

4.4.5.4 Pageout-Algorithmus

Nachdem die Funktion `pageout` die beiden Zeiger für den CLOCK Algorithmus gesetzt hat, legt sie sich durch einen Aufruf von `sleep` schlafen. Die beiden Zeiger verweisen auf Einträge in der *core map*, in der das System den physikalischen Speicher verwaltet.
Wenn Speicher knapp wird, weckt das System den Pagedaemon in gewissen Intervallen, solange bis genügend Speicherseiten frei sind. Die Länge der Intervalle ergibt sich aus der Paging-Rate. Wenn der Pagedaemon geweckt wurde, werden die folgenden Schritte durchgeführt:

1. Bei der Seite, die sich unter dem ersten Zeiger befindet, wird das Referenzbit gelöscht.

2. Bei der Seite, auf die der zweite Zeiger verweist, wird das Referenzbit überprüft. Ist dieses nicht gesetzt, hat das System eine Seite für das Auslagern gefunden. Ist das Bit wieder gesetzt, wurde auf die Seite seit dem Durchlauf des ersten Zeigers zugegriffen. Das System setzt beide Zeiger um eine Seite weiter und beginnt mit Schritt 1) von neuem.

3. Hat das System eine Seite gefunden, bei der das Referenzbit noch nicht gesetzt war, überprüft es, ob das *modified bit* gesetzt ist. Wenn dieses Bit gesetzt ist, wurde die Seite seit dem letzten Auslagern verändert und unterscheidet sich von ihrer Kopie auf dem Hintergrundspeicher. Man bezeichnet die Seite auch als *dirty.* In diesem Fall muß die Seite auf die Swap-Partition übertragen werden. Dabei ist der Kontext der Prozesse zu beachten. Die Adresse des Swapbereichs auf dem Hintergrundspeicher, in die die Seite kopiert werden soll, ist in der User-Struktur des Prozesses vermerkt, dem die Seite bisher zugeordnet war. Da der Pagedeamon aber als eigener Prozeß abläuft, hat er selbst eine User-Struktur. Um den Swapbereich für die Seite finden zu können, muß das System die User-Struktur des Prozesses, der die Seite besitzt, in den Adreßraum des Kerns einblenden (engl *mappen*).

4. Um die Seite auf den Hintergrundspeicher zu übertragen, wird die Funktion `swap` aufgerufen.

Um Seiten auf das Swap-Device zu übertragen, ruft `pageout` die Funktion `swap` auf, die abläuft wie folgt:

1. Übertragen der Seite, die ausgelagert werden soll, aus dem virtuellen Adreßraum des Prozesses in den virtuellen Adreßraum des Pagedaemons.

2. Starten einer asynchronen Schreiboperation zum Übertragen des Inhalts auf die Swap-Partition des Systems.

Die Routine `swap` wartet nicht auf das Ende der Schreiboperation und kehrt sofort zurück, so daß `pageout` weiterarbeiten und neue Seiten für das Auslagern finden kann. Die Puffer, die das System zur Übertragung einer Seite in den Hintergrundspeicher verwendet, haben ein Flag, das dem System anzeigt, nach dem Abschluß des Übertragens der Seite die Funktion `swdone` aufzurufen. `Swdone` setzt die Puffer auf eine Liste, die von der Prozedur `cleanup` bearbeitet wird, sobald der Pagedeamon wieder laufen darf. Die Funktion `cleanup` setzt die bearbeiteten Seiten auf die Freiliste, von wo aus sie nun für andere Prozesse vergeben werden können.

4.5 Prozeßerzeugung *fork* - *vfork*

Im Abschnitt 3.7 wurde auf den Lebenszyklus eines Prozesses aus der Sicht des Prozeßmanagements eingegangen. In diesem und den nächsten Abschnitten wird das Management der Speicherressourcen während des Lebenszyklus eines Prozesses besprochen.
Die einzelnen Phasen eines Prozesses werden durch die Systemaufrufe

```
fork - execve - exit
```

vollzogen. Sie stehen für das Erzeugen eines Prozesses, das Ausführen eines Programms und die Termination des Prozesses.

4.5.1 fork

Unter dem Betriebssystem UNIX ist der Systemaufruf `fork` die einzige Möglichkeit, einen neuen Prozeß zu erzeugen. Ausnahmen sind der Swapper und der Pagedaemon, die beim Systemstart im Kern direkt erzeugt werden, und der Urvater aller Prozesse, der `init`-Prozeß, der auch im Kern direkt erzeugt wird. Nachdem das System beim Hochfahren diese drei Prozesse gestartet hat, werden alle nachfolgenden Prozesse mit dem Systemaufruf `fork` erzeugt.
Der Systemaufruf `fork` dupliziert den rufenden Prozeß und erzeugt einen identischen Sohnprozeß (mit Ausnahme des Rückgabewertes des Systemaufrufs). Zu diesem Zweck müssen die virtuellen Speicherressourcen des Vaterprozesses verdoppelt werden. Für den Sohnprozeß müssen neue Datenstrukturen alloziert werden, deren Inhalt zum größten Teil direkt aus den Datenstrukturen des Vaterprozesses übernommen werden kann. Diese Strukturen sind:

- Proc-Struktur
- User-Struktur
- Sekundärspeicher
- Seitentabellen

Das Erzeugen eines neuen Prozesses mit `fork` geschieht in mehreren Schritten:

1. Das System belegt einen Bereich des Hintergrundspeichers als Swap-Bereich für den Sohnprozeß.

2. Allozieren eines Proc-Eintrags für den Sohnprozeß in der Prozeßtabelle.

3. Belegen von Seitentabellen für den Sohnprozeß.

4. Belegen einer neuen User-Struktur, die durch eine Kopie der User-Struktur des aktuellen Prozesses initialisiert wird.

5. Duplizieren des virtuellen Adreßraums. Die Einträge in der Seitentabelle, die als *fill on demand* markiert sind, werden kopiert. Die restlichen Seiten werden dupliziert.

6. Vorbereiten der verschiedenen Rückgabewerte für den Sohnprozeß und den Vaterprozeß.

Der Status des Prozesses während der Initialisierungsphase und das Belegen der Proc-Struktur wurden im Abschnitt 3.7.1 besprochen. Die restlichen Schritte, die bei der Erzeugung eines neuen Prozesses ablaufen, werden in den nächsten Abschnitten genauer dargestellt.

4.5.1.1 Duplizieren der Verwaltungsstrukturen eines Prozesses

Hintergrundspeicher

Der Grund, wieso der Hintergrundspeicher bei der Erzeugung eines neuen Prozesses zuerst alloziert wird, ist sehr einfach. Der Hintergrundspeicher ist die Ressource, die am ehesten nicht in ausreichender Menge zur Verfügung steht. Die meisten anderen Ressourcen, z.B. Seitentabellen, können vom System jederzeit verfügbar gemacht werden. Wenn nicht genügend Swap-Bereich vorhanden ist, erfolgt ein Abbruch des `fork`-Aufrufs. Die Adressen der allozierten Bereiche auf dem Hintergrundspeicher werden in einer Datenstruktur vermerkt, die *swap map* genannt wird und Teil der User-Struktur eines Prozesses ist. Da der Sohnprozeß noch keine eigene User-Struktur hat, werden die Adressen in *shadow swap maps* in der User-Struktur des Vaterprozesses gehalten, solange bis der Sohnprozeß eine eigene User-Struktur hat.
Der Prozeß, der gerade ein `fork` durchführt, hat in diesem Zustand Hintergrundspeicher für zwei komplette Kopien von sich selbst. Die Adressen der beiden Bereiche sind in der *swap map* und der *shadow swap map* in der User-Struktur des Prozesses vermerkt.

Proc-Struktur

Als nächstes wird bei der Erzeugung eines neuen Prozesses eine Proc-Struktur aus der entsprechenden Freiliste (`freeproc`) entnommen. Diese Arbeit muß ausgeführt werden, bevor der Adreßraum des aktuellen Prozesses dupliziert worden ist, da in der Proc-Struktur dafür notwendige Informationen aufgezeichnet werden. Die Initialisierung der Proc-Struktur wurde bereits in 3.7.1 besprochen.

Seitentabellen

Bevor der Adreßraum des Vaterprozesses dupliziert werden kann, müssen für den Sohnprozeß Einträge in der Seitentabelle bereitgestellt werden. Findet der Prozeß nicht genügend zusammenhängenden Raum in der Seitentabelle, obwohl in der Summe der freien Einträge noch ausreichend Platz vorhanden ist, ist die Seitentabelle zu stark fragmentiert. In diesem Fall lagert das System ganze Prozesse aus, um die Seitentabelle neu in besser geordneter Form aufbauen zu können.
Um Verklemmungen zu vermeiden, darf der Vaterprozeß in dieser Phase nicht ausgelagert werden. Da der Sohnprozeß noch nicht alleine lauffähig ist, ist sein Status auf `SIDL` gesetzt. Das System erkennt dadurch, daß dieser Prozeß noch nicht zum Ablaufen eingeplant werden kann.

User-Struktur

Als letzte Datenstruktur des Prozesses wird die User-Struktur verdoppelt. Auf die User-Struktur des Prozesses, der den Systemaufruf `fork` ausführt, kann der Systemkern leicht zugreifen. Sie befindet sich an einer konstanten Adresse im virtuellen Adreßraum des Kerns. Um ähnlich einfach auch an die neue User-Struktur des Sohnprozesses gelangen zu können, wird diese an eine andere feste, virtuelle Adresse in den Adreßraum des Kerns eingeblendet (engl. *mapped*). Da jetzt beide User-Strukturen leicht zugängig sind, kann der Inhalt der User-Struktur des Vaterprozesses in die neue User-Struktur des Sohnprozesses kopiert und der virtuelle Speicherabschnitt der neuen User-Struktur aktualisiert werden. Zu diesem Zeitpunkt werden auch die *shadow swap maps* aus der User-Struktur des Vaterprozesses umkopiert in die *swap maps* des Sohnprozesses.
Der Sohnprozeß ist in diesem Stadium immer noch nicht lauffähig und hat weiterhin den Status `SIDL`.

4.5.1.2 Duplizieren des virtuellen Adreßraums

Beim Duplizieren des virtuellen Adreßraums des Vaterprozesses ist zu unterscheiden zwischen den Vorgehensweisen für das Textsegment und die Daten-/Stacksegmente.

Textsegment

In den meisten Fällen wird das Textsegment des Vaterprozesses zwischen mehreren Prozessen geteilt. In diesem Fall muß kein Speicherbereich kopiert werden, sondern die Referenzzähler der Seiten des Textsegmentes müssen erhöht werden, um anzuzeigen, daß ein weiterer Prozeß auf die Seiten zugreift. Die Einträge in der Seitentabelle für den Textbereich des Vaterprozesses werden in die entsprechenden Datenstrukturen des Sohnprozesses kopiert.

Daten- und Stacksegment

Die Seiten des Daten- und Stacksegmentes werden der Reihe nach verdoppelt. Zu diesem Zweck alloziert das System für den Sohnprozeß freie Speicherseiten und füllt diese mit dem Inhalt der Seiten des Vaterprozesses. Dieses Kopieren geschieht von einer virtuellen Adresse des Vaterprozesses in die physikalische Adresse der neu allozierten Seite, da der virtuelle Adreßraum des Sohnprozesses für den Vater nicht zugänglich ist. Liegt eine Seite des Vaterprozesses nicht im Speicher vor, so wird das System durch einen Seitenfehler veranlaßt, sie vom Hintergrundspeicher in den Hauptspeicher zu übertragen. Für die neuen Seiten des Sohnprozesses werden auch Seiteneinträge erzeugt. Von den Seiten des Vaterprozesses, die noch als *fill on demand* markiert sind, wird nur der Seitentabelleneintrag kopiert. Alle Einträge in den Seitentabellen des neuen Prozesses werden als modifiziert gekennzeichnet, um dem System anzuzeigen, daß deren Inhalt noch nicht mit dem Inhalt des Hintergrundspeichers übereinstimmt.

4.5.1.3 Implementation der Prozeßerzeugung

Wenn sich ein großer Prozeß verzweigt, ist das Kopieren des gesamten virtuellen Adreßraums sehr aufwendig. Z.B. müssen alle Seiten, die sich im Sekundärspeicher befinden, in den physikalischen Speicher übertragen werden, um kopiert werden zu können. Falls nicht genügend freier

Speicher für beide komplette Kopien des Prozesses vorhanden war, beginnt das System, aus Speichermangel mit dem Auslagern von Seiten anderer Prozesse, um genügend freien Speicher für das Kopieren zu erzeugen.
Typischerweise folgt auf das Erzeugen eines neuen Prozesses bald der Systemaufruf `execve`, um ein Programm zu starten. Bei der Abarbeitung von `execve` gibt das System die gerade durch `fork` allozierten Ressourcen zum größten Teil wieder frei[4], so daß das Verdoppeln des virtuellen Adreßraums des Vaterprozesses bei einem `fork`-Aufruf fast unnötig war.
Aus diesen Gründen wurden andere Wege in Betracht gezogen, wie man ohne diesen hohen Aufwand Prozesse verzweigen kann. Die Überlegungen in diese Richtung führten letztendlich zu zwei Strategien:

- *copy on write*
- dem Systemaufruf `vfork`

Die erste Strategie findet hauptsächlich ihre Verwendung in den System V Varianten von UNIX. Unter BSD konnte diese Strategie wegen eines Fehlers im Microcode der VAX 750[5] nicht eingesetzt werden. Statt dessen wurde dort der Systemaufruf `vfork` entwickelt und realisiert.

Copy-on-write

Dieses Verfahren beruht auf der Tatsache, daß der Sohnprozeß nur wenige Seiten seines virtuellen Speichers verändert, ehe er ein `execve` ausführt. Aus diesem Grund werden bei *copy on write* die Seiten im Gegensatz zum normalen `fork` nicht sofort kopiert. Stattdessen erhält der Sohnprozeß dieselben physikalischen Seiten wie der Vaterprozeß zugeteilt. Beide Prozesse teilen sich jetzt den gleichen Satz physikalischer Seiten für ihren virtuellen Adreßraum. Die Seiten werden in den Einträgen in den Seitentabellen als *shared* markiert. Solange beide Prozesse, die sich Seiten teilen, nur lesend auf die Seiten zugreifen, hat dies keine Konsequenzen und kann wie bisher geschehen. Versucht einer der beiden Prozesse eine Seite zu verändern, führt dies zu einem *protection page fault.* Das System erkennt bei der Abarbeitung des Interrupts, daß die Seite zwischen zwei Prozessen geteilt wurde. Es alloziert eine neue physikalische Seite und kopiert den Inhalt der alten Seite in

[4]siehe 4.6
[5]Entwicklungsmaschine von 4.3 BSD UNIX

die gerade allozierte Seite, ändert die Markierung in den Seitentabelleneinträgen und läßt den Schreibzugriff wiederholen. Beide Prozesse haben jetzt zwei getrennte physikalische Seiten für einen Bereich des virtuellen Adreßraums.

Bei *copy on write* werden also nur die Seiten physikalisch verdoppelt, auf die einer von beiden Prozessen schreibend zugreift. Da der Sohnprozeß meistens sehr bald ein `execve` ausführt und damit die Teilung der Seiten wieder aufgehoben wird, kann dieses Verfahren zu beträchtlichen Steigerungen der Leistungsfähigkeit des Systems bei der Erzeugung von Prozessen führen.

vfork

Wenn ein Prozeß ein neues Programm starten will, verzweigt er sich. Der Sohnprozeß führt einige einfache Operationen aus (z.B. Öffnen von Files) und überlagert sich dann mit einem Aufruf von `execve` durch das neue Programm. In der Zwischenzeit wartet der Vaterprozeß mit Hilfe des Systemaufrufs `wait`. Die Abbildung 4.10 zeigt den zeitlichen Ablauf dieser Vorgänge.

Es ist also nicht notwendig, daß beide Prozesse gleichzeitig lauffähig sein müssen. Vielmehr wird in diesem Fall nur eine Kopie des Adreßraums benötigt. Diese häufig auftretende Situation führte zu der Entwicklung des Systemaufrufs `vfork`. Die Implementation und Arbeitsweise von `vfork` ist weitgehend mit der von `fork` identisch. Der einzige, aber entscheidende Unterschied besteht darin, daß der Vaterprozeß alle Ressourcen seines virtuellen Adreßraums an den Sohnprozeß übergibt und sich selbst unterbricht. Der Adreßraum des Vaterprozesses wird vom System also nicht kopiert. Für den Sohnprozeß hat das System aber eine eigene Proc- und User-Struktur alloziert. Alle anderen Ressourcen werden vom Vaterprozeß übernommen.

Der Sohnprozeß läuft im eigenen virtuellen Adreßraum, aber mit den physikalischen Speicherseiten des Vaterprozesses. Vor dem Aufruf von `execve` kann er dort Veränderungen vornehmen, was u.U. zu gravierenden Fehlern und Mißbrauch führen kann.

Üblicherweise werden allerdings vor einem nachfolgendem `execve` nur einige Files geöffnet. Dies führt nur zu Änderungen in der User-Struktur des Sohnprozesses, die nicht an den Vaterprozeß zurückgegeben werden muß und die der Prozeß auch für den nachfolgenden Systemaufruf `execve` behält.

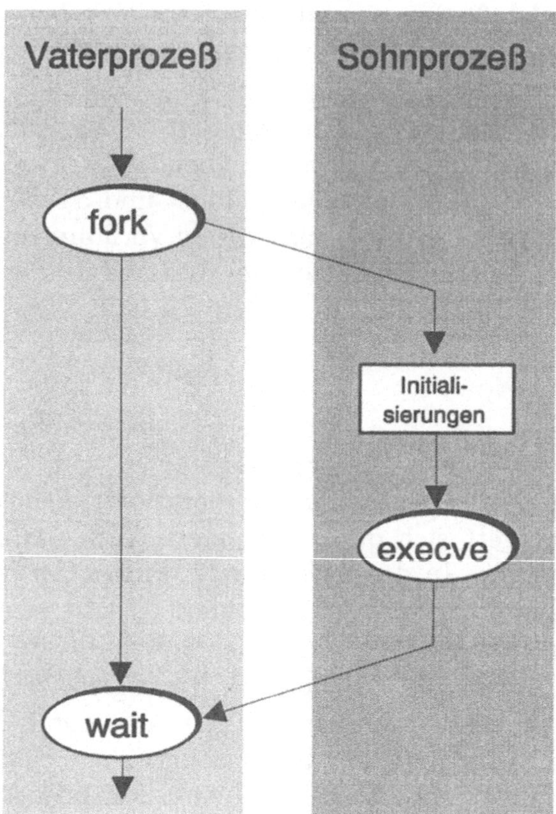

Abbildung 4.10: Starten eines Sohn Prozesses

Der Rückgabewert von `vfork` an den Sohnprozeß entspricht dem eines normalen `fork`-Aufrufs. Sobald der Sohnprozeß ein `execve` ausführt, braucht er die Seiten des physikalischen Speichers nicht mehr (bei der Abarbeitung von `execve` werden neue Speicherseiten alloziert). Wäre der Sohnprozeß das Resultat eines normalen `fork`, würde er die Ressourcen nur freigeben. Im Falle, daß der Sohnprozeß durch ein `vfork` entstanden ist, gibt er bei einem Aufruf von `execve` die Ressourcen an den Vaterprozeß zurück, so daß dieser wieder weiterarbeiten kann.

Die Abbildung 4.11 zeigt den schematischen Ablauf einer Prozeßerzeugung mit Hilfe des Systemaufrufs `vfork`. Man erkennt die drei entscheidenden Phasen. Den Start des Systemaufrufs, den Zustand, in dem nur der Sohnprozeß lauffähig ist, und die Rückgabe der Ressourcen, wenn der Sohnprozeß ein `exit` oder `execve` ausführt.

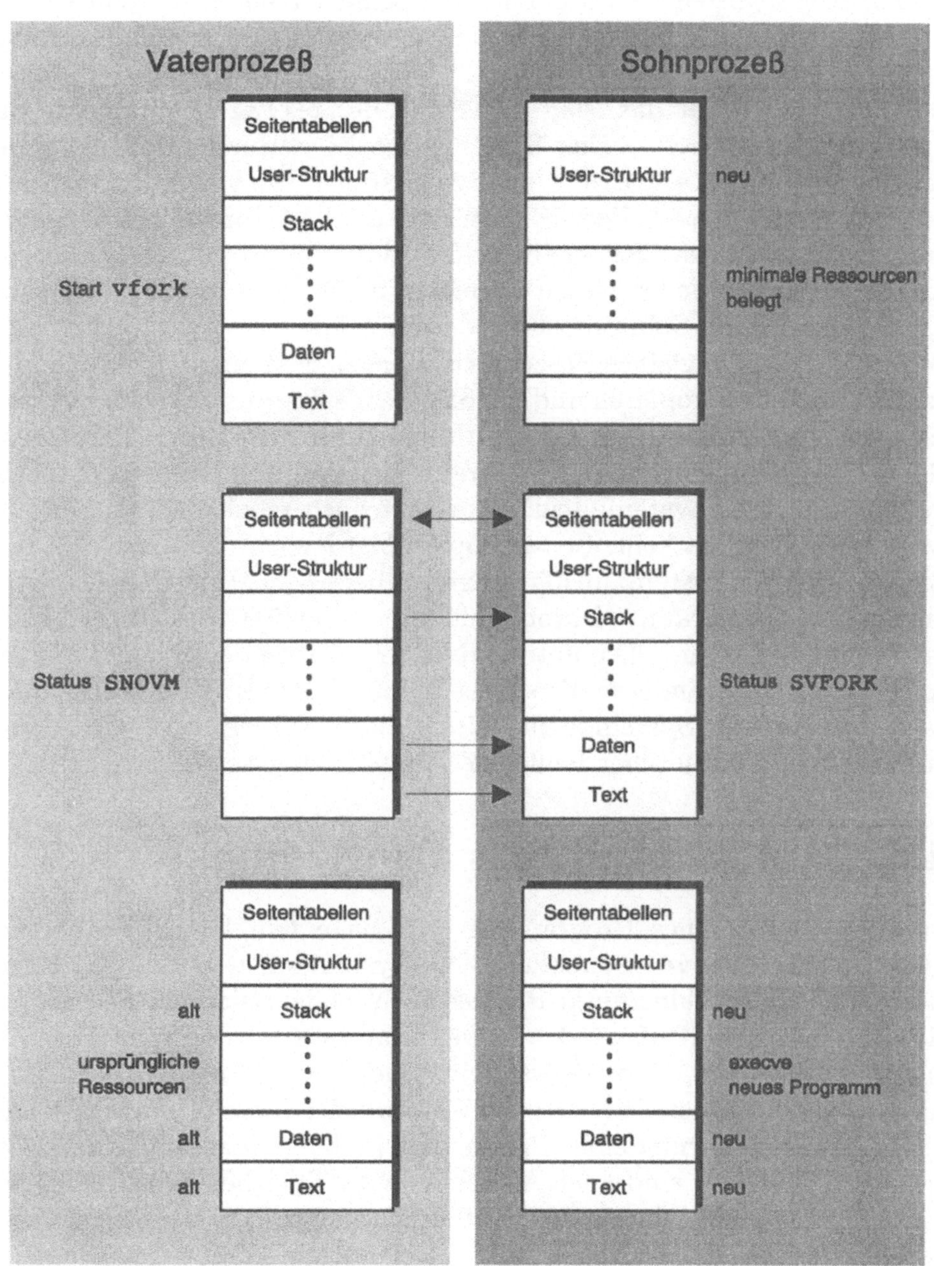

Abbildung 4.11: Schematischer Ablauf von vfork

Das System setzt den Status des Vaterprozesses auf SNOVM (*no virtual memory*), der anzeigt, daß der Prozeß seine virtuellen Ressourcen an einen Sohnprozeß übergeben hat und demzufolge auch nicht lauffähig ist.
Der Sohnprozeß hat das Flag SVFORK in der p_flag Komponente der Proc-Struktur gesetzt. Das System erkennt dadurch, daß es, wenn der Sohnprozeß ein exit oder execve ausführt, die virtuellen Ressourcen, mit Ausnahme der User-Struktur, an den Vaterprozeß zurückgeben muß. Während dieser Rückgabe schläft der Sohnprozeß. Anschließend erhält der Vater wieder seinen normalen Status, und das System setzt das SVFORK-Bit im Sohnprozeß wieder zurück.
Bei der Verzweigung eines Prozesses durch den Systemaufruf vfork muß das System nichts kopieren und benötigt fast keine zusätzlichen physikalischen Speicherseiten (nur für die User-Struktur des neuen Prozesses). Gegenüber einem normalen fork ergibt sich dadurch ein beträchtlicher Zeitgewinn. Der Systemaufruf vfork ist auch effizienter als *copy on write* Techniken, da keine Seiten kopiert werden.
Ein Nachteil des Systemaufrufs vfork ist die Möglichkeit, daß der Sohnprozeß den Adreßraum (Daten- und Stack-Bereich) des Vaterprozesses verändern kann. Da unter UNIX ein Prozeß normalerweise im Adreßraum eines anderen Prozesses keine Veränderungen vornehmen kann, verletzt der Systemaufruf vfork dieses Prinzip und wird daher auch als architektonischer Fehler des Systems angesehen.

4.6 Ausführen eines Programms

Zum Ausführen eines Programmes wird in einem UNIX-System der Systemaufruf execve verwendet. Der Systemaufruf bildet das Kernstück im Lebenszyklus eines Prozesses. Nachdem sich ein Prozeß mit Hilfe des Systemaufrufs fork verzweigt hat, startet der Sohnprozeß in den meisten Fällen durch execve ein neues Programm.
Im Kapitel 3.3 über das Prozeßlayout wurden bereits die Vorgänge, die bei der Ausführung eines Programms im System ablaufen, teilweise erläutert. Daneben sind noch Aktionen in der Speicher- und Prozeßverwaltung notwendig, damit das System ein neues Programm ausführen kann.
Der Systemaufruf execve überlagert den rufenden Prozeß mit einem neuen Programm. Der Prozeß führt nicht länger das bisherige Programm aus, sondern das Programm, dessen Dateiname dem Systemauf-

ruf als Parameter übergeben wurde. Es wird also durch den Systemaufruf `execve` kein neuer Prozeß gestartet, sondern der ursprüngliche Prozeß führt ein neues Programm aus.

In der Standardbibliothek eines UNIX-Systems findet man mehrere Funktionen, die einen Prozeß mit einem neuen Programm überlagern. Dies sind z.B. `execl`, `execlp`, usw. Alle diese Routinen verwenden den Systemaufruf `execve`, um ein Programm zu starten.

Während der Abarbeitung des Systemaufrufs `execve` gibt das System alle Seiten des physikalischen Speichers des rufenden Prozesses frei, die mit dem Daten-, Stack und Textsegment verbunden waren. Die Proc- und User-Struktur werden weiterhin verwendet.

Versucht ein Prozeß, sich durch den Systemaufruf `execve` mit einem neuen Programm zu überlagern, überprüft das System zuerst, ob es sich bei dem angegebenen File um ein ausführbares Programm handelt, und ob der aktuelle Prozeß das Recht hat, das File auszuführen. Ist einer dieser Tests negativ, kehrt der Systemaufruf `execve` wieder zum rufenden Prozeß zurück. Direkt hinter dem Systemaufruf können in einem Programm Fehlermeldungen stehen, da der Code mit den Fehlermeldungen nur ausgeführt wird, wenn während der Abarbeitung von `execve` ein Fehler auftrat und der Systemaufruf aus diesem Grund zurückkehrt. Bei einem erfolgreichen `execve` wird der Code nach dem Systemaufruf nicht ausgeführt.

Im nächsten Schritt kopiert das System die Parameter, die dem neuen Programm übergeben werden sollen, in einen speziell dafür vorgesehenen Speicherbereich des Kerns.

Für das neue Programm alloziert das System Bereiche für das Daten- und Stacksegment aus dem Hintergrundspeicher und vermerkt deren Adressen in besonders dafür vorgesehene Komponenten der User-Struktur, den *shadow swap maps*. Dies ist notwendig, da in den Komponenten, die normalerweise die Adressen des Hintergrundspeichers enthalten, noch die Ressourcen des alten Programms vermerkt sind. Diese können erst jetzt freigegeben werden, da der Prozeß sie noch verwenden müßte, falls das Allozieren der neuen Ressourcen fehlschlägt und der Systemaufruf `execve` zum rufenden Programm zurückkehrt.

Nachdem die Ressourcen des alten Programms freigegeben wurden, überträgt das System den Inhalt der *shadow swap maps* in die richtigen Komponenten der User-Struktur. Anschließend werden die Seitentabellen für das Text-, Daten- und Stacksegment eingerichtet und die Typen der Einträge in den Seitentabellen gesetzt (*fill with zero, fill on demand*). Die Größen dieser Bereiche entnimmt das System dem ersten Teil (*header*) der Datei, in der das ausführbare Programm steht.

Jetzt kopiert das System die Argumente des neuen Programms, die zuvor in einem besonderen Bereich des Kerns gesichert wurden, auf den Stack des neuen Programms. Gleiches geschieht mit den Umgebungsvariablen (engl. *environment variables*).

Zum Abschluß werden einigen Registern des Prozessors neue Werte zugewiesen. Der Programmzähler wird auf die Startadresse des Programms gesetzt (engl. *entrypoint*). Der Stackzeiger verweist auf den Argumentvektor.

Damit sind die Aktionen, die das System im Kern zum Starten eines neuen Programms ausführen muß, beendet. Insbesondere wird kein physikalischer Speicher für das Datensegment alloziert. Dies geschieht erst auf Grund von *page fault* Interrupts, wenn auf die neuen Datenadressen zugegriffen wird.

4.6.1 Besondere Behandlung der Textsegmente

Das Textsegment des Prozesses für das neue Programm wird u.U. zwischen mehreren Prozessen geteilt. Es ist möglich, daß ein anderer Prozeß das gleiche Programm ausführt und somit für dieses Segment bereits Einträge in einer Seitentabelle bestehen. Selbst wenn z.Z. kein Prozeß das Programm ausführt, ist es möglich, daß für das Textsegment Seitentabellen vorhanden sind, und der Code bereits im Hauptspeicher vorliegt.

Für Textsegmente hält das System eigene Seitentabellen bereit. Ist in diesen der Programmtext vorhanden, wird der Prozeß in die Liste der Prozesse eingehängt, die sich den Programmtext teilen. Die Seitentabellen werden für den Prozeß, der das neue Programm ausführt, kopiert. Befinden sich die Seitentabellen für den neuen Programmtext nicht im Hauptspeicher, sondern auf dem Hintergrundspeicher, werden sie für das Kopieren in den Hauptspeicher übertragen.

Falls der Programmtext nicht im Speicher vorliegt und demzufolge auch keine Seitentabellen vorhanden sind, muß das System beim Starten eines neuen Programms Seitentabellen für das Textsegment allozieren, wie im Falle des Daten- und Stacksegments. Die Einträge in der neuen Seitentabelle werden mit *fill from file* markiert. In die Einträge wird die Nummer des Plattenblocks geschrieben, der den Programmtext (Code)

enthält, der zur Seite gehört, die der Eintrag in der Seitentabelle beschreibt.
Zu diesem Zweck müssen mit Hilfe der Routine bmap[6] die Adressen der Blöcke im Filesystem in Plattenadressen umgewandelt werden. Dies kann sehr aufwendig werden, da die Funktion bmap zur Berechnung der Adresse eines Plattenblocks u.U. mehrfach auf die Festplatte zugreifen muß.

4.7 Termination eines Prozesses

Der letzte Abschnitt des Lebenszyklus eines Prozesses besteht aus den Aktionen, die das System durchführen muß, damit der Prozeß terminieren kann. Neben den Schritten aus dem Abschnitt 3.7.2, die das System bei der Termination eines Prozesses durchführt, müssen auch noch die Ressourcen des virtuellen Speichers freigegeben werden.
Die Freigabe der virtuellen Speicherressourcen eines Prozesses geschieht stufenweise:
Im ersten Schritt werden alle Seiten, die das Text-, Daten- und Stacksegment im physikalischen Speicher belegen, freigegeben und an die Liste der freien Speicherseiten angehängt. Wenn noch andere Prozesse das gleiche Textsegment verwenden, muß nur der Referenzzähler des Textsegmentes vermindert werden, um anzuzeigen, daß ein Prozeß weniger auf das gemeinsame Textsegment zugreift. Erreicht der Referenzzähler den Wert 0, war der terminierende Prozeß der letzte, der auf das Textsegment zugegriffen hat. In diesem Fall werden die Speicherseiten nicht direkt freigegeben, sondern auf dem Hintergrundspeicher gesichert und bereitgehalten, falls ein neuer Prozeß das Textsegment wieder benötigt. Die Seiten des Daten- und Stacksegmentes können direkt freigegeben werden.
Anschließend erfolgt die Freigabe des Hintergrundspeichers. Dies kann allerdings erst geschehen, wenn alle pageout Operationen mit Seiten des Hauptspeichers in den freizugebenden Hintergrundspeicher beendet sind. Würde man das Ende dieser Operationen nicht abwarten und die Bereiche des Hintergrundspeichers sofort freigeben, könnten diese Bereiche von anderen Prozessen sofort wieder belegt werden, und der noch laufende pageout Vorgang würde den neuen Inhalt überschreiben.

[6]siehe 2.2.7.2

Im nächsten Schritt wird der Speicher, den die User-Struktur des Prozesses belegt, freigegeben. Dieser Vorgang erscheint auf den ersten Blick sehr einfach. Tatsächlich gibt das System hier Speicher frei, auf den der Prozeß aber noch zugreifen muß, z.B. den Stack, den der Prozeß im Kern-Modus verwendet. Es wäre verheerend, wenn ein anderer Prozeß die Speicherseiten verwenden würde, und der gerade terminierende Prozeß diese noch benötigt. Um dies zu verhindern, wird die Interruptebene des Prozessors so hoch gesetzt, daß kein anderer Prozeß Speicher anfordern kann.
Im letzten Schritt wird der Speicher für die Seitentabellen des Prozesses freigegeben.
Zu diesem Zeitpunkt hat der Prozeß keinerlei Ressourcen bis auf seine Proc-Struktur. Das System trennt den Prozeß von seiner Prozeßgruppe und benachrichtigt den Vaterprozeß mit Hilfe des Signals `SIGCHILD` von der Termination des Sohnprozesses. Dieser hat sich jetzt in einen Zombie-Prozeß verwandelt und erhält vom System den Status `SZOMB`.
Sobald der Vaterprozeß den Exit-Status des Sohnprozesses mit dem Systemaufruf `wait` abgefragt hat, kann das System auch die Proc-Struktur freigeben und in die Liste *freeproc* einhängen.
Die Plazierung der Ausführungen über den Systemaufruf `exit` am Ende des Buches ist doppeldeutig. Mit dem Systemaufruf wird nicht nur ein Prozeß beendet, sondern in unserem Fall zeigt der Systemaufruf auch das Ende des Buches an.

Anhang A

Beispielprogramme

A.1 malloc – free

Im Kapitel 1 wurde auf ein Listing der Funktion `malloc` verwiesen. Nachfolgend findet man eine Implementation dieser Funktion.

```
#include <sys/types.h>

#define NULL 0
/*
 * The overhead on a block is at least 4 bytes. When free, this space
 * contains a pointer to the next free block, and the bottom two bits
 * must be zero. When in use, the first byte is set to MAGIC, and the
 * second byte is the size index.The remaining bytes are for alignment.
 * The order of elements is critical: ov_magic must overlay the low
 * order bits of ov_next, and ov_magic can not be a valid ov_next bit
 * pattern.
 */
union   overhead {
        union   overhead *ov_next;      /* when free */
        struct {
                u_char  ovu_magic;      /* magic number */
                u_char  ovu_index;      /* bucket # */
              } ovu;
        };
#define ov_magic        ovu.ovu_magic
#define ov_index        ovu.ovu_index

#define MAGIC      0xef    /* magic # on accounting info */

/*
 * nextf[i] is the pointer to the next free block of size 2^(i+3).
 * The smallest allocatable block is 8 bytes. The overhead
 * information precedes the data area returned to the user.
 */
```

```
#define NBUCKETS 30
static  union overhead *nextf[NBUCKETS];
extern  char *sbrk();
static  int pagesz;                         /* page size */
static  int pagebucket;                     /* page size bucket */

char *
malloc(nbytes)
        unsigned nbytes;
{
        register union overhead *op;
        register int bucket;
        register unsigned amt, n;

        /*
         * First time malloc is called, setup page size and
         * align break pointer so all data will be page aligned.
         */
        if (pagesz == 0) {
                pagesz = n = getpagesize();
                op = (union overhead *)sbrk(0);
                n = n - sizeof (*op) - ((int)op & (n - 1));
                if (n < 0)
                        n += pagesz;
                if (n) {
                        if (sbrk(n) == (char *)-1)
                                return (NULL);
                }
                bucket = 0;
                amt = 8;
                while (pagesz > amt) {
                        amt <<= 1;
                        bucket++;
                }
                pagebucket = bucket;
        }
/*
 * Convert amount of memory requested into closest block size
 * stored in hash buckets which satisfies request.
 */
        if (nbytes <= (n = pagesz - sizeof (*op))) {
                amt = 16;       /* size of first bucket */
                bucket = 1;
                n = -(sizeof (*op));
        } else {
                amt = pagesz;
                bucket = pagebucket;
        }
```

```
        while (nbytes > amt + n) {
                amt <<= 1;
                if (amt == 0)
                        return (NULL);
                bucket++;
        }
/*
 * If nothing in hash bucket, request more memory from the system.
 */
        if ((op = nextf[bucket]) == NULL) {
                morecore(bucket);
                if ((op = nextf[bucket]) == NULL)
                        return (NULL);
        }
        /* remove from linked list */
        nextf[bucket] = op->ov_next;
        op->ov_magic = MAGIC;
        op->ov_index = bucket;
        return ((char *)(op + 1));
}
/*
 * Allocate more memory to the indicated bucket.
 */
morecore(bucket)
        int bucket;
{
        register union overhead *op;
        register int sz;                /* size of desired block  */
        int amt;                        /* amount to allocate     */
        int nblks;                      /* how many blocks we get */

        sz = 1 << (bucket + 3);
        if (sz <= 0)
                return;
        if (sz < pagesz) {
                amt = pagesz;
                nblks = amt / sz;
        } else {
                amt = sz + pagesz;
                nblks = 1;
        }
        op = (union overhead *)sbrk(amt);
        /* no more room! */
        if ((int)op == -1)
                return;
```

```
/*
 * Add new memory allocated to that on free list for this bucket.
 */
        nextf[bucket] = op;
        while (--nblks > 0) {
                op->ov_next = (union overhead *)((caddr_t)op + sz);
                op = (union overhead *)((caddr_t)op + sz);
        }
}
```

Die zweite wichtige Funktion für die dynamische Speicherverwaltung ist `free`. Sie dient zum Freigeben von zuvor mit `malloc` belegten Speicherbereichen.

```
free(cp)
        char *cp;
{
        register int size;
        register union overhead *op;

        if (cp == NULL)
                return;
        op = (union overhead *)((caddr_t)cp
             - sizeof (union overhead));
        if (op->ov_magic != MAGIC)
                return;                         /* sanity */
        size = op->ov_index;
        op->ov_next = nextf[size];      /* also clobbers ov_magic */
        nextf[size] = op;
}
```

Als Beispiel für eine weitere Funktion aus der `malloc`-Familie sei hier die Funktion `realloc` gezeigt. Mit ihr kann man einen Speicherbereich, der zuvor mit `malloc` alloziert wurde, vergrößern und gleichzeitig den Inhalt des alten Bereichs in den neuen vergrößerten Bereich übernehmen.

```
/*
 * When a program attempts "storage compaction" as mentioned in the
 * old malloc man page, it realloc's an already freed block. Usually
 * this is the last block it freed; occasionally it might be farther
 * back. We have to search all the free lists for the block in order
 * to determine its bucket: 1st we make one pass thru the lists
 * checking only the first block in each; if that fails we search
 * ``realloc_srchlen'' blocks in each list for a match (the variable
 * is extern so the caller can modify it). If that fails we just copy
 * however many bytes was given to realloc() and hope it's not huge.
 */
```

```
int realloc_srchlen = 4;    /* 4 should be plenty,
                               -1 =>'s whole list */

char *realloc(cp, nbytes)
        char *cp;
        unsigned nbytes;
{
        register u_int onb, i;
        union overhead *op;
        char *res;
        int was_alloced = 0;

        if (cp == NULL)
                return (malloc(nbytes));
        op = (union overhead *)((caddr_t)cp
             - sizeof(union overhead));
        if (op->ov_magic == MAGIC) {
                was_alloced++;
                i = op->ov_index;
        } else {
/*
 * Already free, doing "compaction". Search for the old block of
 * memory on the free list.  First, check the most common case (last
 * element free'd), then (this failing) the last ``realloc_srchlen''
 * items free'd. If all lookups fail, then assume the size of the
 * memory block being realloc'd is the largest possible (so that all
 * "nbytes" of new memory are copied into). Note that this could cause
 * a memory fault if the old area was tiny, and the moon is gibbous.
 * However, that is very unlikely.
 */
                if ((i = findbucket(op, 1)) < 0 &&
                    (i = findbucket(op, realloc_srchlen)) < 0)
                        i = NBUCKETS;
        }
        onb = 1 << (i + 3);
        if (onb < pagesz)
                onb -= sizeof (*op);
        else
                onb += pagesz - sizeof (*op);
        /* avoid the copy if same size block */
        if (was_alloced) {
                if (i) {
                        i = 1 << (i + 2);
                        if (i < pagesz)
                                i -= sizeof (*op);
                        else
                                i += pagesz - sizeof (*op);
                }
```

```
                if (nbytes <= onb && nbytes > i) {
                        return(cp);
                } else
                        free(cp);
        }
        if ((res = malloc(nbytes)) == NULL)
                return (NULL);
        if (cp != res)  /* common optimization if "compacting" */
                bcopy(cp, res, (nbytes < onb) ? nbytes : onb);
        return (res);
}
/*
 * Search ``srchlen'' elements of each free list for a block whose
 * header starts at ``freep''.  If srchlen is -1 search the whole
 * list. Return bucket number, or -1 if not found.
 */
static
findbucket(freep, srchlen)
        union overhead *freep;
        int srchlen;
{
        register union overhead *p;
        register int i, j;

        for (i = 0; i < NBUCKETS; i++) {
            j = 0;
            for (p=nextf[i]; p && j!=srchlen; p = p->ov_next) {
                if (p == freep)
                   return (i);
                   j++;
                }
        }
        return (-1);
}
```

A.2 Auslesen der Prozeßtabelle

Das nachfolgende Listing zeigt ein Programm, mit dessen Hilfe man die Prozeßtabelle des Systems auslesen kann. Das Programm hat eine ähnliche Arbeitsweise wie das Betriebssystemkommando ps. Mit Hilfe der Funktion **nlist** kann man aus der Namenstabelle der Datei des Systemkerns **/vmunix** die Adresse des Anfangs der Prozeßtabelle auslesen. Die Adresse zeigt in den virtuellen Speicher des Systems, der über die Spezialdatei **/dev/kmem** direkt erreicht werden kann. Aus dieser Datei wird ab der zuvor ermittelten Adresse die Prozeßtabelle Eintrag für Eintrag ausgelesen. Nur Einträge, die eine **p_pid** ungleich 0 aufweisen, sind gültige Einträge, d.h. sie sind von Prozessen belegt. Die Einträge mit einer **p_pid** gleich 0 sind freie Slots in der Prozeßtabelle. Sie befinden sich auch auf der *freeproc*-Liste.

```
/* ops.c (university of wuerzburg/department of computer science)
 * 7/15/92 by notker gerlich
 * gerlich@dec5.informatik.uni-wuerzburg.de
 *
 * This is a very simple implementation of the UNIX ps command.
 * The ops command prints out PID, parent PID, UID,
 * effective UID, priority, status and nice-value of all processes.
 */

#include <stdio.h>
#include <ctype.h>
#include <sys/types.h>
#include <time.h>
#include <sys/proc.h>
#include <nlist.h>

char statsym[11] = {'O','S','W','R','I','Z','T',' ',' ',' ','K'};
main()
{
        struct nlist nl;
        struct proc proctable;
        int sys_kern;
        int i;

        /*
         * find proctable
         */
        nl.n_name = "_proc";
        if (nlist("/vmunix", &nl) < 0) {
                fprintf(stderr, "ops: cannot reach proctable\n");
```

```
                exit(1);
        }
        if ((kp = open("/dev/kmem", O_RDONLY)) < 0) {
                fprintf(stderr, "ops: cannot reach proctable\n");
                exit(1);
        }
        if (lseek(kp, nl.n_value, 0) < 0) {
                fprintf(stderr, "ops: cannot reach proctable\n");
                exit(1);
        }

        printf("PID  PPID  UID  SUID PRI  STAT  NICE\n");
        for (i = 0; i < 60; i++) {
                read(kp, &proctable, sizeof(struct proc));
                if (proctable.p_pid) {
                        printf("%d\t", proctable.p_pid);
                        printf("%d\t", proctable.p_ppid);
                        printf("%d\t", proctable.p_uid);
                        printf("%d\t", proctable.p_suid);
                        printf("%d\t", proctable.p_pri);
                        printf("%c\t", statsym[proctable.p_stat]);
                        printf("%d\n", proctable.p_nice);
                }
        }
}
```

A.3 Auslesen der User-Struktur

Mit folgendem Programm ist es möglich, die User-Struktur eines Prozesses (im Beispiel des eigenen Prozesses) auszulesen. Die User-Struktur des aktuellen Prozesses, wenn das Programm abgearbeitet wird also des eigenen Prozesses, liegt an einer festen Adresse im virtuellen Adreßraum des Prozesses. Dort kann sie allerdings nicht direkt gelesen werden, da ein Zugriff auf diesen Bereich des virtuellen Adreßraums nur im Kernel-Modus erlaubt ist. Aus diesem Grund muß man über einen Umweg die User-Struktur direkt aus dem physikalischen Speicher des Systems auslesen. Dazu sucht man zuerst die Proc-Struktur des Prozesses, an dessen User-Struktur man gelangen möchte. Die Komponente `p_addr` dieser Proc-Struktur zeigt auf einen Eintrag in der Seitentabelle, der die Seitennummer des Anfangs des physikalischen Speicherbereichs enthält, in dem die User-Struktur des Prozesses abgelegt ist. Ab der so gefundenen Adresse (= Seitennummer multipliziert mit der Seitengröße) kann man aus dem Hauptspeicher (`/dev/mem`) die User-Struktur auslesen. Das Verfahren würde auch mit einem anderen Prozeß als dem eigenen funktionieren, wenn man im Programm anstelle des Aufrufs `getpid()` die Nummer des Prozesses, dessen User-Struktur man lesen möchte, einsetzt. In diesem Fall kann es aber sein, daß der Prozeß und auch seine User-Struktur auf den Hintergrundspeicher ausgelagert ist. Bei der User-Struktur des eigenen Prozesses ist dies nicht möglich.

```
#include<sys/types.h>
#include<sys/param.h>
#include<sys/dir.h>
#include<sys/user.h>
#include<sys/proc.h>
#include<sys/file.h>
#include<machine/pte.h>
#include<stdio.h>
#include<nlist.h>

struct nlist nlst[] = {
   {"_proc"},
#define PROC 0
   {"_nproc"},
#define NPROC 1
   {0},
};
```

```
struct user u_area;
struct proc own_proc;

int kmem,mem;

main(argc,argv,env)
int argc;
char *argv[],*env[];
{

   /* open virtual memory */
   if ((kmem=open("/dev/kmem",O_RDONLY)) < 0)
      {
         perror("kmem");
         exit(1);
      }

   /* open physical memory */
   if ((mem=open("/dev/mem",O_RDONLY)) < 0)
      {
         perror("mem");
         exit(1);
      }

   /* get name list of kernel */
   nlist("/vmunix",nlst);
   if (nlst[0].n_type == 0)
      {
         fprintf(stderr,"Can't get name list\n");
         exit(1);
      }

   /* get proc structure of own process (getpid) */
   get_proc(getpid(),&own_proc);

   /* get user structure of process */
   getu (&own_proc, &u_area);

   printf ("Program name -> %s\n",u_area.u_comm);
   printf ("Text size    -> %d\n",u_area.u_tsize*NBPG);
   printf ("Data size    -> %d\n",u_area.u_dsize*NBPG);
   printf ("Stack size   -> %d\n",u_area.u_ssize*NBPG);

   close(kmem);
   close(mem);
}
```

```
/*
 * getkval(offset,ptr,size) reads the contents of the virtual memory
 * starting at offset with size size into the area ptr points to.
 */

getkval(offset, ptr, size)
unsigned long offset;
int *ptr;
int size;
{
 if (lseek(kmem, (long)offset, 0) == -1)
    {
        fprintf(stderr, "Can't seek in kmem");
        exit(1);
    }
 if (read(kmem, (char *)ptr, size) == -1)
    {
        fprintf(stderr, "Can't read kmem");
        exit(1);
    }
}

/*
 * get_proc(pid,p) puts the proc structure of the process with
 * number pid into p.
 */

get_proc (pid,p)
int pid;
struct proc *p;
{
  int proct,nproc,i,found;

  /* get start of proc table */
  getkval(nlst[PROC].n_value, &proct, sizeof(proct));
  /* get size of proc table */
  getkval(nlst[NPROC].n_value, &nproc, sizeof(nproc));
  found=0;
  for (i=0; i<nproc; i++)
     { /* reads the proc table; one structure at a time */
       getkval(proct,p,sizeof(struct proc));
       if (p->p_pid == pid)
          { /* we found the right structure */
            found = 1;
            break;
          }
       proct += sizeof(struct proc);
     }
```

```
  if (!found)
     {
        fprintf (stderr,
                 "Can't find proc structure of process %d\n",
                 pid);
        exit(1);
     }
}

/*
 * getu(p,u) finds the user structure of the process described by p
 */

getu(p, u)
struct proc *p;
struct user *u;
{
    struct pte uptes[UPAGES];
    caddr_t upage;
    struct pte *pte;
    int nbytes, n;

    /*
     *  Process is currently in memory, we hope!
     */
    /* get page table entry of u area */
    getkval((unsigned long)p->p_addr, (int *)uptes, sizeof(uptes));
    upage = (caddr_t)u;
    pte = uptes;
    for (nbytes = sizeof(struct user); nbytes > 0; nbytes -= NBPG)
    {
        /* goto start of u area in physical memory */
        /* start= page frame number * size of page */
        lseek(mem, (long)(pte++->pg_pfnum * NBPG), 0);
        n = MIN(nbytes, NBPG);
        /* read u area */
        if (read(mem, upage, n) != n)
        {
            /* we can't seem to get to it,
               so pretend it's swapped out */
            fprintf(stderr,"Process swapped out\n");
            exit(1);
        }
        upage += n;
    }
}
```

Anhang B

Glossar

Bootblock Ein auf der Festplatte vor dem Filesystem liegender Bereich, der Code enthält, den das System beim Hochfahren zum Laden des eigentlichen **Systemkerns** verwendet.

Break Der Break ist die obere Grenze des Bereichs der nichtinitialisierten Daten eines Prozesses. Er kann mit Hilfe der Systemaufrufe `brk` und `sbrk` verschoben werden. Ein Zugriff auf Speicheradressen oberhalb des Breaks und unterhalb des Stackzeigers führt zum Programmabbruch.

BSS (*block started by symbol*) Der Teil des Datensegmentes eines Prozesses, der die nichtinitialisierten Daten eines Programms enthält. Das Segment wird beim Programmstart mit Nullen gefüllt.

Buffer Cache Ist der Teil des **Systemkerns**, in dem der Inhalt einzelner Plattenblöcke im System zwischengelagert werden, um nachfolgende Zugriffe auf diese Blöcke zu ermöglichen, ohne daß ein Zugriff auf die Festplatte erfolgen muß.

copy-on-write Ein Verfahren, das zur Steigerung der Effizienz bei einem `fork` entwickelt wurde. Hierbei werden Seiten des physikalischen Speichers zwischen dem Vater- und Sohnprozeß geteilt, solange auf die Seiten nur lesend zugegriffen wird. Sobald ein Prozeß eine Seite verändern möchte, verdoppelt das System diese Seite und übergibt beiden Prozessen je eine eigene Seite, die der Prozeß verändern kann.

Core File Ein Speicherabzug eines Prozesses, der z.B. bei einem Programmabsturz entstehen kann. Mit Hilfe eines Debuggers kann mit einem Core-File der Zustand des Speichers zum Zeitpunkt des Absturzes eines Prozesses untersucht werden.

delayed write Wenn ein Prozeß Daten in ein File auf eine Festplatte schreiben möchte, werden die Daten zuerst in einen Puffer des **buffer cache** übertragen. Dieser Puffer wird mit *delayed write* markiert und an das Ende der Liste der freien Puffer gestellt. Diese Liste durchläuft er, bis er an den Anfang der Liste gelangt. Wenn ein Prozeß versucht, diesen Puffer zu belegen, erkennt er die Markierung und veranlaßt, daß der Inhalt des Puffers jetzt auf die Festplatte geschrieben wird.

Demand Paging Eine Variante des **Paging**, bei der der Adreßraum von Prozessen in **Seiten** eingeteilt wird, die erst, wenn sie vom Prozeß benötigt werden, mit dem passenden Inhalt gefüllt und dem Prozeß zugeteilt werden.

Deskriptor Ist eine kleine ganze Zahl, die einen Index in der **Prozeßfiletabelle** darstellt. Ein Deskriptor wird von vielen Systemaufrufen als Ergebnis zurückgegeben, z.B. `open`, `socket`, `dup` oder `creat`. Durch einen Deskriptor kann auf eine Datei oder einen Socket zugegriffen werden.

Dynamische Speicherverwaltung Der Bereich des Speichers eines Prozesses, der durch das Verschieben des **Breaks** zugänglich wird, wird selten direkt verwendet. Vielmehr allozieren Prozesse dynamischen Speicher mit Hilfe der Funktion **malloc**, die den Speicherbereich, der durch das Verschieben des **Break** entsteht, in Form von Blöcken verwaltet.

fill on demand Beim **Demand Paging** werden die Einträge der Seitentabellen eines Prozesses als *fill on demand* gekennzeichnet. Beim ersten Zugriff auf eine solche Seite füllt das System die Seite mit dem vorgesehenen Inhalt. Man unterscheidet *fill from file* Seiten, deren Inhalt aus der Datei, die das Programm enthält, das der Prozeß ausführt, übernommen wird, und *fill with zero* Seiten, die beim ersten Zugriff mit Nullen gefüllt werden. Die Seiten eines Prozesses für das Textsegment und die initialisierten Daten sind meistens als *fill from file*, während die Seiten des Stacks und der nichtinitialisierten Daten als *fill with zero* markiert sind.

fsck Ein Programm, das Inkonsistenzen in einem Filesystem feststellt und behebt.

Gerätetreiber Eine Sammlung von Funktionen im **Systemkern**, die den Zugriff auf ein Peripheriegerät verwalten.

GID (*group identifier*) Der Systemverwalter kann Benutzer durch die Vergabe einer gemeinsamen GID zu einer Gruppe zusammenfassen. Die GID spielt nur bei den Zugriffsrechten auf Files eine Rolle. Wie bei der **UID** wird auch bei der GID zwischen einer *real* und *effective* GID unterschieden.

Hintergrundspeicher Der Speicher, in den Prozesse oder Teile von Prozessen ausgelagert werden können. Hintergrundspeicher wird üblicherweise auf einem Teil (**Swap Partition**) einer Festplatte realisiert.

Inode Die Datenstruktur des Filesystems, in der die Informationen gehalten werden, die zur Verwaltung einer Datei notwendig sind. Jede Datei eines Systems wird durch einen Inode beschrieben. Im Inode sind der Filetyp, die **UID** des Besitzers, die Zugriffsrechte und die Blockreferenzen einer Datei vermerkt. Der Name der Datei ist nicht in ihrem Inode vermerkt. Eine Zuordnung zwischen den Dateinamen und Inodes wird über Einträge in Directories erreicht.

Inodetabelle Die Datenstruktur des Systemkerns, in der die **Inodes** des Systems verwaltet werden, wenn sie vom Inodebereich einer Plattenpartition in den Speicher des Systems geladen werden.

Interrupt Eine Unterbrechung eines Prozesses, üblicherweise von einem Teil der Hardware außerhalb der CPU. Ein Interrupt bezieht sich nicht auf den aktuellen Prozeß und wird auch nicht im Kontext des aktuellen Prozesses bedient.

Interruptpriorität Gibt an, welche Interrupts das System zur Zeit erlaubt und bedient. Durch ein Anheben der Interruptpriorität können bestimmte Interrupts vorübergehend verhindert werden. Erst wenn die Interruptpriorität wieder gesenkt wird, werden diese Interrupts bedient.

Kern-Modus Wenn ein Prozeß in den **Systemkern** eintritt, wechselt er vom **User-Modus** in den Kern-Modus. In diesem Zustand hat er Zugriff auf die Datenstrukturen des **Systemkerns** und darf privilegierte Prozessorinstruktionen ausführen.

Kontextwechsel Das Austauschen des aktuellen **Prozeßkontextes** gegen den Kontext eines anderen Prozesses. Durch einen Kontextwechsel kann ein anderer Prozeß ablaufen.

Linkzähler Ein Teil des **Inodes**. Der Wert des Linkzählers gibt an, wieviele Namen (**hard links**) auf die Datei verweisen.

lost+found Das Verzeichnis eines Filesystems, in dem das Programm **fsck** Verweise auf Inodes anlegt, deren **Linkzähler** einen Wert größer als Null hat, auf die aber kein Eintrag in einem Verzeichnis verweist.

LRU *least recently used* Eine Verwaltungsstrategie, bei der die am wenigsten benutzten Objekte zuerst freigegeben werden. Die Puffer des **buffer cache** werden nach dem LRU Prinzip verwaltet.

malloc Die zentrale Funktion der **dynamischen Speicherverwaltung**. Mit ihr können Prozesse den Speicher für dynamische Variable vom System anfordern.

MMU (*memory managing unit*) Ein Bauteil der Hardware, das die Verwaltung des virtuellen Speichers eines Rechners und die Übersetzung von virtuellen in physikalische Adressen unterstützt.

Network File System (kurz NFS) Ein von der Firma Sun Microsystems entwickeltes verteiltes Filesystem. Mit NFS können Filesysteme, die auf Plattenpartitionen von verschiedenen Rechnern liegen, zu einem einzigen Verzeichnisbaum kombiniert werden. NFS ist in der Zwischenzeit der de facto Standard auf dem Gebiet der verteilten Filesysteme. Die UNIX-Systeme aller namhaften Hersteller unterstützen NFS.

Network Time Protocol (kurz NTP) Mit Hilfe des NTP können sich die Uhren der Rechner in einem Netzwerk synchronisieren, so daß auf allen Rechnern die gleiche Zeit vorhanden ist.

Pagedaemon Ein Systemprozeß, der unter UNIX das **Paging** realisiert. Ein modernes UNIX-System versucht, möglichst lange die Speicheranforderungen aller Prozesse mit Hilfe von **Paging** zu erfüllen. Sinkt die Menge des freien Speichers unter eine gewisse Marke, beginnt das System mit **Swapping**.

Paging Eine Speicherverwaltungsstrategie, bei der einzelne Teile von Prozessen in den **Hintergrundspeicher** ausgelagert werden können.

Prozeßfiletabelle Die Tabelle ist ein Teil des **User-Bereichs** eines Prozesses. In der Prozeßfiletabelle sind alle geöffneten Dateien des Prozesses vermerkt. Über **Deskriptoren** kann der Prozeß auf die Einträge in der Prozeßfiletabelle zugreifen.

Prozeßkontext Die gesamte Ausführungsumgebung eines Prozesses. Zum Kontext eines Prozesses gehören alle Datenstrukturen, die das System für einen Prozeß anlegt.

Proc-Struktur In einem System gibt es für jeden aktiven Prozeß eine Proc-Struktur, die Informationen enthält, die das System zur Verwaltung des Prozesses benötigt. Im Gegensatz zur **User-Struktur** braucht das System den Inhalt der Proc-Struktur auch, wenn der Prozeß in den **Hintergrundspeicher** ausgelagert wurde.

Referenzzähler Ein Teil des Inodes, wenn sich dieser im Speicher des Systems befindet. Der Wert des Zählers gibt an, wie oft die Datei, die der Inode beschreibt, zur Zeit geöffnet ist.

Remembered Inode Wenn die Liste der freien Inodes im **Superblock** eines Filesystems leer ist, beginnt das System den Inodebereich des Filesystems ab der Stelle nach freien Inodes zu durchsuchen, die der *remembered* Inode angibt.

Scheduling Das Festlegen der Reihenfolge, in welcher die einzelnen Prozesse des Systems ablaufen dürfen.

Seiten auch Pages, Kacheln. Die Einheiten, in die der Speicher des Systems unterteilt und verwaltet wird.

Seitenfehler Ein **Trap**, den das System auslöst, wenn ein Prozeß auf eine Seite zugreift, mit der kein physikalischer Speicher verbunden ist. Als Folge eines Seitenfehlers alloziert das System eine freie Seite des physikalischen Speichers, füllt diese mit dem korrekten Inhalt, übergibt sie an den Prozeß und läßt den Zugriff, der den Seitenfehler ausgelöst hat, wiederholen.

Seitentabelle Mit Hilfe von Seitentabellen übersetzt das System virtuelle Adressen eines Prozesses in physikalische Speicheradressen.

Sleep Queue Alle Prozesse, die auf das Eintreten eines bestimmten Ereignisses warten, werden vom System in einer *sleep queue* zusammengefaßt. Tritt das Ereignis ein, werden alle Prozesse der *sleep queue* des Ereignisses geweckt.

Sparse Files Ein File, dessen Datenbereich nicht vollständig mit Plattenblöcken verknüpft ist. Ein *sparse* File entsteht durch ein Verschieben des Schreib/Lesezeigers über das Fileende hinaus und einem anschließenden Schreiben. Häufig vorkommende *sparse* Files sind **Core** Files.

Stream Ein Stream verbindet einen Prozeß mit einem externen Gerät. Dies kann eine Datei auf einer Festplatte sein, aber auch die Tastatur oder die Konsole eines Rechners. Streams werden in der Programmiersprache C durch den Datentyp `FILE` repräsentiert.

Sticky Bit Ein Bit im Inode, das anzeigt, daß das Textsegment eines Prozesses im **Hintergrundspeicher** gesichert werden soll, wenn der Prozeß terminiert. Beim nächsten Starten des Programms kann der Inhalt schneller aus dem **Hintergrundspeicher** geladen werden, als aus dem Filesystem.

Superblock Teil eines Filesystems auf der Festplatte. Der Superblock enthält u.a. die grundlegenden Parameter eines Filesystems, wie z.B. die Blockgröße des Filesystems, die Größe des Inodebereichs, die Anzahl der freien Blöcke und Inodes.

Superuser siehe **Systemverwalter**.

Swapper Der Systemprozeß, der ganze Prozesse in den **Hintergrundspeicher** auslagert. Er wird erst aktiviert, wenn das System mit Hilfe von **Paging** die Speicheranforderungen der Prozesse nicht schnell genug erfüllen kann.

Swapping Eine Strategie zur Speicherverwaltung, bei der Prozesse nur komplett in den **Hintergrundspeicher** ausgelagert werden.

Swap Space siehe **Hintergrundspeicher**.

Swap Partition Teil einer Festplatte, der den Hintergrundspeicher des Systems enthält.

Systemaktivität Jeder Eintritt eines Prozesses in den **Systemkern**. Systemaktivitäten können eingeteilt werden nach den Aktionen, die die Systemaktivität auslösten: **Systemaufrufe**, **Interrupts** oder **Traps**.

Systemaufruf Mit ihrer Hilfe kann ein Prozeß einen Dienst des Systems anfordern.

Systemfiletabelle Die Datenstruktur im Systemkern, in der für jedes geöffnete File ein Eintrag existiert. In diesen Einträgen wird die aktuelle Position des Schreib/Lesezeigers eines Files festgehalten. Die Einträge der **Prozeßfiletabelle** eines Prozesses verweisen auf Einträge in der Systemfiletabelle.

Systemkern Die zentrale Steuereinheit des Betriebssystems. Der Systemkern verwaltet alle Ressourcen des Systems, wie das Filesystem, Prozesse, virtuellen Speicher oder Kommunikationsdienste. Der UNIX Systemkern ist ein Monitor, d.h. einem Prozeß, der im Systemkern aktiv ist, kann die Kontrolle über die CPU nicht entzogen werden. Er muß den Systemkern verlassen oder die Kontrolle freiwillig abgeben.

Systemprozeß Ein Prozeß, der beständig im **Kern-Modus** läuft. Unter UNIX sind dies der **Swapper** und der **Pagedaemon**.

Systemverwalter Ein besonders gekennzeichneter Benutzer eines Systems, dessen UID den Wert 0 hat. Ein Systemverwalter besitzt in einem System alle Rechte. Er vergibt Benutzernamen, konfiguriert das System und überwacht den Ablauf des Systems. Unter UNIX hat der Systemverwalter den Loginnamen *root*.

Thrashing Der Zustand eines Systems, in dem der Bedarf nach freien Speicherseiten weit über die vorhandenen Seiten hinausgeht. Das System ist in diesem Zustand nur noch mit Verwaltungsaufgaben beschäftigt und kann kaum noch Code von Anwendungen ausführen.

Trap Eine Unterbrechung eines Prozesses, die in Bezug zum aktuellen Prozeß steht, d.h. von diesem ausgelöst oder verursacht wird. Ein Trap wird im Kontext des aktuellen Prozesses bedient.

UNIX Manual Bei den meisten UNIX-Systemen bildet das UNIX Manual den zentralen Bestandteil der Handbücher. Das Manual untergliedert sich in acht Bereiche, in denen alle Kommandos des Systems, die Funktionen vieler Bibliotheken und der Aufbau von bestimmten Dateien erklärt sind. Das Manual ist auch in einem Teil des Verzeichnisbaums abgespeichert und kann mit Hilfe des Kommandos **man** am Rechner direkt gelesen werden.

UID *user identifier* Eine Nummer, die der Systemverwalter jedem Benutzer als eindeutige Kennung im System zuweist. Alle Objekte des Benutzers werden mit seiner UID versehen. Die *real* UID übernimmt ein Prozeß von seinem Vaterprozeß. Mit der *effective* UID werden alle Zugriffsrechte des Prozesses bestimmt.

UNIX BSD An der Universität Berkeley[1] entwickelte Variante von UNIX. Das ursprüngliche System wurde in Berkeley um ein leistungsfähiges Filesystem und um das Paging zur Speicherverwaltung erweitert.

UNIX System V Die Variante des UNIX Betriebssystems, die von der Firma AT&T lizenziert wird.

User-Bereich siehe **User-Struktur**.

User-Modus Der Modus, in dem sich ein Prozeß befindet, wenn er keine Systemaktivitäten durchführt.

User-Struktur Für jeden Prozeß eines Systems gibt es eine User-Struktur, in der im Gegensatz zur **Proc-Struktur** Informationen stehen, die das System nur benötigt, wenn der Prozeß läuft. Dies sind u.a. die **Prozeßfiletabelle**, die **UID** und **GIDs** des Prozesses. Zur User-Struktur gehört auch der Stack, den der Prozeß verwendet, wenn er sich im **Kern-Modus** befindet.

vfork Variante des **Systemaufrufs** `fork`, bei der der Vaterprozeß die Ressourcen seines virtuellen Speichers kurzzeitig an den Sohnprozeß übergibt. Wenn dieser sich mit einem neuen Programm überlagert, gibt das System die Ressourcen wieder zurück an den Vaterprozeß.

---

[1]BSD = *berkeley software distribution*

virtueller Adreßraum Der Adreßbereich, den ein Prozeß theoretisch adressieren kann, also der Adreßraum der **virtuellen Maschine**, auf der der Prozeß läuft. Die **MMU** sorgt dafür, daß hinter einer virtuellen Adresse, auf die ein Prozeß zugreift, auch physikalischer Speicher liegt.

virtuelle Maschine Ein Prozeß unter UNIX läuft auf einer virtuellen Maschine. Aus der Sicht des Prozesses ist er der einzige, der auf der Maschine läuft.

virtueller Speicher Die Gesamtheit aus physikalischem Speicher und **Hintergrundspeicher** eines Systems. Die Anforderungen aller Prozesse nach Speicher muß das System aus dem virtuellen Speicher bedienen.

Literaturverzeichnis

[1] ANDLEIGH
UNIX System Architecture
Prentice Hall 1990

[2] BACH
The Design of the Unix Operating System
Prentice Hall 1986

[3] BRANAHAN, RUTTER
Unix lernen, verstehen und anwenden
Hanser Verlag 1984

[4] BRECHT
Verteilte Systeme unter UNIX
Vieweg Verlag 1992

[5] COMER
Internetworking with TCP/IP
Prentice Hall 1988

[6] DEITEL
An Introduction to Operating Systems
Addison-Wesley 1984

[7] EGAN, TEIXEIRA
Writing a UNIX Device Driver
Wiley 1992

[8] GULBINS
Unix Version 7, System III und System V
Springer-Verlag 1985

[9] KERNIGHAN, RITCHIE
Programmieren in C; ANSI C
Hanser Verlag 1990

[10] KNUTH
The Art of Computer Programming
Addison-Wesley 1973

[11] LEFFLER,MCKUSIK,KARELS,QUATERMAN
Das 4.3 BSD Unix Betriebssystem
Addison-Wesley 1990

[12] LEFFLER,MCKUSIK,KARELS,QUATERMAN
4.3 BSD UNIX Operating System
Addison-Wesley 1989

[13] MCKUSICK,JOY,LEFFLER,FABRY
A Fast File System for UNIX
ACM Transactions on Computer Systems, Vol.2, No.3, 8/1984

[14] MORGAN,MCGILTON
Introduction UNIX System V
McGraw-Hill 1987

[15] NOACK,HENNING
Systemsicherheit unter UNIX
Hanser Verlag 1990

[16] PETERSEN,SILBERSCHATZ
Operating Systems Concepts
Addison-Wesley 1983

[17] SCHREINER
Systemprogrammierung in UNIX
Teubner 1984

[18] STEVENS
UNIX Network Programming
Prentice Hall 1990

[19] TANENBAUM
Operating Systems; Design and Implementation
Prentice Hall 1987

[20] TANENBAUM
Modern Operating Systems
Prentice Hall 1992

Stichwortverzeichnis

Software-Engineering für Programmierer

Eine praxisgerechte Anleitung

von Heinz Knoth

1992. X, 297 Seiten. Gebunden.
ISBN 3-528-05103-5

Dieses Buch ist eine aus der Praxis entstandene Anleitung für Praktiker mit dem Ziel, die Realisierung eines Softwareprojektes möglichst vollständig darzustellen. Hierbei wird jedem Softwareentwickler grundlegendes Informationswissen praxisgerecht vermittelt. Ausgangspunkt ist eine Situation, wie sie in einem Unternehmen realistisch ist: Ein bestehendes Warenwirtschaftssystem soll durch eine verbesserte Version ersetzt werden. Auf der Grundlage dieser Aufgabenstellung werden die leitenden Prinzipien und Methoden des Software-Engineering dargestellt. Das Buch ist ein unentbehrliches Nachschlagewerk für Ausbildung und Programmierpraxis.

Heinz Knoth ist als Softwareentwickler in der Industrie tätig.

Verlag Vieweg · Postfach 58 29 · D-65048 Wiesbaden